"教育创新与学校变革"丛书

Encounter and Integration:

Research on Sino-Foreign Cooperative High School Education

邂逅与融通

高中中外合作办学的育人模式研究

王 芳 著

上海交通大学出版社

SHANGHAI JIAO TONG UNIVERSITY PRESS

内容提要

  本书以上海七宝德怀特高级中学的中外合作办学实践为案例，以育人模式为核心主题，以邂逅与融通为核心线索，透析中外合作办学过程中的问题与经验并进行反思与展望，重点探讨了高中中外合作办学的体制选择、目标定位、课程建构、学生管理及教师团队建设等内容。本书适合教育管理者、基础教育研究人员阅读。

图书在版编目(CIP)数据

  邂逅与融通：高中中外合作办学的育人模式研究/
王芳著. —上海：上海交通大学出版社，2025.7.
ISBN 978-7-313-32827-4

 Ⅰ. G639.2

  中国国家版本馆 CIP 数据核字第 2025DS4799 号

邂逅与融通：高中中外合作办学的育人模式研究
XIEHOU YU RONGTONG: GAOZHONG ZHONGWAI HEZUO BANXUE DE YUREN
MOSHI YANJIU

著　　者：王　芳				
出版发行：上海交通大学出版社		地　　址：上海市番禺路 951 号		
邮政编码：200030		电　　话：021-64071208		
印　　制：上海新艺印刷有限公司		经　　销：全国新华书店		
开　　本：710mm×1000mm　1/16		印　　张：13.25		
字　　数：207 千字				
版　　次：2025 年 7 月第 1 版		印　　次：2025 年 7 月第 1 次印刷		
书　　号：ISBN 978-7-313-32827-4				
定　　价：78.00 元				

前　　言

随着中外合作办学向高中段延伸的趋势出现,高中中外合作办学成为教育国际化的新的生长点。在中外合作办学过程中,这类新型高中的办学体制选择,办学和育人目标定位,包括课程建设、学生管理、评价体系在内的育人模式构建与实践,政策、师资的支持和保障,围绕合作办学的跨文化沟通机制等,都是高中段中外合作办学,尤其是公办性质高中的中外合作办学所必须解答的基本问题。

本书以参与式观察法、访谈法和问卷法为基本研究方法,以上海七宝德怀特高级中学(简称七德)的中外合作办学实践为案例,以育人模式为核心主题,以邂逅与融通为核心线索,透析中外合作办学过程中的问题与经验,并进行反思与展望。

作为研究的主要成果,本书重点探讨了高中中外合作办学的体制选择、目标定位、课程建构、学生管理及教师团队建设等内容,得出如下结论性认识:

办学体制的选择过程,是一个合作办学双方持续展开权利对话的过程。在不断磋商、洽谈和反复沟通的基础上,最终从双方的基本共识出发,我们形成了"以我为主、公益导向、优质引领"的办学理念,"全球视野、中西融合、科文并举、精英气质"的培养目标,也构建了双方认同的合作办学领导体制与组织架构,为随后的办学实践奠定了坚持的方向、坚守的原则和坚实的基础。

合作办学过程也是价值观念不断融合的过程。双方办学母体学校长期积淀的办学理念在七德的核心价值理念的酝酿过程中相遇、化合,凝结成七德价值观和"道知情怀　德行沧海"的校训,成为七德价值系统的灵魂与精髓,既包含必备品格也指向关键能力,与当下人们普遍关注的"核心素养"具有内在的一致性,与 IB 课程[①]所要培养的关键能力也具有紧密的相关性。

中外合作办学育人模式的内核是课程体系。基于对中西方课程各自的特质与风格的认同与理解,在课程结构上有必要进行一种统整的尝试,最终我们在基础与拓展、必修与选修、学科与活动之间达成了折中式妥协和勾联式融通,也重点借鉴了国际课程组织管理的优秀经验,探究了国家课程与国际课程理念的共性与兼容性,同时探索了国际课程在其标准、评价和管理等方面成功本土化的路径与策略。

基于西方学生管理的院舍模式与中国班级管理模式各自优势与特点所创生的纵向贯通式的学生管理模式,被实践证明是成功的。如果说院舍制这种西方味十足的自组织管理模式,极大地强调和提升了学生自我管理、自主发展的意识和能力,那么"班导组"这一新型的教师管理组织模式,则有效地动员了全体教师助力学生成长的智慧与热情。院舍制与班导组的珠联璧合,成就了师生的成长,也创新了高中学校的学生管理体制及运行机制。

从专业力量的支持与保障角度看,跨文化教师团队的建设至关重要。理念的认同、文化的理解、团队的合作和专业的发展,是构成育人模式保障系统的重要方面,这一保障系统的形成,不仅需要加强学习型组织建设,还需探索这种融合型的跨文化教师队伍管理的独特理念及有效策略。

中外合作办学从体制选择、目标定位到课程构建、学生管理、教师发展,每前进一步都要经历无数次的对话、协商、尝试、调整和磨合。作为合作办学的实践者,我深感中外合作办学要有真诚而自信、慎重而从容的合作心态,要有"借石攻玉""借船出海"的合作目标,要确立"以我为主""尊重包容"的合作体制,要善于协商、学会包容,共创"命运共同体"。作为合作办学的研究者,我欣喜地看到,从学生学习适应性的问卷调查到毕业生的海外录取数据,都有力地证明了合作办学的初步成功,中外合作办学走出了一条"公益性""融合型"的与众不同的"第三条道路"!

---

① IB(International Baccalaureate)课程是由国际文凭组织(the International Baccalaureate Organization,IBO)开发的全球性教育体系,其中针对高中阶段的是 IBDP(Diploma Programme)课程,学制两年。IBDP 课程分为标准(SL/Standard Level)课程和更具挑战性的高级(HL/Higher Level)课程

目　录

Contents

第一章

研 究 背 景

在全球化的浪潮中,教育的边界正在被重新定义。中外合作办学作为中国基础教育国际化进程中的创新实践,既承载着东西方教育理念的对话与共生,也肩负着探索新时代育人模式的历史使命。然而,当"国际化"从政策话语走向办学实践,一系列根本性问题亟待回应:如何在中外教育基因的碰撞中构建融合型育人框架? 如何在坚守本土价值的同时实现全球视野的育人目标? 这些问题不仅是理论研究的空白地带,更是实践探索的迫切需求。

一、中外合作办学的整体背景

本书研究对象是高中中外合作办学的育人模式。全书以笔者目前亲历的上海七宝德怀特高级中学办学历程(其中筹办三年,办学十年余)为基础,通过对高中段中外合作办学中的育人模式的实践探索,以邂逅与融通为主题,突出探索融合型育人模式实践中诸如差异与对话、选择与共生、共识与共建等多种问题,结合自己在办学过程中的所思、所惑、所做,尝试对诸如"如何求同存异? 如何合作共生? 如何有效选择? 如何达成共识?"等问题提出自己的思考与解答。

在书中,笔者在系统梳理高中段机构设置类型的中外合作办学(目前这类办学属于少数)实践中的主要问题的基础上,从实践的角度,提出在中外合作办学中,我们需要坚守什么? 我们需要探索什么? 我们需要支持什么? 我们还能做什么? 高中中外合作办学在未来我国教育改革和发展过程中能够作出什么样的贡献？发挥什么样的功能？高中中外合作办学的路该怎么走？这些是笔者在中外合作办学全过程中持续思考的问题，既是实践挑战，也需学理研究。

就我国中外合作办学的发展历史来看，改革开放以后，我国中外合作办学实践主要从高等教育开始，也多集中在此领域。由于在义务教育阶段中外合作办学属于禁区，基础教育的空间只能是在高中段。本书研究聚焦于作为基础教育办学体系的一部分——高中中外合作办学机构设置类的育人模式实践，在一定意义上具有填补空白的意义。在笔者看来，缺失了这一部分，我国基础教育整体办学体系就缺少完整性。而就机构设置类的高中中外合作办学育人模式的研究而言，其独特性和创新实验的意义和价值究竟如何体现、如何定位、如何选择，则是本书拟集中研究的问题。笔者通过十多年的潜心实践摸索，以个案研究形式呈现我国高中中外合作办学的现状、问题和经验。

本书的研究背景有以下几个方面。

（一）基础教育国际化推进亟待探索发现新的路径

上海作为国际化大都市，其教育国际化走在全国前列。普通高中学校通过实施国际理解教育、开设多门外语、引进国际课程、参与国际教育项目、举办国际部（班）、加强师生国际交流等多种手段，积极探索适合本校实际情况的国际化办学之路。涉及引进国际课程或项目的学校，在操作方式上，有的是与中介机构合作，有的是通过教育局等官方渠道引进，有的是校对校直接合作，引进部分课程和项目，合作办学或作为拓展学习内容；在师资方面，开设多门外语、举办国际部（班）和开设国际课程的学校，均实行中外教师联合授课，外教担任主授教师，中教协助管理和教学，少许任课的中方教师具有海外学习背景。外教多由学校向所在地区外国专家局申请办理外国专家证，或者经过中介机构聘用。为此，中外合作办学高中段机构类设置的探索和尝试就显得非常重要，在区域意义上具有破冰的实践价值，在深度探索融合教育方面具有典型意义，在区域教育国际化乃至对公办学校的国际化意识和能力的提高上，具有一定的辐射试点实验的区域改革效应。从中外合作办学层面看，如何适应社区特点与满足家长的多元需求？如何吸取中西文化教育的精华,走中西融合之路? 如何加强人生规划指导,走好多元选择之路? 这既是区域发展国际化教育的一种定位,也是本书研究的区域发展背景。

(二) 高中阶段中外合作办学需要系统总结经验

自鸦片战争开始,国门被动打开,我国就在这种被动状态下进行了广义上的"中外合作办学"。伴随着与日本、美国、苏联等不同国家间的交流合作对话,甚至出现"一边倒"现象,表明我国近代以来就有着中外合作办学的不愉快经历。真正意义上的中外合作办学自改革开放始,从借鉴国际上先进大学的办学经验到吸收优秀的教育教学改革经验,经历了从项目、计划到合作办学的发展演变过程。合作的范围越来越广,合作的形式越来越复杂,合作的广度越来越宽,合作的深度越来越强。但是,从领域的转换来说,我国始终注意合作领域的边界意识,即在义务教育领域不进行中外合作办学,但可进行一些国际交流和国际理解教育的实践。在这一点上,无论是加入世界贸易组织(WTO)以后的教育服务贸易,还是后续"跨境教育"的提出,国家在基础教育领域都持非常谨慎的态度,尤其在国家教育主权和意识形态领域始终保持高度的警惕。

总体上看,高等教育领域的中外合作办学,时间长、规模大、内容多,而基础教育相对于高等教育来说,规模要小得多。但即使如此,在基础教育中的高中教育阶段,也进行了一定范围内的国际课程的实践。一些发达地区的公、民办高中通过课程班、国际部的形式引进了国外的一些国际课程,并进行了不同程度的中外合作办学教育或融合教育的尝试实践,形成了一些好的经验和实践模式。但也存在一些校外培训机构,针对高中阶段适龄学生(无普通高中学籍)的出国留学需求,擅自开展全日制或系统化境外课程培训并使用境外教材的情况,带来了风险隐患。

高中开设国际课程,包括在公、民办教育领域作机构设置的尝试应该如何走? 发展到多大的规模? 合作的形式如何? 中外合作办学应该坚持什么原则? 引进什么样的合作方? 这些问题都处于摸索阶段。对于已经进行的高中中外合作办学来说,亟须系统总结经验,对办学中的一些问题聚焦分析,为后续的中外合作办学实践提供有效且有益的经验。

（三）个人需要对相关实践经历进行反思和作理论提升

在进行中外合作办学的过程中，笔者也发生了角色的变化。从一开始参与区域基础教育国际化的调研，撰写研究报告，到后来参与举办高中中外合作办学的前期调研，再到参与区域性的教育国际化的规划起草、论证等决策咨询研究工作，应该说，这一阶段笔者处于研究者或政策决策咨询服务者的角色。后来正式担任中外合作高中的校长，此时开始，笔者从决策咨询研究者转变为实践者的角色。担任校长，必须亲历学校办学的全过程之后，更多面对着的是一系列的办学实际问题。从对中外合作办学政策条文的解读，到具体操作实践，从"岸上观火"到"亲自下水"，经历了一轮的办学实践后，学校平稳顺利的发展使得笔者对于中外合作办学的过程、条例内涵和操作流程有了比较清晰的认识，因此在一定意义上，也就有了研究此课题的个人基础。但是，在参与中外合作办学的全部过程中，笔者对于在众多的国际教育实践中，以机构设置类的方式在高中进行中外合作办学究竟如何定位、如何界定中外合作办学的性质、如何落实和实现政府和领导在办学之前对中外合作办学的定位和期待等，都有了了解。在经历了十多年办学之后，系统地梳理一下中外合作办学的历程，回顾一下中外合作办学过程中所经历的困惑、困难，对于后续继续深入地探索中外合作办学，无论是理论层面还是实践层面都会有重要的价值。

二、中外合作办学的研究背景

（一）高中中外合作办学的背景研究

当代的中外合作办学是改革开放的产物。在不断开放中进行合作办学，在改革中促进合作办学，又在合作办学中不断开放，不断改革。伴随着中外合作办学的发展，中外合作办学的形态、功能和领域都在不断发展变化。经历了三十多年的发展，中外合作办学在我国教育发展，特别是教育国际化进程中扮演着重要角色，已经成为公办教育、民办教育之外的"第三种办学形式"。

高中中外合作办学与基础教育国际化的整体推进分不开。中外合作办学的演变特点，总体上的趋势是从高等教育、职业教育向基础教育拓展。从办学体制来说,先民办学校,后公办学校;从基础教育的办学形式来看,先是项目,再逐渐过渡到课程班、国际部,乃至以独立法人为主要办学形式。应该说,自中外合作办学开始以来,关于中外合作办学的研究一直没有停止。但从研究的总体来看,呈现出高等教育研究丰富,基础教育研究薄弱的不平衡问题。如果就高中段机构设置类的中外合作办学研究而言,就更为稀少。在基础教育领域中的研究,一方面比较集中于高中段的国际课程研究,但也就少数硕士学位论文中零星地涉及对诸如苏州、昆明等某地区或某一学校国际课程班、国际部的研究,另外一个方面则主要集中在民办学校中的国际化办学方面的研究。但总体而言,研究的文献比较少,研究内容也比较单一,多为零星的经验介绍。从总体上来说,大致可以通过两个维度来进行已有研究的概括。一个维度是从宏观与微观的分类角度来概括相关文献,宏观角度一般包括中外合作办学的历史研究、政策研究、发展阶段研究、国际化研究等,微观角度则包括办学体制、章程、治理、质量、课程设置和教学等具体的研究。另外一个维度是按照内外部关系的角度来划分文献,外部研究包括政策、政府监管、质量保障、评估等,内部研究则包括学校具体办学所需要研究的各种要素,如办学目标、办学模式、课程教学等。

从与本书选题相关出发,以下把研究分为三类,第一类为区域性中外合作办学的现状、问题、政策等方面的研究;第二类则涉及办学体制问题的研究,包括办学性质、办学定位、办学方式、领导组织架构、育人目标等;第三类则是育人模式的研究。与高等教育相区别,在高等教育领域一般主要研究的是人才培养模式,包括培养目标、培养内容、培养过程、人才标准等内容。但在基础教育领域一般不大提人才培养模式,而更多提育人模式,这可能是人才培养模式与育人模式所体现的高等教育和高中教育之间的性质不同。应该说,三个方面的研究既有不同的内在逻辑,又有一定的关联性,一个办学实体与区域教育政策及其办学定位有着特别的关系,育人模式则直接与学校的定位相关,客观上的办学体制机制的选择和建设是有效的育人模式探索实践的基本保证。这与政府区域方面的政策联系起来,就构成了育人模式得以存在的区域政策环境和办学体制环境的前提性条件。特别是在具体的办学过程中,三者往往是统一并相互关联的。

应该说,高等教育领域的中外合作办学研究比较复杂,包括:中外合作办学规模、质量、效益和评估等方面的研究；优质教育资源的标准研究；课程建设中的国际化和本土化的关系问题研究；中外合作办学的法律制度研究，包括概念辨析、协议的法律性质、章程的功能、质量保障、跨境以及学位等方面的法律问题；多种办学模式中的国际化人才培养问题研究；从治理角度，还包括风险管理、发展战略、外籍教师队伍管理、教学方法与文化差异等方面的研究。基础教育领域中的中外合作办学研究相对比较少，特别是机构设置类研究，还是个新生事物。就与本书主题相关的研究来说，则表现为两个方面，一个是关于教育国际化的研究，另一个则主要集中于国际课程方面的研究。

区域层面的研究一般包括各种类型的调研报告或课题研究报告，以及一些发表在刊物上的文章。有些硕士学位论文以区域教育命名，但主要是以某个学校作为案例。总体上来说，区域层面的研究以调查研究为主，主要以数据分析和实证分析为主，聚焦于区域发展的特点以及发展特征的概括分析。但这些研究一般不够系统，少数报告虽然有质量，但主要是从决策咨询角度进行了分类概括研究，可以看作本书研究的重要参考依据。笔者也曾参与上海市区域层面的宏观调研，并且对不同层面的国际化合作办学状态和类型及问题做了分析。现结合已有研究，把自己的研究结论做一简要概述[①]。

对区域层面国际合作办学的类型和特征的研究，可以有多种角度，笔者在对上海市的国际合作办学现状及特征进行研究时，侧重于从国际合作办学的阶段性发展角度，基于阶段发展特点进行分析。以上海市高中国际课程的引入和发展为脉络，梳理上海高中国际课程的引入和发展历程，发现其大致经历了以下三个阶段：

第一阶段，是国际学校面向外籍学生开设国际课程。这些学校开设的国际课程主要有三类：第一类是本国课程；第二类是本国课程辅以国际通用课程；第三类是国际通用课程，以国际文凭组织的教学大纲为教学目标。

第二阶段，在上海普通高中设立国际部，面向外籍学生（含中国港澳台）开设国际课程。其中，上海中学国际部经过多年探索，已形成中英文两大系

---

① 王芳.上海市高中国际课程发展述评[J].基础教育，2012(4)：66—71.

列四类子课程体系。

第三阶段,在上海普通高中设立国际课程班或国际部,面向国内学生开设国际课程。国内最早面向中国籍学生开设国际课程的是北京中加学校,它也是中国第一所中外合作办学的高中。1997 年 3 月,北京师范大学附属实验中学与加拿大纽宾士域省教育部、加拿大加皇国际投资集团合作成立北京中加学校,构建的是以中国课程为主,融中加课程为一体的课程体系,实施双学籍、双文凭管理。此后,国内一些民办学校开始引进国际课程,招收国内学生。如,广东碧桂园学校 2000 年开设 IBDP(国际文凭大学预科课程)和 IB-MYP(国际文凭中学阶段课程),2005 年成为 IB(国际预科证书)国际学校。上海市民办学校中较早引进高中国际课程的是平和双语学校,2002 年其高中部开设 IBDP 课程,2003 年成为 IB 国际学校。2007 年,上海师范大学剑桥国际中心开设英国的中学高级水平证书考试课程(A-Level 课程)。2008 年左右,上海一些实验性、示范性高中陆续引进国际课程,或设国际部或设国际课程班,招收国内学生。如,南洋模范中学 2008 年引进加拿大BC 省①高中毕业证书课程,大同中学 2010 年开设美国全球评估证书课程(PGA 课程),格致中学 2010 年开设美国高中课程及美国大学先修课程(AP课程)实验班。

从最初外国人创办的纯粹国际学校,到 20 世纪 90 年代在比较有影响力的普通高中开设招收外籍学生的国际部,再到 21 世纪初在普通高中也开设招收本地学生为主的国际部,上海普通高中引进国际课程经历了一个从无到有,从面向外籍学生到面向国内学生,从民办学校举办到公、民办学校都积极举办的发展过程。这个发展过程,从某种意义上说既是应本地学生、海归人士子女和外籍人士子女要接受优质国际教育的需求不断扩大而产生的,也契合了上海改革开放,建设现代化国际大都市,推进基础教育国际化的时代背景。当然,更是经济全球化推动教育国际化发展的必然结果。2001 年,我国加入世界贸易组织(WTO),其中"服务贸易总协定"第 13 条规定:除了由各国政府彻底资助的教学活动以外,凡收取学费、带有商业性质的教学活动均属于教育贸易服务范畴。它覆盖基础教育、高等教育、成人教

---

① 加拿大不列颠哥伦比亚(British Columbia)省,又称 BC 省。

育和技术培训,所有 WTO 成员均有权参与教育服务竞争。

在课程类型上,各校引进的国际课程主要有三大类。一是国际组织开发的课程。这类课程通用性强,自成体系,而且比较严密,如 IBDP、PGA 课程。二是国际性的考试课程。如 A-Level 课程、美国的学术能力评估考试课程(SAT)。学生通过考试,可以去相关国家申请高一级学校就读。三是国别课程。如美国 AP 课程、加拿大 BC 省高中毕业证书课程。这些课程中,只有 IB 课程是真正意义上的国际课程,其他都属于国别课程或者国际考试课程,为表述方便统一称国际课程。

在合作方式上,学校引进国际课程的途径主要有三种。一是通过地区教育行政部门引进,如南洋模范中学通过徐汇区教育局和加拿大 BC 省教育部签署协议引进 BC 省课程。二是通过教育中介机构引进,如上海交通大学附属中学通过狄邦教育机构引进 IBDP 课程,格致中学通过美国安生文教基金会引进 AP 课程。三是通过具有官方背景的民办非学历教育机构引进,如大同中学通过中国教育国际交流协会引进 PGA 课程。目前,多数学校采用与教育中介机构合作的管理模式。

在区域层面,这里主要以上海市闵行区为例。笔者通过前期调研,对其基础教育国际化办学模式进行了归纳提炼,具体如下:①"外籍人员子女学校"模式。是指以华漕地区为代表的由国际人士举办的招收境外(含中国港澳台地区)人士子女的国际学校(如上海美国学校、上海英国外籍人员子女学校、上海新加坡国际学校、上海韩国学校、上海日本人学校、上海瑞金国际学校、上海台商子女学校等)。招生对象仅限于外籍和中国港澳台学生,为境外人士子女提供国别课程、国际通行课程的教育服务。依据《关于开办外籍人员子女学校的暂行管理办法》实施管理。②"民办教育"模式。是指以"协和教育集团"为代表的民办学校,通过自主招生的方式,按照学生的需求开设国际课程,实行小班化教学,开展中外文化融合教育。主要有两种基本形态:一是开设国际部,二是开设国际班。③"随班就读"模式。指外籍学生依据他们的生活区域、求学需求和语言能力,选择到公办学校接受中国课程教育。

而就国际理解教育而言,从调研学校看,闵行区现有的国际理解教育主要在以下几个方面进行开展。一是在日常的教育教学中渗透国际理解教育。譬如,原复旦万科实验学校①、上海协和双语高级中学等学校在升国旗仪式中遇有外籍学生祖国的国庆日,为外籍学生升起国旗,向全校师生介绍该国情况。二是以课程为载体,在文学和语言、数学与科学、历史与地理、生物与卫生学、公民与道德教育、艺术与体育等相关学科开展国际理解教育。三是以对外交流活动为载体开展国际理解教育。譬如,探索德语、韩语、法语、日语等小语种选修课教学,定期开展对外文化交流与合作活动,与境内外学校建立友好姐妹学校关系,双方师生定期进行跨文化交流。组织英语文化周等活动,通过相互学习、共同探讨,增进友谊,拓展学生国际视野和国际理解能力。四是形成国际理解教育校本课程。譬如,原复旦万科实验学校通过几年的课题研究编辑出版了《中外学生争做世界公民手册》,这本中外学生德育手册注重学生的国际理解教育,关注学生的品质和情感发展,重视学生个人条件与特长,培养学生应变能力、生活能力、独立意识及正确的价值观,为培养世界公民打下坚实基础。

从国际课程设置来看,学校根据市场需求、国际教育通行规则和自身教育教学资源的可行性自主探索引进国外优质教育资源,自主开发校本化的国际课程,注重探究课程和拓展课程,强调才艺进修,开展校外实践教学,为学生提供多元化、分层化、主题化的课程选择,多通道的发展方向,实施全面发展的教育,努力实现中外文化融合教育。总括国际课程,有三种基本类型:一是以引进国际通行课程为主。如 IB(PYP、DP)课程、加拿大 BC 省课程、ICE 英国国家课程、CIE 英国剑桥国际课程等,融合中华优秀传统文化课程元素,以英语为主要教学语言开展中外文化融合教育。二是基于上海二期课改教材,同时导入相关国际教材。如美国 SSRW 教材,采用中英文并举的教学语言围绕基础学科、探究课程、才艺进修开展教学。三是形成校本化的国际课程,兼顾学生的学科功底与跨学科的问题解决能力,使学生英语达到英语国家母语水平,彰显国际元素。

在教育教学管理方面,从调研学校看,各校在国际教育实践中努力借鉴外方管理制度和经验,探索建立基于本土的日常教育教学管理制度和机制,提升学校的精细化管理水平。包括国际教育领导组织架构、公开透明的招

---

① 指原上海市民办复旦万科实验学校,现上海市民办德英乐实验学校。

生流程、中外校长共同管理制、中外教师例会制度、"小班化、走班制"、教师包班制、中外学生活动管理制度、家校共管委员会制度、财务管理制度、国际教育教学质量监控制度等，致力于开发升学通道，为出国留学学生提供系列服务。民办学校相对灵活的运行机制，能够较快地对国际化办学投资需求作出回应，而公办学校的国际班外籍学生不纳入招生计划，缺少经费投入，办学条件相对简陋。

在师资队伍方面，从调研学校看，各校国际课程的师资队伍情况不尽相同。一是国际部（班）外籍教师比例大于等于中教。二是国际部（班）中国教师比例大于外教。在职责分工上，外教主要负责基础学科类、拓展课程类、英语类、课外实践类教学等；中教主要从事 HSK（汉语水平考试）教学、英语强化辅导、理科课程辅修、德育、学生班级管理工作等。

中外教师由学校自主招录。外籍教师必须具备国际教师资格证和教育教学经验，在外专局备案。目前，外籍教师无编制，由学校自主制定招录、考核、评价体系和标准，实施对外籍教师岗位考核及奖惩制度。中教必须具备教师资格证，部分教师无编制，无法评定职称，只能由学校内部对执教国际课程的中国教师在课时津贴、评优等方面加以激励。

专业培训方面，由学校针对国际化教育教学的需求，自行组织教师就教育理念、教学内容、管理行为和校情等方面，开展入职培训、在职培训，组织教师到境外学习，定期选送教师参加国际文凭组织的教育培训，聘请资深海外教师开设讲座等。

从对外交流情况来看，闵行区基础教育对外交流以"走出去、请进来"的方式为主，通过举办主题对外交流活动，组织夏（冬）令营活动，接待来自世界各国的访问团到学校交流考察，定期或不定期互派师生开展教育教学交流。这些国际教育交流和合作活动的开展增进了中外师生对不同民族、国家和地区文化的理解，是学生人生发展道路上弥足珍贵的体验和经历，增强了学生国际交流、理解和融合的能力，为他们成为世界公民奠定了基础。

以上通过对市、区两个层面的分析，比较集中地形成了一些关于区域性国际办学特点的基本认识。

（二）高中中外合作办学的政策研究

可以说，我国自改革开放以来，中外合作办学从恢复、探索、规范到调整,走着一条螺旋式的发展历程。从领域发展的变化来说,开始主要集中于高等教育、职业教育领域,后来进入基础教育领域。从规范发展来看,从最初的只是"协议""会谈纪要""备忘录"到1995年《中外合作办学暂行规定》的出台,再到2003年《中外合作办学条例》的颁布,逐渐走上了规范发展的道路。

回顾我国中外合作办学的政策发展历程,应该说,在中外合作办学的发展过程中,政策起着主导作用,在一定意义上,从政策的演变能够大致看出中外合作办学的发展状态和趋势。就与基础教育相关而言,1995年1月26日,国家教委颁布实施了《中外合作办学暂行规定》,就中外合作办学的意义、性质、必要性、应遵循的原则、审批标准及程序、办学主体及领导体制、证书发放及文凭学位授予、监督体制等各个方面进行了规定,搭建起我国中外合作办学政策的基本框架。

2001年11月,中国签署加入WTO的议定书。《中华人民共和国加入世界贸易组织服务贸易具体承诺减让表》对教育服务做出了承诺,其中在市场方面承诺有限开放高等教育、成人教育、高中阶段教育、学前教育和其他教育市场;在教育服务提供方式上允许商业存在,即允许中外合作办学,并允许外方获得多数拥有权。我国加入WTO以后,扩大开放成了不可回避的责任和义务。

2003年3月,国务院颁布了《中华人民共和国中外合作办学条例》(简称《中外合作办学条例》)。2004年6月2日,为了更好地实施《中外合作办学条例》,教育部发布了《〈中华人民共和国中外合作办学条例〉实施办法》(简称《实施办法》)并于2004年7月1日起开始执行,《中外合作办学暂行规定》同时废止。2004年8月20日,教育部又下发了《关于做好中外合作办学机构和项目复核工作的通知》,对中外合作办学机构和项目依法进行复核。《中外合作办学条例》及《实施办法》的出台对中国现阶段的中外合作办学工作具有重要价值,标志着中外合作办学进入了法治化阶段。[①]《中外合作办学条例》对办学主体、办学方式、招生对象等方面都做了系统的规定,保证了办学的规范和顺利发展。两个政策的出台有力地支持了中外合作办学的规

---

① 李永强,金璐.中外合作办学的政策分析[J].现代教育科学,2008(5):26 - 29.

范和顺利的发展。

2006年2月7日，教育部发出《关于当前中外合作办学若干问题的意见》，强调在中外合作办学过程中，要坚持公益性原则，坚持依法办学、规范管理，坚持引进优质教育资源，加强能力建设，加强质量管理和收费管理。2007年4月6日，教育部发出《关于进一步规范中外合作办学秩序的通知》，对相关8项内容做了全面论述。[1]

2009年7月15日，教育部发出《关于开展中外合作办学评估工作的通知》，同时也制定了《中外合作办学评估方案（试行）》。《中外合作办学评估方案（试行）》的发布，标志着中外合作办学评估正式进入制度化和规范化的评估阶段。[2] 上述政策变化表明我国中外合作办学越来越规范，制度设计越来越合理，国家对于中外合作办学的管理和保障措施越来越到位，中外合作办学的制度环境日益得到改善。

《国家中长期教育改革和发展规划纲要（2010—2020年）》（简称《纲要》）在序言中论述了"国际化"发展的大趋势："当今世界正处在大发展大变革大调整时期。世界多极化、经济全球化深入发展，科技进步日新月异，人才竞争日趋激烈……中国未来发展、中华民族伟大复兴，关键靠人才，基础在教育。"当今教育可以为中国发展提供的基础，其平台已经具有"国际性"，只有走上国际化的平台，才可能为中国发展带来新的机遇和新的空间。为此，《纲要》明确提出"加强国际交流与合作"，强调："坚持以开放促改革、促发展。开展多层次、宽领域的教育交流与合作，提高我国教育国际化水平。借鉴国际上先进的教育理念和教育经验，促进我国教育改革发展，提升我国教育的国际地位、影响力和竞争力。"要达成这样的目标，适应国家经济社会对外开放的要求，就必须"培养大批具有国际视野、通晓国际规则、能够参与国际事务和国际竞争的国际化人才"。因此，《纲要》倡导各地区充分引进优质教育资源，吸引境外知名学校、教育和科研机构以及企业，合作设立教育教学、实训、研究机构或项目。尤其"鼓励各级各类学校开展多种形式的国际

---

① 新华网.中外合作办学已成为中国教育国际交流与合作的重要形式[EB/OL].(2011 - 06 - 21)[2011 - 07 - 02].http://www.xinhuanet.com/chinanews/2011-06/21/con-tent_23056940.htm2011 - 06 - 21.

② 杨岭.中外合作办学近十年政策法规分析[J].教学研究，2011(5):10 - 13.

交流与合作""加强中小学、职业学校对外交流与合作""加强国际理解教育，推动跨文化交流，增进学生对不同国家、不同文化的认识和理解"等。

2022年6月，教育部办公厅专门发布《关于开展涉境外课程校外培训机构专项治理工作的通知》(教监管厅函〔2022〕10号)，提出：对无办学许可证、无营业执照(或民办非企业单位登记证书)的"双无"涉境外课程机构，要责令其立即停止培训活动，依法依规予以查处。对有办学许可证和营业执照的涉境外课程机构，要依照区域教育发展规划、国家及各地普通高中设置标准进行整改，转型为民办普通高中；有意愿开设境外课程的，要在转型为民办普通高中后依照国家普通高中课程、中小学教材管理等有关规定办学或依法申请开展中外合作办学，由所在地省级教育行政部门按程序审批，报教育部备案。

2025年1月，中共中央、国务院印发《教育强国建设规划纲要（2024—2035年）》，提出加快建设具有强大思政引领力、人才竞争力、科技支撑力、民生保障力、社会协同力、国际影响力的中国特色社会主义教育强国，全面构建固本铸魂的思想政治教育体系、公平优质的基础教育体系、自强卓越的高等教育体系、产教融合的职业教育体系、泛在可及的终身教育体系、创新牵引的科技支撑体系、素质精良的教师队伍体系、开放互鉴的国际合作体系，实现由大到强的系统跃升。有关高中教育、民办教育和教育对外开放的论述为："统筹推进市域内高中阶段学校多样化发展，加快扩大普通高中教育资源供给；引导规范民办教育发展；完善教育对外开放战略策略，建设具有全球影响力的重要教育中心。"

通过上述政策演变的分析，大致可以看出，政策对于国际化办学持积极支持的态度，同时，又特别强调规范和质量；以及从引进来到走出去，从借鉴到融合，从品牌建设到构建全球影响力的发展趋势。

当然，已有研究中也有很多人指出了一些国际化办学中的问题。笔者曾在调研基础上，归纳国际化办学中的问题，诸如：从行政管理层面看，尚无明确的管理部门，政策指导不明朗，统筹规划不到位；从学校实施层面看，师资、教学质量、管理尚无有效保障等。这方面很多研究概括出来的问题大同小异。2011年上海基础教育工作会议明确提出，要积极引进和消化国外先进课程资源，试点开设高中国际课程，深入推进基础教育国际化。笔者认为，引进国际课程是推进教育国际化的路径之一，同时，还需要关注以下方面。诸如：从无序引进、自行摸索到宏观掌控、深入研究；从满足家长、社会需求到促进普通高中多样化发展。

当然，基于上述政策演变，不少研究者也从不同角度进行了问题分析和个案研究。刘世清等在《普通高中国际课程的发展困境与政策取向》[①]一文中，指出了普通高中国际课程在发展定位、政策监管、与本土课程关系、国际课程班学生的出路等方面存在诸多困境，分析了"洋高考""留学预科"审批中的"照单全收"以及与本土课程的关系处理中出现的"压缩倾向""大杂烩""去中国化"，在学生抉择中出现的诸如"高额费用分担""孤注一掷""沉重的心理和精神压力"和"被出国压力所绑架的"困境。

徐士强在《普通高中国际课程的本质与决策要点分析》[②]中，区分了"国际性"和"国别性"、"外国科目"和"国际课程"的概念，认为 IB 课程实际上也是灌输 IBO 和联合国教科文组织的教育信念，并从政策设计角度，从区域支撑力、学校内驱力、社会响应力的三力结合的角度进行了分析，对于课程类型识别从课程的完整性、传播范围、高校认可情况进行系统分析，并提出了政策建议。

（三）高中中外合作办学的比较研究

在高中段的国际化研究中，研究比较集中的领域是国际课程的研究。尽管这方面研究总的来说，比较零碎、散乱，但已经呈现出一定的研究热点，发表的文章也渐趋增多，硕博学位论文也有所增加，这方面显然基础教育与高等教育不同。因为，在高等教育领域主要是大学与大学之间的学习交流，而并非在国家层面产生了一种如基础教育中的国际课程概念。随着教育全球化与经济全球化的发展，中外合作办学已经成为一种趋势，而借助于国际课程的中外合作办学成为一种重要的选择路径，这与国际课程的来源具有一定的国际性有关。如 IB 课程，本身即是面向世界各国的外交官子女设计开发的课程，从诞生之初就具有国际性，是无可争议的国际课程。同时，国

---

① 刘世清，陶媛，周恋琦. 普通高中国际课程的发展困境与政策取向[J]. 教育发展研究，2014（6）：30 - 34.

② 徐士强. 普通高中国际课程的本质与决策要点分析[J]. 上海教育科研，2015（6）：5 - 8.

际课程还具有学分的国际适用性,它需要被世界的绝大多数国家及地区认可,英国的 A-Level 课程和美国面向高中学生的 AP 课程虽然起源是一个国家的某一个课程,但是在世界范围内都是被认可的,因此它们也属于一种国际课程。因此,国际课程成为一种教育领域国家化的"世界语"。不少的国际学校都引进了一系列的国际课程,以此来确立自己的国际地位,同时被世界所认可。

在美国,第一个获得 IB 学位授权的学校最早可以追溯到 1971 年纽约的私立学校——联合国际学校。响应《国家处在危机中——教育改革势在必行》教育改革的多种诉求,IB 课程开始在美国国内大力推广,数量出现井喷式增长。同时,20 世纪 90 年代出现的全球化现象更让美国意识到,把自己的课程推广到世界各个国家更有利于课程的完善与发展,同时也更有利于确定其大国形象和教育强国形象,因此美国开始了 IB 课程的对外推广活动。在亚洲,最早引进 IB 课程的是新加坡,1977 年。引进时间最晚的是香港,1988 年。亚洲的 IB 课程引进数量偏少,并且引进的课程以 DP 项目为主。

从国际比较研究来看,除了在国际课程的比较研究中,对于同样实施此课程的国家进行介绍之外,对作为背景性的国际化教育,也有着一定的研究。比如,一般会把美国的"国家教育—国际教育—全球教育"看作一种发展路径,一种国际教育演变的模式和脉络。特别是 20 世纪 90 年代,美国国际教育呈现出向全球教育转型的趋势,使得研究者对美国国际教育理论多有关注。

总之,概括比较研究,大致有以下几种情况:第一,以一般介绍国际课程为主的研究;第二,以个案形式对某地区或某个学校进行的聚焦研究;第三,对国与国的国际课程实施情况进行系统分析,这在一些博士学位论文中比较突出,一般以学术类硕博学位论文为主;第四,则是由一些机构定期发布一些数据,以行业报告或舆情形式发布国际课程实施情况。

总体上,对中外合作办学的研究呈现这样一种状态:高等教育多,基础教育少;高等教育领域研究的覆盖面广,在基础教育领域则更多地以介绍经验为主,聚焦问题的研究较少;在聚焦问题方面,则表现出聚焦课程设置的研究较多,聚焦育人模式的系统研究较少。这里不全面评述,而主要集中对基础教育领域的中外合作办学或国际化办学的研究展开述评。

第一,从研究主体来看,一般多为高校研究者和政策研究者,也有不少是硕士博士学位论文形式的研究,这就使得总体上的研究,偏于学术性,除了少数博士学位论文研究比较深入外,绝大部分文献停留于泛泛的一般介绍,对办学实践以及在政策实践中所呈现出来的问题,研究相对薄弱。

第二,从研究方法来看,以文献和问卷调研的方式研究比较多,但参与到实践过程中的亲历和研究很少,这样,研究的结论和对策建议往往针对性不够强。特别是对中外合作办学与民办教育之间有什么共性和区别,中外合作办学的政策界限如何界定等,几乎很少涉猎。在一些研究者中也存在着一些"民办偏好"问题。

第三,就笔者的研究角色来看,在综述其他相关研究文献时,发现部分也使用了笔者的研究成果,而本书的正文则呈现的是作为办学者的研究视角和实践探索。在一定意义上,这种介于研究者和实践者之间的基于问题的研究相对较少,这可能正是本书的一个特点。当然,本书不是对上述所有问题的研究,而是结合一所学校的一轮办学实践,聚焦于育人模式的一种案例式研究。

第四,应该说,就已有的基础教育段的国际化办学而言,主要是在民办教育范畴中所进行的研究,市场化、民营化、特许化、产业化等取向非常明显,在分类管理出台后,这类学校究竟何去何从尚有待观察。公办高中领域,以国际课程为主要研究对象,从借鉴的意义上来说,上海中学等进行了比较多的研究和探索。纯粹从中外合作办学的机构设置类角度出发的研究,还是一种比较新的尝试。这方面只有一些零星的决策咨询报告,专题式的研究很少,有的也只是一种介绍性的材料使用,深入探索的不多。

基于此,本书的探讨具有一定的研究前沿性,其研究对象的新鲜性和研究范畴的新颖性决定了这是一个新问题域,而笔者从研究决策咨询者转变为实践者的研究视角的转换则带来了一些不同的感受,从一个实践探索的亲历者的角度展开研究与思考。

三、研究框架与核心概念

(一) 研究框架

本书研究的基本思路是以七德的实践过程为例,通过系统梳理其办学过程中(包括筹建前地方政府的发展现状、政府和领导决策过程以及开办后所经历的第一轮的办学情况)所产生的一些根本性的影响学校整体发展方向的冲突矛盾,分析提炼各类办学资料,聚焦育人模式的关键环节和要素,最终呈现出七德中外合作办学的育人模式的探索历程,透视中外合作办学机构设置类办学过程中所遭遇到的实践问题,并对办学实践过程中所采取的"融合之策"进行梳理总结和反思提炼。

机构设置类的高中段中外合作办学究竟应该选择什么样的办学模式?其办学性质如何?办学目标如何定位?在新时代背景下,探讨机构设置类的高中段的中外合作办学有何意义和价值?如何理解中外合作办学中的合作?又如何走中外合作办学中的育人模式的融合之路?其思路、路径、策略如何设计并推进?如何走出一条新时代背景下的高中中外合作办学的新路?这是本书研究所能够涵盖的值得探讨的问题。由于中外合作办学的独特性,又产生了诸如中外合作办学和民办学校的同与异在哪里?公办高中的中外合作办学与民办的国际课程学校是否有根本的区别?如何规避营利性风险,同时又要考虑减少办学成本,缓解学校财政压力?如何坚守公益性办学的方向不变,同时应对来自市场和全球办学环境的变化?这些都是实践中提出的各种问题。从众多问题的梳理中,我们聚焦以下具体问题:

(1)办学体制的融通与抉择问题;

(2)育人目标的定位问题;

(3)中外合作办学的课程设置问题;

(4)中外合作办学的学生管理模式问题;

(5)中外合作办学中的教师发展问题。

就上述问题与育人模式的关联来看,办学体制是育人模式的前提性问题,育人目标是育人模式的核心问题,课程设置是育人模式的基本载体,而学生管理是育人模式的重要内容,教师发展则是育人模式的专业保障。因此,侧重于不同方面,尽可能避免对各个方面进行事无巨细的介绍,而更主要地集中对办学实践过程中的几个问题进行研究分析,以求突出中外合作办学中问题研究的价值。

(二) 核心概念

1. 高中育人模式

本书研究主要聚焦我国学制的高中段(十到十二年级),纯高中。

什么是"模式"?《辞海》中的定义是:模式,也叫范型。《现代汉语词典》中对"模式"的解释是,某种事物的标准形式或使人可以照着做的标准样式。本书提及的"育人模式",是指以育人为核心的各种办学要素的组合,包括办学目标、课程设置、学生发展、教师专业保障与培训等几个核心环节组织起来的系统的育人框架和体系,从与育人相关的组织环境角度来看,则还包括办学性质、办学体制、办学理念、育人目标以及组织、制度建设等方面。由于研究对象是中外合作办学,特别是学校招生主要是一种双向选择机制,办学中的招生环节也应该纳入育人模式,以体现其办学性质和特点。就七德的办学实践来说,其实从招生开始就已经在进行育人的工作,包括多方位的了解、课程选择的介绍、学校的追求和办学理念,以及即将开始的学校生活是一种什么样的高中学习经历,所有这些活动都是在传递学校理念,也是在进行学校教育理念和育人模式的宣传,这方面可以说是学校育人环节中很重要的一个方面,是一种开端性的起始环节。由于研究范围所限,本书不是对育人模式作面面俱到的介绍,而是从取舍与合作的角度,对于中外合作办学实践中突出的几个问题做专题聚焦研究。

2. 中外合作办学

按照《中外合作办学条例》第二条的规定,中外合作办学主要是指:外国教育机构同中国教育机构在中国境内合作举办以中国公民为主要招生对象的教育机构的活动。

四、研究设计

(一) 研究目的

本书意在通过对七德的中外合作办学过程中的育人模式进行聚焦研究,透视出中国基础教育领域国际化的一种形式——高中中外合作办学的一些基本办学问题,并以案例研究的形式,探索独立设置的公办高中中外合作办学的可行模式和特点,在参照相关办学类型和理论分析框架后,对公办高中中外合作办学的功能、价值及其育人模式的选择提供自己的思考和实践探索的经验。

（二）研究方法

笔者是一线工作者，并且经历了一所高中中外合作办学从筹办到开办至今的全过程，和一般已有的作为观察者的研究者不同，有着自己的亲身体验和实践经验，因此，对于所要研究的问题，所思所想带有一定的综合性。为此，本书主要采取以下研究方法。

1. 文献法

本书撰写过程不长，但是，就其产生的前因后果而言，则持续了将近 14 年时间。在这段时间中，笔者参考了大量公开的文献资料，通过文献查阅、梳理和分析，厘清研究的基本概念，理解所涉及的相关中外合作办学的政策、相关理论等，通过各种调研报告的阅读以及学校办学过程中所产生的各类文本资料包括学生的相关作业等，分析问题，摘录观点，形成了基本概念框架。

2. 参与式观察法

本书采取的主要方法之一是参与式观察法。这是因为笔者亲历了一所高中中外合作办学的全过程，也曾参与了区域层面的基础教育国际化的政策决策过程，从观察法的角度，可以说是已经积累了参与中外合作办学的实际观察条件。但是，由于笔者也是当事人，如何保持一个客观的立场，就成为采用这种方法的一个需要克服的困难。如何将自身置于被研究对象，客观地、保持价值中立来进行中外合作办学的研究成为一个需要回答的问题。对此，一方面需要保持客观中立性，另一方面则要跟自己保持一定的距离，将自身曾经实践的资料和信息客观化，这方面既有观察别人，也有自我观察。

3. 调查访谈法

调查访谈法是指通过与研究对象交谈收集所需资料的研究方法，是一种有目的、有计划、有准备的谈话，谈话的过程紧紧围绕着研究的主题展开。本书研究中，主要是通过参观访问学校、召开专题座谈以及访谈等形式，对上海的基础教育国际化和中外合作办学的现状进行调查研究，并在此基础上运用管理理论中的 SWOT 方法进行分析。具体体现在：高中中外合作办学的背景研究以及中外合作办学的环境扫描，采用了笔者在参与中外合作办学以及基础教育国际化的政策决策和规划研制过程中，对上海教育科学研究院、上海市教委等相关决策研究人员及闵行区开设国际课程的学校或开展国际教育交流的学校进行调查访谈形成的研究报告。此外，也对七德师生进行了访谈（提纲见附录），包括选取十到十二年级，上海生源和非上海生源的 24 名学生进行了访谈；选取 7 位教师代表，涵盖美方校长、部门主任、学科主任、年级主任和普通教师进行访谈。之后，对师生的在校工作学习体验进行了编码归类，梳理提炼形成相关共性表达。

（三）研究意义

在综合平衡上述各种问题的基础上，本书主要研究思路是将选题集中于育人模式的研究。贯穿育人模式研究的主线是融合。而从问题提出的角度而言，则主要是聚焦于中外合作办学过程中的各种显性和隐性的碰撞，进而从对话与选择、取舍与共生的角度逐渐将化解分歧的融合性的育人模式实践策略清晰化。

研究的理论意义是：基于公办高中中外合作办学实践，追溯办学的前因后果，通过育人模式的系统研究，回答中外合作办学究竟如何合作、如何融合、为什么要走融合之路等问题，对于中外合作办学育人模式研究中所涉及的办学性质、合作原则、办学定位和实践路径等具有一定的理论价值。

研究的实践意义是：一方面，深入解剖一个办学案例，对于案例学校本身的未来发展和实践路向具有极大的指导意义，对于校长如何推进案例学校融合型的育人模式的实践探索具有很大的价值；另一方面，由于本案例学校的特殊性，开办至今，不断接受来自全国各地的领导和学校人士的参观访问，面对咨询中外合作办学的各种问题，学校有责任向各级领导和兄弟学校交出一份答卷，将学校的探索，包括经验教训通过一定的方式提炼总结出来，对于即将进入中外合作办学或国际课程教育轨道的学校来说，可以提供一定的借鉴参照价值。此外，从区域发展的意义上来说，由于本案例就是直接的区域层面的一种政策实践行为，通过本案例的研究，可以为区域层面的决策提供实践参照，具有一定的政策实践意义。

第二章

共识与共建:混合式办学体制的选择

要进行育人模式的探索,其前提性的条件是办学体制的选择。不同的办学体制、不同的办学性质决定的不仅仅是育人的形式,更是育人的实质。比如,单纯的国际课程引进,比起双方合作办学来说,中方对课程设置的决定权就要弱很多,这就直接导致育人模式在性质上的差异。中外合作办学的聚焦点在于合作,这就需要在理论、政策、具体的实践操作层面都能够达成共识。诸如合作的动机、原则、目标、形式、制度、人员选择和职责定位,以及权益界定等,都要在持续的磨合调整过程中达成一致。中外合作办学还涉及意识形态和国家教育主权问题,这是尤其不能含糊的根本性问题。本章通过回溯性研究,对七德的办学历程进行聚焦式的描述,以充分呈现七德的办学体制、办学章程等方面的建设过程,不难看出,这同时也是一个办学双方对话、协商与达成共识的过程。

一、中外合作办学的环境扫描

就办学的具体区域来说,要考虑:是否具备举办中外合作办学的环境和条件;举办一所这样的中外合作高中对于区域教育发展具有什么样的意义和价值,从区域层面是否具有了举办这样类型的中外合作高中的生态环境。这就需要对举办中外合作办学的区域环境作详细的现状和需求分析。

(一) 中外合作办学的区域环境分析

2010 年左右,上海市闵行区尚处于中心城区拓展区,正加快推进"全面调结构、深度城市化"。七宝镇作为闵行区城市化发展较快的区域，抓住大虹桥大发展机遇，引领闵行区北翼的创新转型发展，发挥教育重镇优势，在深化基础教育改革上率先发力，着力引进国际优质教育资源，谋划创办一所国内知名、国际有影响的中外合作高中，为区域新一轮发展注入新的活力。

对此，闵行区和七宝镇领导十分重视，专门设置研究课题开展学校创建的策划和可行性研究；委托上海发展战略研究所组建研究团队制订调研方案，开展了一系列考察调研。上海发展战略研究所与办学机构、外籍教师进行了交流，深入了解上海高中中外合作办学情况和遇到的瓶颈障碍；学习和研究了市教委领导、市教科院专家关于推进教育改革试点的观点设想；系统梳理了国内合作办学政策、案例和国家政策法规导向，总结了国内合作办学经验教训。在此基础上，他们完成了《上海市七宝中学国际校区项目策划及可行性研究》（征求意见稿）①。该课题研究得出的基本结论是：①项目意义十分重大，关键要加紧与教育主管部门的沟通，确立正确的办学导向，创造基本条件，带着重大探索课题来深化基础教育改革；②建议建设一所以我为主、为我所用、体现国家意志的高水平中外合作高中，承担起中西方科教资源整合的引领者、高中教育改革重大课题的探索者、区域创新转型发展的助推者的重大任务；③模式机制上倾向于采取中外教育股份合作制模式，实行董事会领导下的校长负责制，实质性引进国际优质资源，突显七宝中学"全面发展，人文见长"的办学特色；④项目总投资估算在 11.45 亿元，如果参考公办高中 1～3 倍收费，在经济上不具有可行性；如果参考现行国际项目收费，收回项目投资也有困难，前期需要政府给予适当的支持补贴；⑤项目立项审批风险集中在区县的激烈竞争和教育部的实质备案，目前在区县竞争中领先优势尚未确立；⑥顺利推进中外合作办学，需要政府给予政策支持、资金资助和服务配套，并提前做好风险应对预案（摘自上海发展战略研究所课题组的可行性研究报告）。

明确以什么样的合作目的、什么样的姿态，采取什么样的立场建立这所

---

① 上海发展战略研究所.上海市七宝中学国际校区项目策划及可行性研究[R].内部资料,2012.

根据《中外合作办学条例》，举办中外合作高中需经上海市教委审批通过，该高中筹备阶段暂称为"上海市七宝中学国际校区"。

高中,并在这一过程中坚守什么样的合作原则,是举办中外合作办学的前提性问题,也是一直萦绕在办学者头脑中的核心问题。探讨这一问题,涉及办学者的选择,更涉及这所学校开办的前前后后。七德的办学过程,某种意义上,是一种集体选择的结果,带有极强的目的性。与早期中外合作办学不同,七德的开办过程经历了反反复复的磋商调研,经历了三年的筹建历程,每一项重大决策都是极其慎重的选择过程,体现了极其强烈的政府主导意识。

作为公办高中的七宝中学,其最大的合法性来自政策依据和领导支持,也离不开对区域教育环境的判断,要合作办学,更要明确自己的功能定位和所要遇到的风险。因此,寻求最大的政策支持和有力的政策依据是其开办的基础,同时,也需要有一个寻找合作者的过程,这包括筹建过程中的系统考察,包括国内基础教育中外合作办学的考察,上海市、区层面的中外合作办学情况的考察,以及对合作校的考察。要在考察过程中,形成框架,反复磋商,权衡利弊,风险评估,形成方案并逐步开始实施方案。这当中涉及一系列的问题,其中,办中国特色的国际高中还是国际特色的中国高中,是首要问题。在回答这样一个问题时,既是一种审慎,也是一种坚定,七宝中学在整个过程中透视出中方的自信和坚守,以主权者的姿态贯穿在办学的全过程,包括从调研开始,经历了一系列的对自我的分析和对合作方的分析和选择,以及对各种可能遇到的问题进行分析等。呈现这一过程,意在突出在中外合作办学过程中的真切体会,那就是合作中有坚守,合作中有妥协,合作就是一种融合的过程。

七宝中学所在的闵行区是上海市境外学生相对集中的区域之一,2011年调研时在校就读的境外学生有一万余人(含中国港澳台)。闵行区基础教育国际化实践内涵非常丰富,有国际学校6所,台商子女学校1所,国际幼儿园3所;有维多利亚、三之三中外合作办学幼儿园2所;有经市教委认证许可招收外籍学生的公办学校金汇高中和金汇实验学校2所;有具有多年开设国际部或国际班办学经验的上海协和双语高级中学、原复旦万科实验学校等民办学校6所。此外,闵行区还有65所中小学、46所幼儿园招收了境外学生(含中国港澳台)随班就读。据不完全统计,仅2010年,就有18所学校参与国际交流,师生交流互访达1530人次;聘请外籍教师85人,选派58名教师参加国际培训;缔结友好交流学校37所。可以说,闵行区全方位、多层次、宽领域的基础教育国际多元形态已初步形成。

1. 办学理念中西融合,品牌效应辐射彰显

从调研学校看,无论是公办学校还是民办学校,无论是开设国际部学校,还是开设国际班或混合班的学校,基本形成共识:强调培养的学生要成为有深厚的中国文化底蕴、开阔的国际视野与国际胸怀的世界公民,既要有终身学习的能力,又要具备国际交往与竞争能力,要成为复合型人才。总之,就是必须注重全面发展的教育。比如,上海协和双语高级中学的办学理念是"中西文化的融合",原复旦万科实验学校的办学遵循"东西方文化教育精髓相融合的理念"。此外,引入相关国际课程,需得到国际文凭组织或全球评估证书机构或一些国家的会考权威资质认证机构的认证,必然要建立一套比较完善并严格执行的管理制度与管理架构,确保管理效率和教学质量。这些制度与管理经验在调研学校中已呈现出辐射效应,不但通行于国际部或国际班,而且对国内班级也有示范作用,从而整体提升了本土学校教育的管理水平。

2. 国际教育初具规模,内涵丰富形态多样

各调研校开展的国际教育实践内涵丰富,形态多样。首先,课程设置丰富,具有高选择性。不局限于引进国际课程,还包括吸纳与借鉴国际课程的精华元素来完善的本土课程。这类课程既保留了分科教学的传统优势,又增设了综合主题类探究课程,在保证学科基础的同时,丰富和拓展了综合知识与应用能力。有的还针对境外学生提供中文强化班、中国文化课程服务。其次,教学方式更为灵活和富有针对性。多数学校的国际部(班)打破了原有的年级划分和行政班级的建制,采取了"走班制"教学形式,有的还借鉴了西方一些国家在小学阶段普遍采用的"教师包班制"教学形式。学校根据学生的文化背景、能力差异和兴趣差异因材施教,通过讲授、探究、调查、演讲、辩论、实践操作等教学形式,让学生学会思考、学会沟通,培养学生自主学习能力、动手能力与实践能力。最后,评价方式更为多元和个性化。学校尊重学生差异、提供适合不同学生差异化的学程方案,指导学生实现个体潜能的最大开发,以及帮助学生找到实现自我价值的多元出口。国际化教育的实施也为教师提供了多元发展和自我实现的可能性,学校、教师不再将升学率作为唯一价值体现。

3. 办学主体性质不同,各具特色充满信心

无论公办学校抑或民办学校都对走国际化办学之路的前景充满信心,且都在以自己的方式尝试走一条独具特色的国际化办学之路。民办学校的主要优势在于探索起步早,国际化教育的理念与实践经验相对丰富,办学体制性障碍相对较少,内部管理运行方式趋于规范成熟,硬件设施条件好,网站建设具有前瞻性,各类招生宣传十分到位。当然,公办学校同样具有得天独厚的优势条件,多年来在政府政策的引导下,举办国际交流项目,接受随班就读外籍学生,推进国际理解教育,凡此种种取得了良好的社会效果,积淀了厚实底蕴,在进一步扩大区域基础教育的国际化方面更具蓄势待发的竞争力。

4. 主要的优势与存在的不足

闵行区国际教育资源丰富,全方位、多层次、宽领域的基础教育国际多元形态已初步形成。在此基础上,本书借鉴 SWOT 分析法,着重对于其中的优势和不足进行了聚焦分析。

优势主要体现在:

(1) 外籍人员子女学校集聚。在华漕、虹桥地区汇聚了 6 所外籍人员子女学校和 1 所台商子女学校,在读外籍学生 8 000 余人,接近上海市中小学外籍学生的 1/3,且与周边公办学校形成了交流互动机制,华漕国际社区已彰显集聚辐射效应。

(2) 国际课程架构形态初显。基本形成了国际通行课程、国/省别课程、国际考试课程共存的国际课程体系。有上海协和双语高级中学开设的IBDP 课程,上海教科实验中学开设的加拿大 BC 省课程,上海交大二附中剑桥国际中心开设的 A-Level 课程,文来高中开设的中加班、中日班、中美班(对应的是某一国家的地方课程,以互认学分方式,采用"1+2"或"2+1"模式,到对应国家姐妹学校修完剩余学分,申请国外大学),还有金汇高中开设的韩国留学生课程班。

(3) 国际理解教育着力探索。不少学校在日常的教育教学、对外交流活动中渗透国际理解教育,增强对本土文化和世界多元文化的理解与认同,拓展学生国际视野。如:民办学校以课程和活动为载体,先行探索中西方文化融合教育,原复旦万科实验学校出版了《中外学生争做世界公民手册》;不少公办学校开展海外文化浸润之旅、英语文化周、世博小公民、模拟联合国、视像中国等主题活动。

(4)对外交流活动持续开展。近些年,闵行区持续开展了校长海外培训、教师海外培训、师生交流互访、外教进课堂等项目。

(5)学校科学管理水平提升。学校在引入相关国际课程,获得国际文凭组织(或全球评估证书机构,或一些国家的会考权威资质认证机构)认证过程中,已尝试建立了一套比较完善并严格执行的管理制度与管理架构,以确保管理效率和教学质量。如:中外校长共同管理制、中外教师例会制度、小班化和走班制、教师包班制、中外学生活动管理制度、家校共管委员会制度、财务管理制度、公开透明的招生流程、国际教育教学质量监控制度等。这些制度与管理经验不但通行于国际部或国际班,而且对国内部具有示范作用,提升了本土学校教育的管理理念和实践水平。

存在的不足则有:

(1)教育国际化理念亟须提升。尽管闵行区已有部分学校在探索教育国际化道路,但就闵行教育整体而言,教育国际化、国际课程、国际理解教育,都是一个全新的事物,从理念到实践都比较陌生,无论是教育行政部门领导,还是学校领导、老师等,都缺乏系统的理解和认识,甚至还存在不少误区。比如,把教育国际化简单地理解为外籍学生教育问题,或是把国外的课程搬进来,或是让学生到国外接受教育。这些都是教育国际化的组成部分,也应该成为我国教育体系包含的内容,但还不是教育国际化的本质。此外,国际对话、交流、合作的意识和能力相对较弱,本土化的经验积累更是缺乏,与之配套的管理体制、机制和制度,以及相应的发展规划、课程体系和指导方案等,从区域层面看尚处于空白状态。

(2)本土国际教育师资队伍亟须培养。要推进教育国际化,开设高中国际课程,实践国际理解教育,关键在于有一支有国际教育理念、国际视野和国际对话交流能力的教师队伍,但现有教师队伍的素养层次,包括眼光、胸怀、见识和能力等,要迎接这种国际化带来的挑战,还有比较大的难度。虽然,引进外籍教师是一条路径,但存在资质参差不齐、招聘难、费用高、流动性大、文化融合等多种制约因素。所以,亟须我们去培养一批本土化的国际教育师资队伍,为持续、稳定推进教育国际化提供有力保障。

(3)国际课程的本土适应性研究亟须加强。基础教育国际化,必然涉及课程问题。无论是外籍学生还是国内学生,都存在一个课程衔接与适应问题。对于外籍学生来说,要学习中国课程不仅存在语言适应问题,也有可能存在中国的课程内容体系适恰问题,因此,需要对中国课程进行必要的筛选和修订;对于中国学生来说,学习国际课程也并非轻而易举,一方面存在选择国际课程还是国内课程的升学渠道矛盾,另一方面,如果仅是为了升入国外大学而接轨国际课程体系,可能导致中国课程文化元素的弱化,甚至有可能产生国际化与民族性之间的矛盾。因此,既要积极引进消化国外优秀课程资源,也要加强对国际课程的本土适应性和再开发研究。

(4)对外交流活动机制亟须建立。目前,区内和学校的国际交流与合作比较多的还停留在单个或几个项目和活动的层面上,多表现为单向的"引进来",且"引进来"的范围不够广;在已有的"走出去"的探索中,文化交流的深度和广度不够,缺少双向平等的互动机制。教育国际化的过程在本质上是多元文化相互影响、尊重与认同的过程,随着交流与合作的深入发展,越来越迫切地需要进行区域教育国际化的整体规划,高瞻远瞩,逐步建立起教育交流与合作的双向平等互动机制,以整体推进区域教育国际化的进程。

(二) 中外合作办学的具体学校实力分析

除了对区域层面教育环境进行扫描分析,这里还将对拟开展合作办学的具体学校——上海市七宝中学进行优劣势分析。

1. 实力强、体量大、区位独特是其突出优势

一是科教实力雄厚。七宝中学是上海的品牌学校,生源、师资、课程、实验室等资源雄厚,具有浓厚的文化底蕴和卓越的管理团队,其开放性主题研究课程曾被教育部列为全国最有价值的模式之一。

二是教育体量较大。七宝中学教育体量较大,普通高中招生数、在校学生数、高考成绩、各类竞赛等均在闵行名列前茅。

三是区位独特。七宝中学若举办中外合作学校可对接大虹桥规划区,具有辐射青浦、嘉定、普陀、奉贤乃至长三角的区位优势,辐射面较广。学校周边紧邻国际社区,跨国企业人员子女也较多。

四是积累了初步经验。七宝中学教育集团下的文来高中国际部先后开办了中美班、中加班和中日班,积累了一定的高中国际课程项目经验和对外交流活动经验。

五是区镇政府大力支持。闵行区制定了"十二五"基础教育国际化实施项目,并依托上海市教育科学研究重点项目"多元·共生·融合:区域推进基础教育国际化的路径与策略研究"合力推进基础教育国际化的区域实践探索。区镇主要领导、分管领导对开展中外合作办学予以大力支持,不但调整土地控规,划拨优质地块,而且积极寻求民营企业对办学的支持,提供办学资金保障。区教育局领导亦非常重视和支持,不但提供人力资源,而且积极搭建平台,共同探索合作路径及策略。

2. 缺经验、缺人才、财政支持不足是其现有短板

一是创建中外合作办学法人机构经验缺乏。上海现有的中外合作办学主要集中在高等教育,高中主要是国际课程项目,目前还没有中外合作办学独立法人机构。中外合作高中与文来高中国际部、上海中学国际部、上海美国学校等类型学校在培养目标、课程设置、教学管理等方面应有所不同,办学模式路径尚需加以探索。

二是中外合作办学力度有待加强。随着经济社会的发展和上海城市国际化的推进,上海高中阶段教育不断向国际化发展,与徐汇、浦东、杨浦、虹口等中心城区相比,闵行的教育国际化力度还有待加强。

三是招聘高质量稳定的师资队伍任务艰巨。从现行国际部合作项目运行情况来看,外籍教师虽然有资格证书,但其鉴定和能力考评存在一定困难,高水平的外籍教师往往难以招到,而且师资不稳定,工作年限大多为2年甚至更短,3年及以上的较少。中方教师方面,编制、专业发展培训、研修、职称晋升渠道目前尚未打通,如何晋升职称还无明确政策支持。

四是筹资环境有待优化。目前政府对民办学校主要提供一些政策优惠,直接的财政支持还不足。社会捐资助学风气在中国尚未形成气候,鲜有个人和组织无偿捐助民办学校。创办者出于利益回报程度考虑,往往是一次性投资后就不再继续。除了收取学费外,民办学校尚未形成其他的融资渠道。

3. 把握机遇、迎接挑战

七宝中学举办中外合作学校,当时面临的机遇也是明显的。

一是中外合作办学的政策支持力度加大。《国家中长期教育改革和发展规划纲要(2010—2020 年)》明确表示"大力支持民办教育",《上海市中长期教育改革和发展规划纲要(2010—2020 年)》要求"在基础教育阶段设立若干所中外学生融合的学校""支持高中学校从实际出发,探索多样化办学模式"。"十二五"时期,上海基础教育站在了一个新的历史高点,将在只招收外国学生的纯粹的国际学校、比较有影响力的高中开设国际部,向中国课程与外国课程的融合迈进,进一步深化课程教学改革,加强教师队伍建设,推进培养模式变革,注重内涵建设。

二是追求优质教育的需求旺盛。随着经济发展和人民生活水平的上升,人们对接受新型优质教育资源的需求不断上升。从 1978 年到 2010 年底,我国各类出国留学人员总数达 190.54 万人,成为全球最大留学输出国之一。中国教育国际交流协会公布的《2010 中国出国留学趋势报告》显示,高中生出境学习人数占我国总留学人数的 22.6%。教育部公布的数据也显示,2009 年高考全国弃考人数达 84 万,而 2010 年弃考人数接近 100 万,其中因出国留学而选择弃考的比例达 21.1%。

三是上海基础教育的国际吸引力持续增强。2009PISA 测试,上海在阅读、数学、科学等领域的成绩均获第一,引发国际社会广泛关注上海基础教育改革,不少国家组团到上海学校考察学习,希望能与中国学校进行交流互学,开展合作办学。

四是对接大虹桥带来新机遇。七宝镇人民政府在"十二五"规划中提出"对接大虹桥,深度城市化"的发展目标,在九星功能区建设中外合作学校,符合七宝镇产业结构转型、打造商旅文化社区的规划需求,势必承接大虹桥的要素外溢。

当然,挑战也是客观存在的,比如审批依然从紧、区县竞争激烈、国外优质教育资源引进不易、高层次合作尚未成为主流。

二、中外合作办学的运筹过程

带着走向国际舞台、对话世界一流高中的美好愿望,七宝中学开启了从确立愿景、提炼经验到寻找伙伴、协商洽谈再到签署协议、制定章程的中外合作办学旅程。

（一）确立愿景，提炼经验

在全球化、信息化的时代背景下，身处正在走向国际化大都市的上海，在基础教育领域，可否超越课程引进、交流互访这类基础性的合作方式，探索高中阶段的中外合作办学？

1. 中外合作办学是中国教育事业的组成部分，是教育国际交流与合作的重要形式

教育国际化是适应经济的全球化而产生并形成的，已成为教育发展的一种全球性趋势。经济的全球化迫切需要国际化的人才，促进了国际教育交流与合作，从而形成了教育国际化的潮流。20 世纪 80 年代后期，跨国合作办学在世界范围内迅猛发展起来，成为教育国际交流与合作的重要形式。1986 年由南京大学与美国霍普金斯大学合作创建的中美文化研究中心开创了中国改革开放后中外合作办学的先河。2001 年中国加入 WTO 承诺允许与外国机构合作办学及 2003 年颁布的《中外合作办学条例》明确指出"中外合作办学是中国教育事业的组成部分，实行扩大开放、规范办学、依法管理、促进发展的方针，鼓励引进外国优质教育资源的中外合作办学"，为中外合作办学提供了法律依据和发展契机。

2.《上海市教育国际化工程"十二五"行动计划》明确提出开展高水平的高中阶段合作办学

为提升上海教育国际化水平，落实《国家中长期教育改革和发展规划纲要（2010—2020 年）》精神，上海市教委于 2012 年制定并发布了《上海市教育国际化工程"十二五"行动计划》（简称《行动计划》），并指出，上海现共有中外合作办学机构和项目 220 个，其中机构 39 个，项目 181 个。上海市中外合作办学的发展面临四大不足，其中之一是中外合作办学的层次和类型需要进一步丰富，普通高中的中外合作办学仍属空白。上海市教委明确提出要开展高水平的高中阶段合作办学，鼓励上海优质高中与国外知名高中和教育集团合作，设立 1—2 所独立设置的中外融合的合作高中，招收本国学生和外国学生，融合本土课程和国际课程，增强学生的国际理解、国际交往与

国际竞争能力,满足市民、海归人员和外籍人员子女对优质高中教育的需求。当时,上海虽然有不少高中实施了国际化办学,但还处于引进国际课程的项目合作阶段,而且不少是迎合市场需求和满足于代理式的低层次办学,课程自主实施和运营能力偏弱,长远意义并不大。为此,上海亟须通过试点来弥补现有办学体系的缺失,探索引进优质课程资源、先进育人理念、卓越质量管理和提升高中办学水平之路,推进以我为主、中西融合的国际化办学战略转型,促进中外合作办学的法治化、规范化、理性化发展,更好地惠及千家万户。《行动计划》的出台促使普通高中的中外合作办学实践步伐加快。

3. 推升七宝中学教育集团办学能级,推进实现以我为主、中西融合的国际化办学战略转型

七宝中学在办学过程中,一直比较关注世界教育发展趋势,并立足本土勇于践行。早在 20 世纪 90 年代,其就借鉴国外研究性学习的先进理念,开设"文艺暨人生""人与自然"等"开放性主题活动课程",开全国研究性学习进必修课程之先河,创全国可推广的研究性学习模式之一,也使其开始走向全国。2006 年,七宝中学开始在教育集团核心学校文来高中试点国际课程,与加拿大、美国、日本等教育机构合作办学,为学生提供多元化教育、多课程选择、多渠道成才,探索高中教育多样化发展路径;在引进与实施国际课程的过程中,积极借鉴国际课程的先进理念和管理方式,丰富和优化学校的校本课程体系,不断提升国际课程的本土运营实施能力。基于多年对外交流和国际课程探索与实践的办学经验,七宝中学为进一步推升教育集团办学能级,积极发挥中国基础教育优势,博纳西方教育精髓,开展中外合作办学研究,突破现行的高中办学体制、课程设置模式和管理机制,创新育人模式,带动了教育集团的资源整合和品牌跃升。同时,七宝中学也希望通过试点研究,弥补上海普通高中中外合作办学上的空白,满足市民、海归人员和外籍人员子女获得安全、便利、中西融合的优质教育刚性需求,为上海引进优质课程资源、先进育人理念、卓越质量管理和推升普通高中办学能级探索新途径,更以此推进并实现以我为主、中西融合的国际化办学战略转型,着力培养具有民族情怀、国际视野和全球竞争力的现代中国人,增强城市未来发展的软实力。

4. 区、镇、校联手共同推进教育强镇教育国际化发展步伐

2011年7月,时任闵行区委书记孙潮调研七宝镇,提出七宝镇要打造教育强镇,要建设好七宝镇的教育软环境,充分发挥七宝中学优质教育资源引领辐射作用,与国外知名高中合作办学。同步,孙潮书记致电当时的七宝中学校长仇忠海,希望七宝中学来举办中外合作高中。

调研结束后,时任七宝镇党委书记马顺华、镇长钱国平开始启动七宝中学中外合作办学项目。一是确定七宝镇九星商务区推进办负责此项目推进;二是调整九星商务区土地规划,重新划拨出50亩教育用地用于中外合作高中办学;三是聘请上海市人民政府发展研究中心下属的上海市发展战略研究所做"七宝中学中外合作高中项目策划及可行性研究"。2011年11月,上海市发展战略研究所会同七宝镇、七宝中学共同组成调研小组,先后拜访了市教委、市教科院等相关部门领导,了解、咨询上海有关中外合作办学的政策、实施情况,并在调研、查阅、梳理中外合作办学有关政策、案例的基础上形成了《七宝中学中外合作高中项目策划及可行性研究报告》初稿。2012年2月8日下午,七宝镇邀请了上海市人民政府发展研究中心周振华主任、朱金海副主任、闵行区教育局李光华副局长、七宝中学仇忠海校长等一起听取了发展战略研究所关于"七宝中学中外合作高中项目策划及可行性研究"的汇报。周振华主任建议在调研报告的基础上,起草一份《闵行筹建高中中外合作办学》专报递交上海市政府领导,报请市政府支持闵行作为上海"十二五"基础教育国际化试点实验区,开展中外合作办学试点及国际课程引入、实施、管理等相关政策研究。2012年4月,上海市副市长沈晓明批复"按计划加快推进"。由此开启了上海市教委、闵行区教育局、七宝镇、七宝中学一起协力推进该项目的征程,并最终促成该项目落地。

(二)寻找伙伴、洽谈签署

1. 开展中外合作办学可行性研究,形成共识

开办中外合作办学的高中意义何在?我们要举办一所怎样的学校,寻找怎样的合作伙伴,达成怎样的办学目标?如何在管理、课程、师资、升学等方面既保有中方办学主导地位,又集纳西方学校教育精髓,满足学生、家长们的优质教育需求?设置怎样的课程体系才符合我们要培养的人的目标需求,学校的管理组织架构怎样去设置? 开办这所学校,校址、基础设施建设、教学设施设备、教师队伍如何解决? ……这些问题需要我们整体去构想,同时对这些问题的整体构想也影响和决定着后续推进的方向和进程。

基于上海发展战略研究所课题组的研究结果,七宝镇、闵行区教育局、七宝中学通过论证研讨,就举办一所中外合作办学的高中达成了基本共识:一是举办中外合作办学的高中意义重大,对地区经济发展有溢出效应,可以推动高中教育改革,推升七宝中学办学能级;二是办学定位为公益性、特色化、品牌化,可以探索高中办学体制改革,走政府举办民营运作之路;三是办学资金可以多方筹措,区镇两级政府共同投资,争取市财政专项资金支持等;四是抢占合作办学试点研究先机,可以在七宝镇现有教育资源内进行统筹,寻找过渡校区尽快将学校办起来。

在可行性论证的基础上,七宝镇、闵行区教育局和七宝中学就合作举办国际校区经多次商榷达成三方合作协议。七宝镇为国际校区落实办学场地、校舍和相关保障服务;闵行区教育局为国际校区提供办学设施、办学政策、办学资金、教师编制等方面的大力支持;七宝中学利用办学优势,引进国外优质教育资源,创办国际校区。并由此确定了后续工作推进的两大方向:一是以七宝镇为主体,启动国际校区建设项目;二是以七宝中学为主体,寻找国外合作学校,洽谈合作办学,推进项目落地。

前期调研重点解决了中外合作办学高中试点研究的意义,为七宝中学筹备一所中外合作办学的高中提供了大致方向和思路,但具体这所学校的办学定位怎么确定,如何在管理、课程、师资、升学等方面既保有中方办学主导地位,又集纳西方学校教育精髓,满足学生、家长们的中西融合优质教育需求? 为此,七宝中学深入查询资料,多方听取意见和建议,经过仔细论证、多次研磨,制定了《七宝中学国际校区项目方案(中英文版)》(简称《项目方案》),明确了要建设一所“以我为主、为我所用的高水平中外合作办学高中”,坚持公益性、特色化、高水平、品牌化导向,以引进优质资源、提升办学能级、加强育人模式创新和课程改革为核心任务,立足上海、辐射全国、走向世界。同时,合作办学要凸显以下原则:

(1)公益导向。《中外合作办学条例》明确,中外合作办学属于公益性事业,是中国教育事业的组成部分。因此,合作办学坚持公益性导向,不以营利为目的，办学盈余主要用于教育教学活动、改善办学条件，以及作为使用公办教育资源的补偿。

（2）以我为主。学校依法自主开展教育教学活动，中外合作双方自主商定合作模式，包括招生、课程设置、教学实施、学校管理等，政府、学校精诚合作，各司其职。政府负责提供学校教育用地、教学设施设备，搭建平台，筑巢引凤；中方学校负责引进国外优质教育资源，全面负责学校筹备、管理和发展；外方学校负责提供优质课程、优秀师资和管理经验，协助学校课程的开发、设置、实施和持续评估。

（3）优质引领。学校围绕深化高中教育改革重大课题，聚焦课程改革，转变育人模式，使学生的个性特长得到发展，潜能得到激发，创新意识、创新精神和实践能力显著增强。以合作办学机构试点为突破口，创新教育理论和实践，在教育观念、内容、方法和评价创新等方面引领中外合作办学的新方向、新模式和新路径。

同时，《项目方案》对学校目标、性质、规模、招生对象、管理模式、课程设置、师资招聘、校舍建筑、合作方式等核心问题做了明确说明，阐述了项目优势和项目进程。

这一项目方案在后续与外方学校洽谈的过程中，通过与外方学校洽谈焦点的碰撞又做了跟进调整，更加完善和吻合双方合作需求。应该说，从后续与外方学校的洽谈反馈来看，这份《项目方案》得到了广泛认同，《项目方案》的办学定位吻合了全球化时代下对培养具有国际视野、通晓国际规则、能够参与国际事务和国际竞争的国际化人才的需求，也吻合了国内外优质学校面向全球、着眼未来、相互借鉴开展国际化合作办学需求的定位。

2. 寻找合作学校，开展中外合作办学洽谈

因定位于建设成为一所高水平的中外合作高中，选择一所有共同办学取向的优质国外高中显得尤为重要。七宝中学采取了"多渠道发布、多方位甄选、多选择洽谈"策略，通过高校、教育机构、国际教育交流协会乃至私人渠道将《项目方案》发布出去，让国外有意向的学校了解此项目。项目发布出去后，有意向合作的国外学校纷至沓来。这当中，有英国的、美国的，也有加拿大的；有办学历史悠久的，也有开办时间不长的；有冲着国际生源、品牌输出赚取管理费用的，也有真正想和中国学校合作的……

汇聚多方反馈信息,七宝中学重点选择美国的学校进行了洽谈,也逐渐明晰寻求一个适切的合作学校是一个可遇不可求的过程!因为,美国顶级的学校一般来说对海外办学的兴趣不大,一是办学相对来说比较保守;二是担心学校品牌被稀释;三是不缺少办学资金。但是,随着中国政治、经济地位的上升,中国基础教育的质量逐渐被认可,也有很多富有远见、具有国际办学视野的美国学校开始瞄准中国、瞄准上海。

在这一过程中,七宝中学基于如下原则对有意向合作的国外学校进行比较筛选。一是要求双方能就办学目标达成共识;二是强调合作办学的公益性,不以营利为目的;三是要求合作学校是一所优质学校,且办学以我为主。坚持这三条原则,是为了确保基于共识开展合作,基于公益开展合作,基于优质开展合作,目的在于确保七宝中学在合作办学过程中的主导地位,举办一所高品质的中外合作高中。

在确认了有意向合作的学校之后,七宝中学开始前期沟通,多方了解,包括对合作过程中最核心的问题——课程合作进行对接。课程是国家意志的体现,是学校培养目标的蓝图和载体,也是中外合作办学洽谈的焦点和难点。因为合作学校最终要为合格的毕业生颁发双方学校的毕业证书,所以越是优质学校越是对合作课程如何构架表现出重视。从某种意义上说,课程决定了学校要培养怎样的人以及学校的发展定位。

经过仔细比选和接触洽谈,七宝中学最终选择了两所美国优质学校进行实地重点考察。一所是威斯康星州梅库恩市的马丁路德高中(Martin Luther High School),一所是纽约州纽约市的德怀特学校(Dwight School)。

马丁路德高中建于1906年,隶属于美国协和大学威斯康星分校,是美国最古老的信义中学,被美国教育部列为国家示范性学校(蓝带学校)。"蓝带"(Blue Ribbon)是美国中小学能获得的最高荣誉,每年由美国教育部评定授予。学校位于密歇根湖畔梅库恩市的格林代尔社区,距芝加哥1.5小时车程。学校致力于学生性格的发展,培养具有同情心、正直、有团队精神和负责的学生,强调为学生未来做准备。学校强调学术课程、艺术与课外活动并重,注重学生在教育、公民生活、工作、人际关系和全球意识五个方面的发展。

德怀特学校是美国著名的私立学校,位于纽约市中央公园西大街291

号。学校前身为1872年创建的萨克斯学院和1880年创建的纽约语言学校。萨克斯学院为高盛家族朱利叶斯·萨克斯(Julius Sachs)创办。纽约语言学校的创办合伙人为耶鲁大学第八任校长德怀特五世(Timothy Dwight V)，1888年，纽约语言学校更名为德怀特学校。后两校合并为德怀特学校。

德怀特学校于1975年成为国际文凭学校(IB学校①)，是美国第一所提供综合IB课程(小学、中学文凭课程)的学校，也是纽约市第一所提供学前PYP的学校，被誉为IB教育和全球推广的领袖。

德怀特学校秉承"点亮每个孩子的智慧火花"的教育理念，认为每个学生都是独一无二的，目标是培养世界的领导者。德怀特学校的三大教育宗旨：个性化学习(追求卓越，树立自信，寻找平衡)；社会实践(心系非洲，全球思维，跟随激情)；全球视野(拥抱国际，预备成功，鼓励优秀)。德怀特学校通过严格的IB课程使学生在学术上出色，也培养他们将来成为全面发展、有原则的、充满好奇和有着国际视野的人，并为创建更好的世界作出贡献。

德怀特学校在全球有德怀特纽约学校、德怀特伦敦学校、德怀特首尔学校、德怀特迪拜学校和完全在线学习的德怀特云端学校，2024年又新开了德怀特河内学校。德怀特学校在全球有来自超过40个国家和地区的500名教职员工，每年超过2000名来自世界各地的学生就读。德怀特学校的毕业生进入美国以及世界各地极负盛名的大学，包括哈佛大学、斯坦福大学、达特茅斯学院、普林斯顿大学、麻省理工学院、纽约大学、麦吉尔大学、牛津大学等。

德怀特学校的校董斯蒂芬·施潘(Stephen Spahn)先生是美国德高望重的教育家，也是纽约市学校中在位时间最长的校长(1967年担任至今)，因其

---

① 国际文凭组织(IBO)成立于1968年，是一个非营利性的国际教育机构，总部设于日内瓦，在纽约、布宜诺斯艾利斯和新加坡设有分部。IBO成立初衷是为因工作需要而长期生活在国外的家庭子女接受中等教育提供一个国际课程标准，最早推出的是国际文凭项目课程(IBDP)，1994年推出为11—16岁的学生提供的中学项目课程(MYP)，1997年推出为3—12岁学生提供的小学项目课程(PYP)，2012年推出国际文凭职业教育证书项目课程(IBCC)，现为由世界各地的学校构成的共同体(遍布141个国家和地区的3200多所学校)提供4个高质量并富有挑战性的教育项目。
国际文凭课程(IBDP)是IBO为16—19岁学生在高中后两年设置的综合性的大学预科课程，是在综合各国课程优势的基础上，不断融合本土文化，逐步形成以本土文化为核心的国际化课程，是各国课程模式的折中，包括机会最大化(美国模式)，提供大学一、二年级水平的深度(英国模式)，包含大部分的人文、科学、技术领域(法国模式)。

对青少年教育的杰出贡献,于2011年获国家路易斯·海因奖。此外,施潘先生也是国际文凭学校协会的成员。

访谈:2017年5月,七德校园,访谈对象——王芳校长

2012年9月,我和美方人员龙梅(Brantley Turner)开始正式接洽,紧锣密鼓地策划确认10月访问德怀特学校的相关安排。龙梅很快确认了10月22日下午1:00的访问计划,校董斯蒂芬·施潘、纽约学校校长黛安娜·德鲁(Dianne Drew)、首席运营总监韦尔·魏曼(Vail Weymann)、法律顾问路易莎·蔡尔兹(Louisa Childs)一起参加会面。此外,经过彼此的沟通,也希望10月的会面能有一些实质性的结果,龙梅还给了一个很好的建议,让我们提前草拟一份不涉及合作具体细节的合作意向书,倘若双方谈得很好,就可以当场签署这份意向书,便于启动后续的合作洽谈。此外,龙梅还决定提前到纽约,先与施潘校董见面汇报,然后一起参与此次见面。

10月22日下午1:00,我们一行着装整齐如约抵达德怀特学校。施潘校董特别绅士,大家在聊家常式的介绍学校的过程中,很快拉近了彼此的距离,一致认为合作办学是一个长远的计划但不是一个遥远的计划,要抓住这个机遇共同推进项目落实,共同打造一所伟大的学校。王浩局长介绍了上海以及闵行推进教育国际化的基本情况,并代表政府表达了对此项目的高度重视和大力支持。施潘校董和仇忠海校长在相见恨晚、有缘相会的浓浓氛围中签署了《七宝中学与德怀特学校关于成立七宝中学国际校区项目的合作意向书》,双方都表示要以建立富有前瞻性的国际教育合作为目标,启动合作协议具体条款的起草和签署,推动这个项目尽快落地。

结束了德怀特学校的会面,我们一行都有些兴奋,兴致盎然地走到一街之隔的纽约中央公园散步。我与王局长、仇校长说,我觉得德怀特是所合适的合作学校,这个项目有可能成,大家也都觉得德怀特有诚意,学校也很好,是个好的合作伙伴。仇校长说,现在是天时地利人和,早一步大环境不够,晚一步可能被其他学校抢占先机,现在正好。说实在的,见过纽约德怀特后,这一年多我一直提着的心稍有些定了。

此次美国之行,拜访了纽约州的德怀特学校、道尔顿学校(The Dalton School)和威斯康星州的协和大学附属马丁路德高中。威斯康星州梅库恩市市长和谢尔比维尔(Thiensville)学区教育局长,协和大学的副校长威廉·卡里奥(William Cario)博士、教育学院院长詹姆斯·J. 于尔根森(James J. Juergensen)博士、课程研究所所长迈克尔·迪茨(Michael Dietz)博士和中学项目负责人詹姆斯·D. 于尔根森(James D. Juergensen)博士等都参与了会谈。应该说合作洽谈富有成效，每所学校都各有特色，也都诚意满满。

此行也让我们再次明确意识到：开展高中阶段的中外合作办学吻合教育国际化发展趋势，我们必须把握住中西方基础教育合作的"天时、地利、人和"之契机，共同打造一所融中西方教育之精髓的典范学校。三所学校各有优势，不分伯仲。德怀特学校在国际化办学视野、IB 课程、和谐团队建设等方面富有优势；马丁路德高中则有隶属协和大学系统，享有大学-中学合作、师资培训、系统内资源共享等优势；道尔顿学校则有缘于美国进步教育运动"道尔顿教育计划"改革之传统，在实验室、研究课题及合作学习等方面颇值借鉴。我们应该尽快确立合作学校，邀请市教委相关人员、中外合作办学专家等共同组建筹备小组，前期介入合作办学的具体协议洽谈、课程合作开发、学校基础建设等细项内容。

至此，七宝中学寻找合作学校的历程在寻寻觅觅中峰回路转、柳暗花明。

3. 确定合作学校，签署《合作办学备忘录》

2012 年 10 月下旬，闵行区教育代表团赴美实地考察，与两所学校(马丁路德高中与德怀特学校)的高层决策人员进行了深入会谈，取得了富有成效的合作进展。两所学校都是美国精英教育典范，且都表达了愿与七宝中学合作办学的强烈愿望。相较而言，马丁路德高中有隶属协和大学系统，享有大学-中学合作、师资培训、系统内资源共享等优势。而德怀特学校具有办学的全球视野、实施 IB 课程丰富且成熟的经验、与 IBO 组织的关系密切、优秀的管理团队、有与中国学校合作的经验和家族学校的背景，是七宝中学开展合作办学非常合适的合作伙伴。

基于美国实地考察情况，七宝中学向区、镇两级政府及区教育局提交了考察报告，并向上海市教委国际交流处分管领导汇报了赴美国考察洽谈情况和拟与德怀特学校开展合作办学的设想。市教委分管领导在详细听取七宝中学的汇报并深入了解德怀特学校的办学情况及与七宝中学合作的意图后，表示：上海市"十二五"期间要举办 1～2 所高水平的中外合作办学高中，各区县都在积极行动,但闵行区的区域优势比较明显,区镇两级政府包括教育局领导都非常重视,七宝中学所做的前期工作也非常扎实和成熟,市教委会全力支持和参与此项目申报准备工作,并建议七宝中学争取在2013年3月前完成申报"筹备设立独立的中外合作办学机构"的各项前期工作,包括与德怀特学校签署《合作办学协议书》。

经过近一年的前期准备工作、美国的实地考察及与上海市教委分管部门的沟通,七宝中学与德怀特学校就在上海市闵行区合作举办独立的"上海七宝德怀特高级中学"达成基本共识。2012年12月6日,德怀特学校访问七宝中学,双方签署《合作办学备忘录》,确定合作伙伴关系,正式启动合作办学细项内容洽谈。

4. 启动合作办学细项内容洽谈,签署《合作办学协议书》

办学洽谈必然涉及合作内容、双方职责、合作方式的选择和确定,如何做出正确的判断和抉择,是洽谈过程中遇到的难点问题。选择怎样的合作方式?双方的责任与义务如何确定?招生、招聘教师、课程设置、毕业证书、组织架构、办学资金的投入与学校运营如何实施?……面对这些问题,无更多的经验可以照搬借鉴,坚守"办学公益、优质和以我为主"是七宝中学的价值取向,也是进行判断取舍的"试金石",凡有违办学公益、优质和以我为主原则的,一律不做。正因为坚守"办学的公益、优质和以我为主",七宝中学赢得了真心实意为办教育而来的美国德怀特学校的尊重和理解。尽管在很多问题上,双方有各自的立场和观点,有着文化和法律的不同,但因有着共同的教育理想、相似的办学理念,双方求同存异,很快就合作办学过程中所涉的细项内容达成统一认识,2013年3月签署了《合作办学协议书》,创下了合作谈判过程中的时间奇迹。

在经历了前期各个阶段的磨合过程后,中外合作办学的基本构想逐渐形成,七宝中学在与德怀特学校就合作举办独立的"上海七宝德怀特高级中学"(Shanghai Qibao Dwight High School,QD)进行深入讨论和协商,并逐步描绘和勾勒出合作办学的基本构想。

(三) 形成章程,奠定基础

经过多轮的谈判磋商,在形成方案和办学意向的基础上,双方根据《中华人民共和国教育法》《中华人民共和国中外合作办学条例》,结合学校实际,共同起草了《上海七宝德怀特高级中学章程》(简称《章程》),并明确了制定《章程》的目的在于"依法管理学校,规范办学行为,维护学校和教师、学生的合法权益"。

除了基本的章程结构和基本要件外,在《章程》中,对于一些关键的办学条款作了具体规定,如在总则中对于学校名称按照"上海七宝德怀特高级中学"命名,对于"学校性质"则规定:"高级中学是由中国上海市七宝中学与美国纽约市德怀特学校合作举办的非营利、高水平的中外合作办学实体,具有独立的中国法人实体资格,收取之学费均用于学校的办学成本,合作双方不要求从办学结余中取得合理回报。"

对于办学宗旨的规定:落实《国家中长期教育改革与发展规划纲要(2010—2020年)》精神,推动上海教育国际化进程,促进两校间的中西文化教育交流与融合。高级中学坚持公益性、特色化、高水平、品牌化导向,以引进美国德怀特学校优质教育资源、提升七宝中学教育集团办学能级、加强育人模式创新和课程改革为核心任务,立足上海、辐射全国、走向世界。

对于培养目标的规定:发挥中国基础教育优势,博纳西方教育精髓,坚持"全面发展、人文见长"办学理念,凸显"全球视野、中西融合、科文并举、精英气质"育人特色。

对于学制的规定:三年全日制寄宿高中。

对于招生对象的规定:以招收中国学生为主,首先面向上海择优录取,待条件成熟后,面向全国招生,并逐步招收国际学生。

对于招生方式的规定:高级中学列入上海市普通高中招生计划。上海考生,参照上海市实验性示范性高中"自主招生"录取标准,结合中考成绩和综合素质评价等,通过上海市高中阶段学校招生体系择优录取。国际学生和其他国内学生通过高级中学的招生综合评价体系择优录取。学生的英语水平、学业水平和综合能力需达到高级中学要求(学生要通过经由高级中学与德怀特协商后设置的英语口试和笔试,以保证学生英语水平达到高级中学要求)。未通过的学生,将不予录取。

对于办学规模的规定:计划第一年招收学生100人,根据生源质量合理调控、逐年增加,年招生计划不超过350人,最大在校生规模约1000人,其中国际学生约占 1/4。

对于课程设置的规定:高级中学由合作双方根据培养目标、学生发展需求协商设置课程体系,融入中西方科学、人文素养教育和民族情怀教育,在保留中国核心课程(语文、政治、历史、地理)和优势课程(数学)的基础上,引进国际文凭教育(IB)的先进理念、课程框架、教学方式和评价方式,汲取德怀特学校实施 IB 课程的丰富经验和校本特色,自主开发十年级的 IBDP 预备课程,构建适合中国学生学习 IBDP 的完整课程体系。

高级中学十年级开设 IBDP 预备课程,包括:语文、英语(语言、文学、写作和会话)、中国社会研究(历史、地理、政治)、实验科学(物理、化学、生物、计算机科学)、数学、经济、戏剧、视觉艺术、音乐、体育等。其中,英语、实验科学、经济、艺术等课程基于德怀特学校校本大纲。十一年级、十二年级开设 IBDP 课程和选修课程。IBDP 课程包括六组学科课程和三门 IB 核心课程。六组学科课程包括第一组:语文;第二组:第二语言(IB 英语 B);第三组:中国社会研究(历史、地理、政治)和 IB 经济;第四组:IB 实验科学(化学、物理、生物、计算机科学);第五组:IB 数学;第六组:艺术或选修(IB 戏剧、IB 视觉艺术、IB 音乐或第二门 IB 实验科学)。三门 IB 核心课程包括知识理论、拓展论文和创新行动服务。选修课程包括学科类、艺术类、运动类等。

对于教学管理的规定:第一,双语教学。中方课程以普通话和规范汉字为基本的语言文字;IBDP 预备课程和 IBDP 课程用英语或中文授课(其中,中方课程用中文教授)。日常用语和正式文件使用中、英两种语言文字。第二,学分管理。高级中学的课程包括必修课程和选修课程。十年级学生必须修读规定课程;十一、十二年级全科学生必须修读三门 IB 核心课程,同时在规定的六个学科组中每组选一门课程进行学习,其中至少三门是高级水平课程,最多不超过四门高级水平课程。第三,毕业证书。学生修完规定学分、完成课程考核,符合高级中学毕业条件的(需参加并通过语文、历史、地理、政治四门学科的上海市普通高中学业水平合格考试),可获得上海七宝德怀特高级中学毕业证书;学生修完规定学分,符合德怀特学校毕业条件的,可获得美国德怀特学校毕业证书。根据国际文凭组织(IBO)对高级中学的认定,高级中学的学生也有机会获得国际课程文凭,此文凭是由国际文凭组织按照其规定、标准进行颁发的。第四,大学申请。上海学籍学生可选择报考中国国内大学和申请世界各国大学。其他学生可申请世界各国大学。第五，奖学金。学校将募集资金用于奖励学业优秀、表现突出的学生。

对于师资配备的规定：高级中学拥有一支具有国际视野、中西文化融合的高质量师资队伍，师资构成包括高级中学自身招聘的教师、七宝中学负责选派的教师和德怀特学校负责从本教育机构中选派或面向全球招聘的外籍教师。高级中学自身招聘的教师的任职要求不得低于合作双方各自学校招聘教师的任职要求。高级中学中与IBDP课程有关的教师和行政管理人员需接受国际文凭组织承认的专业培训，且对具有学士以上学位、相应的教师资格和2年以上的相关工作经历者优先考虑。高级中学面向全球招聘教师，要求教师：坚持专业研究，在专业领域有所建树，在相关领域有所特长；对教育充满激情，注重学生终身发展，并视为学校的道德使命；乐于团队合作，与同伴、学生、家长、社区保持有效沟通。高级中学保障教职工的合法权益，按时支付教职工的合法工资和福利，为中方教职工缴纳社会保险金，为外籍教师购买国际医疗保险、人身意外保险。高级中学为教师提供专业发展支持，为连续服务两年以上的优秀教师提供国内外培训、进修的学习机会。

《章程》对七德的办学框架和基本的组织领导体制进行了基本规定，使得以后办学的顺利进行得到了保证。经历了谈判以及从方案到章程办学的转换，把不同的合作文本变成了办学契约文本，对于七德的办学来说，无疑奠定了重要的办学基础。在《章程》的条文中，已经呈现了从体制、人员到课程的基本的融合框架，非常明确地呈现了融合的意向。

三、合作办学的领导体制与组织架构

1. 领导体制——理事会领导下的校长负责制

在七德办学章程中，对于领导体制是这样规定的，即高级中学采用理事会领导下的校长负责制。理事会是高级中学的最高决策机构，校长负责高级中学的教育教学和行政管理工作。高级中学的校长由中方委派或招聘，报经理事会同意，一届任期为3年，可以连任。外籍副校长由美方选派，报经理事会备案。高级中学设理事会，其成员为7人，其中中方4人、美方3人。理事长由中方委派，副理事长由美方委派，理事会成员由举办双方的代表、高级中学校长或者主要行政负责人、教职工代表等组成。其中高级中学党

支部书记须为理事会成员。理事会若有任何空缺,包括理事长的职位,应由空缺理事的原委派方委派替补理事。如果一方委派新的理事,应将新任理事的姓名书面通知另一方及理事会的其他成员。理事会成员每届任期3年,任期届满,连选可以连任。

对于理事会职权规定:一是委派、改选或者补选双方理事会组成人员,选举、罢免理事长、副理事长,报审批机关备案;二是聘任、解聘主要行政负责人,报审批机关核准;三是制订和修改章程,制定规章制度;四是制订发展规划,批准年度工作计划;五是审议、听取行政负责人等的工作报告,并对其工作进行检查;六是筹集落实办学经费,审议和批准年度财务预算方案和决算报告;七是决定高级中学的变更、分立、合并或者终止及其清算等事项;八是依法核定从业人员的工资报酬、福利待遇;九是需要由理事会决定的其他重大事项。

理事会议事规则:一是理事会每年至少召开2次会议。经理事长或者3人及以上组成人员提议,可以召开临时会议。所有理事会会议需有一位德怀特理事参加才能召开。二是理事长召集和主持理事会会议,理事长因故不能出席会议,可书面委托副理事长或其他理事主持理事会会议。三是召开理事会议,应将议题、时间、地点提前10天书面通知到理事成员。对于德怀特理事成员,需通过理事成员指定的地址或电子邮箱的方法告知,并通知到高级中学美方校长。理事成员可以通过电话或电视电话参加理事会议。理事因故不能出席理事会议,可书面委托或授权其他理事代为执行理事职责。四是理事会履行职权时,实行1人1票制,需经5人及以上组成人员同意方可通过。五是理事会议应对出席人员、所议事项作会议记录。理事会做出的决定由理事会成员签字,理事长签发。理事会议材料由理事长指定专人存档保管。

对于校长职权的规定:一是执行高级中学理事会的决定;二是实施发展规划,拟订年度工作计划、财务预算和规章制度;三是聘任和解聘高级中学的工作人员(除了外籍副校长),实施奖惩;四是组织教育教学、科研教研活动,保证教育教学质量;五是负责高级中学的日常管理工作;六是行使理事会和章程授予的其他职权。

对于监事会的规定:高级中学设立监事会,其成员为3人,设监事长1

名。监事长由监事会选举或罢免。监事任期 3 年，监事任期与理事任期相同，期满可以连任。监事在举办者、高级中学人员或有关单位推荐的人选中产生或更换。高级中学理事及其近亲属、行政负责人及财务人员不得担任监事。监事会的权利和义务：一是对高级中学的财务情况的审议建议权；二是对高级中学与教职工切身利益相关的方案、规章制度的审议通过权；三是对高级中学法定代表人、校长履行职务情况的民主监督权；四是提议召开临时决策机构会议；五是列席决策机构会议。监事会会议实行 1 人 1 票制，监事会决议须经全体监事过半数表决通过，方为有效。

2. 组织架构——集约化、扁平化、中西融合

（1）清晰党组织与理事会的关系和成员架构。

2021 年修订颁布的《中华人民共和国民办教育促进法实施条例》第四条规定：民办学校中的中国共产党基层组织贯彻党的方针政策，依照法律、行政法规和国家有关规定参与学校重大决策并实施监督。《关于加强中小学党的建设工作的意见》（中组发〔2016〕17 号）和《关于建立中小学校党组织领导的校长负责制的意见（试行）》（中办发〔2022〕7 号）规定：中小学校党组织全面领导学校工作，履行把方向、管大局、作决策、抓班子、带队伍、保落实的领导职责，落实管党治党政治责任。文件中强调中小学校党组织全面领导学校工作也体现在：党组织领导工会、共青团、妇女组织、少先队等群团组织和教职工大会（教职工代表大会），强化党建带团建、队建，加强学生会和学生社团管理，做好统一战线工作。

与公办学校相比，中外合作办学有较大的办学自主权，理事会是最高决策层，学校可以自主聘用人员、进行人事任免。如何用好学校的体制和机制优势，更好地整合人力资源服务和带领学校发展？基于上述法律文件规定和对政策的解读，七德在《章程》中明确写入：学校党组织负责人参加或列席管理层会议，党组织对学校重要事项决策、重要业务活动、大额经费开支、接收大额捐赠、开展涉外活动等提出意见，并在理事会组织架构中尝试校长/书记一肩挑，进入理事会决策圈。其中，校长聘任很重要，若校长是党员，则可以校长/书记一肩挑；若校长不是党员，还须设专职党支部书记；若党支部书记进入理事会，理事会成员人数本身有限，校长通常就不会进入理事会，这会带来学校管理的不稳定性和不确定性。

此外,七德对行政组织、工会组织、团组织进行了组织和人员的有机架构和有效整合,更好地体现和落实了党建带工建、党建带团建。党组织支委委员与工会组织工会委员尽可能一肩挑,工会主席须纳入支委委员;教工/学生团组织负责人也尽可能由支委委员担任;党组织和工会组织的小组长可为一组成员,由先进教师代表担任。这样,凝聚党、工、团三个组织的力量,目标共同指向带领和服务于学校发展建设。

(2)扁平化行政组织架构,管理团队中西融合。

七德一直关注学校组织结构的有机构建。组织结构是组织的全体成员为实现组织目标,在管理工作中进行分工协作,在职能、责任、权利方面所形成的结构体系。其本质是为实现组织战略目标而采取的一种分工协作体系,组织结构必须随着组织的重大战略调整而调整。学校内部的治理结构通常遵循科层制范式。横向包括行政组织、党组织、工会组织三条组织线,纵向分为高层、中层和基层三个层次。学校管理比较多的是自上而下的贯彻执行,横向的合作关联换位思考比较少,有的组织功能定位有交叉,有的组织功能不清晰,管理团队的组织能力需要提升,管理效能需要提升。

因此,七德在设计学校组织结构及团队人选时,尽可能在法规政策的指导下寻求最优组合。比如:校长、书记一肩挑,进入理事会决策圈;坚持党对工会、团委组织的领导,工会主席由支委委员来担任;各部门、学科尽可能中外团队构成,优势互补相互学习,更好地凝聚和发挥外教的智慧和责任担当。

此外,组织结构一方面以任务为中心,另一方面以人为中心,既有一条权力轴线,又有一条责任轴线。有效的组织结构设计,必须考虑6个关键因素:工作专门化、部门化、命令链、控制跨度、集权和分权、正规化/标准化。随着信息技术的发展,信息交流和人员交流越来越便捷快速,不需要通过自上而下的渠道实现,同时面对快速变化和多任务的及时反应,需要组织变得更敏捷,组织成员学会自我管理。

因此,七德倾向于扁平化管理架构,在决策和关系分析的基础上,寻求效率和效益的最优化。管理重心下移,建立大部门制,由中外部门主任担当,便于兼顾中西差异和决策统整;同时,关注横向跨部门沟通合作,建立学校整体意识和换位思考能力。此外，关注时代发展趋势和教育内在规律的指引，设立数字中心和招生 & 升学指导中心，关注数字公民教育和建构学生从入学到毕业的长链条管理。学校内设课程部、学工部、招生 & 升学指导中心、公共事务 & 数字中心、行政部五个部门，每个部门（除行政部）都由中外教师共同组成，共同开展部门工作。德怀特纽约学校和七宝中学的相关部门团队也会参与或给予七德相关部门工作指导和进行资源共享。

四、小结：亲历合作办学权力抉择是一场意义之旅

通过回溯七德的办学历程，呈现了七德办学体制从酝酿到《方案》到《备忘录》到《章程》这样一个文本逐渐成形的过程。最后以《章程》的形式将中外合作办学的体制性基本办学要件予以规定化、契约化、合法化。《章程》在中外合作办学中发挥了法律意义上的作用，成为合作双方共同的行为准则。在办学体制的形成过程中，如下一些问题值得深思和回味。

1. "先买票，后上车"是一种理直气壮、合理合法的办学方式

中国自改革开放以来，在中外合作办学领域走过了一个非常艰辛的过程。改革开放之初，国力弱、国际地位较低，难以得到世界的关注，因此，我国第一代的中外合作办学者们忍辱负重，放低门槛，为了能够打开国门，吸收国外的先进经验，进行了不懈的努力。由于当时许多政策不完善、不明朗，不少的类似合作往往采取"先上车，后买票"的权宜方式，虽可勉强达成愿望，却常常因这种变通方式带来后续的麻烦。亲历七德筹建过程，感到一个明显的差异就是我方主权意识更加清晰，谈判的心态有了不同的变化，更加独立自主，更加清楚我们要什么。由于不是仓促应战，草草上场，经过了详细周密的调研，做好了、做对了所有办学的环节和动作，使得办学比较合理顺利地开展，为后续的运作奠定了重要的前提性基础。合法合理、有礼有节的谈判过程，使得办学共识牢固，双方都非常清楚自己的责任和义务、权利和权力，这种理直气壮的"先买票，后上车"方式，表明合作办学真正走上了依法办学的轨道。

2. 跨境教育教会了如何进行基于国际规则的国际化办学实践

跨境教育的概念是 2003 年 11 月在挪威召开的"第二届教育服务贸易论坛"上提出来的，是自 1995 年 WTO 提出的"教育服务贸易"之后，在提法上

的一个转变,意在减少教育的商业色彩,除了获取经济利益之外,对于加强能力建设、增进相互了解、开发人力资源等进行了内涵的扩充。七德的办学表明跨境教育进入中等教育领域,在 WTO 承诺的"三个允许,两个不包括,两个不承诺,一个定价"①的基础上,进行了谨慎有序的探索,其意义可想而知。从七德的开办实践来看,遵循国际办学规则,严格执行办学程序,不冒进,是比较好的进行中外合作办学的模式。目前,全国各地到七德来学习的领导和举办者非常多,把办学的环节做对、做到位是保证办学顺利进行的重要的前提条件,这对一些地方的国际化办学有一定的借鉴意义,把规范做好了才是办学的正道。

　　3. 亲历中外合作办学历程既是难得的实践又是极有价值的研究

　　在从筹办到开办的整个过程中,地方政府始终保持慎重又慎重的态度,坚持多方论证,从国家、市层面到区层面进行了大量的调研工作,对开办中外合作办学的意义和价值进行了充分的评估,引入第三方和科研机构的多方调研论证工作包括实地考察都是为了能够将中外合作办学的这条路做稳做扎实。本人参与了全过程,亲历了所有的调研环节,撰写了多篇调研报告,是决策过程的参与者、咨询者,后转而成为办学实践者,体验了决策咨询与实践办学两种角色及其转变,回过头来看,当初大量的调研不仅为办学实践打下了坚实的基础,也为本书提供了重要的研究基础和资源。

　　总之,从七德的办学实践过程来看,要办好中外合作办学,第一,要明确办学定位,营利还是非营利,以我为主还是外方为主,分而治之还是强调融合;第二,合作双方的权责利要明确划分,要有清晰的治理结构;第三,要具备健康办学的生态环境;第四,需要多元文化人才和强有力的领导管理团队;第五,需要经费和政策支持。

---

① 三个允许,允许中外合作办学,外方可获得多数拥有权,但不承诺国民待遇;允许境外消费;允许自然人流动,有条件地承诺国民待遇。两个不包括:不包括义务教育和特殊教育服务(如国事、警察、政治和党校教育等)。两个不承诺,对跨境交付方式下的市场准入和国民待遇均未作承诺。一个定价,对初等、中等和高等教育服务实行政府定价。另外,教育没有过渡期。摘自陈至立. 我国加入 WTO 对教育的影响及对策研究[N]. 新华网,2002 - 01 - 10.

第三章

价值的融通：合作办学的目标定位

当办学性质定位于非营利、政府支持民办运作，合作办学以我为主、校长由中方担任等涉及办学体制方面的大的问题决定下来后，就自然要转到具体的办学实践之中了。不同于一些中外合作办学的项目或国际课程班/部的办学模式，作为一种独立设置的以学校实体为主要形式的中外合作办学，需要有组织愿景、组织文化、组织制度和机制设计，而这些都离不开组织目标的确定。具体到七德的办学实践来看，就是育人目标的定位问题。在2017年春天的开学典礼上，校长再一次和全校师生分享了七德的教育理念、办学目标和培养目标：点燃每一个孩子的智慧火花，为每一个学生的美好人生奠基；创建一所"以我为主、公益导向、优质引领"的高水平国际化中外合作高中；培养具有"全球视野、中西融合、科文并举、精英气质"的优秀高中生。

教育理念、办学目标和培养目标是在2011年做《七宝中学国际校区项目方案（中英文版）》时提出的，一直延续至今，并在不断实践，不断实现。作为追求以中西融合教育办学模式为宗旨的七德，从其开办之初就始终坚持办学的价值追求，从领导体制、中外教师招聘、课程设置、教师培训、学生管理、活动开展的各个方面都充分体现了融合教育的宗旨。而起到灵魂作用的则是其育人目标的定位问题。实际上，就育人模式建设中的育人目标的定位来说，也存在着内在的冲突问题。从中外合作办学的办学方向来看，既要有中国魂、中国特色，也要体现中外合作办学应有的合作价值。过于强调自我，容易淡化合作本身的价值；过于依赖外方，又会失去自我。如何处理这一关系和矛盾？两所合作学校的办学传统有所不同，不同的文化背景，不同的办学积淀，不同的办学理念，IB 课程的十大素养目标与中国本土核心课程的目标也存在不同，面对差异如何整合，面对差异如何协调，办学理念又如何整合？对于七德来说，在解决了领导体制和办学性质之后，接下来就是一个大的顶层设计问题，也是探索融合教育的关键问题，具体来说，表现为三个方面的问题：为谁培养人，办"中国特色的国际高中"还是"国际特色的中国高中"？培养什么样的人，如何将中国魂融入国际化办学视野中？怎样培养人，如何从标准化、齐一化的教导转向激发潜能的个性化的指导？

一、办"中国特色的国际高中"还是"国际特色的中国高中"

如果说办学体制的决策是一种力量的较量的话，那么，育人目标的定位则是一种价值如何定位、理念如何整合的课题。虽然七德是所刚创办的学校，但两所合作的母体学校——上海市七宝中学和纽约德怀特学校却有着深厚的文化底蕴和共通的教育价值观。

（一）"全面发展、人文见长"：七宝中学的育人理念

人既是教育的出发点，也是教育的目标。"育人"是教育的社会使命所在，如果离开了"育人"来谈教育，无异于缘木求鱼。育人的真谛在于促进人的发展，促进学生成长是教育的"原点"。

作为上海市首批实验性示范性高中，多年来，七宝中学在仇忠海校长提出的"全面发展，人文见长"这一办学理念引领下，积极顺应时代对教育改革发展的要求，坚持育人为本，在创建办学特色的过程中，不拘泥于学校特色学科或特色项目的构建和发展，而是着眼于学校整体育人模式的改革与创新，将学校的办学理念逐步形成为学校的办学特色并构建了与之相适应的育人模式。

1. "全面发展，人文见长"的办学理念

基于"全面发展，人文见长"办学理念构建的育人模式，其内容可概括为"以德育为核心，人文与科技相结合，身心智协调发展"。这一育人模式是对七宝中学"全面发展，人文见长"这一办学理念和办学特色在育人实践中的高度总结与概括。由于学校教育的首要功能是培养人，德育决定了培养什

么样的人、如何培养人,对人才的成长发展起决定性的作用,因此,"全面发展,人文见长"的育人模式特别强调"以德育为核心",把德育放在各种教育活动的灵魂、核心的地位,并发挥它的导向、动力和保障作用。

"全面发展,人文见长"不仅是学校办学特色的思想基础,也是这一育人模式所遵循的教育理念。全面发展不仅是教育的最高理想,也是国家对人才培养的基本要求。对学生个体而言,"全面发展"着眼于学生"德、智、体、美、劳"等方面素质的全面发展,这当中包含了科学精神和人文精神的统一,也包含了身、心、智的和谐统一;"人文见长"则强调学生除了素质全面发展,具备创新精神、实践能力外,还必须具备浓郁的人文素养,即学校所培养的学生应懂得"何以为人""为何而生",具备与人为善的品质,求真求实的精神,爱国报国之心,自理、自立、自强的能力,具备对他人、对自然、对社会乃至对全世界承担责任的态度,具有开阔的胸怀、健康的心理和完整的人格。它是人身心发展规律的共性与个性的统一,是国家对人才基本要求与每一学生特长发展的统一。对学校而言,"全面发展"落实了社会主义学校办学必须遵循国家教育方针的要求,"人文见长"则彰显了学校的人文办学特色。

总之,基于"全面发展,人文见长"办学理念构建的育人模式,重视学生的全面发展和个性发展的需要,重视为学生提供优质教育资源和多元选择教育的机会,使学生朝自己最有发展潜力的方向奋斗,使每个学生在个性得到充分发展的基础上实现全面发展。

2. "平民本色,精英气质"的培养目标

"全面发展,人文见长"的办学理念与"平民本色,精英气质"的培养目标在本质上是一致的。七宝中学最初的培养目标确定为"培养具有较高文化品位和一定人文修养的全面发展的学生",2007年六十周年校庆时,对原来的育人目标进行了丰富与创新,正式提出以"平民本色,精英气质"为学校新阶段的育人目标,其具体表述为爱生活,会实践,有爱心,能自强;爱读书,会思考,有才情,敢担当。期望学生学成之后,能拥有一份大地情怀,能从内而外始终保持一种"平民本色";同时,又能成为祖国栋梁,成为勇于担当,能够担负起振兴中华重任、能够始终将根深扎于大众中,真正融入大众、代表大众、服务大众、引领大众的"精英人才"。这一新的育人目标成为七宝中学教育改革发展的动力和进一步努力的方向。

十几年来，正是由于七宝中学在办学实践中一直围绕着"全面发展，人文见长"这一办学理念并在实践中与时俱进，不断创新，不断丰富和发展其内涵，才使得这一理念逐步成为学校的办学特色。也正是由于在实践过程中学校在育人模式上的整体改革创新，才使得这一办学特色的内涵更为丰富和富有生命力。

（二）"点燃智慧火花"：德怀特学校走过的 150 多年

1. 萨克斯学院——德怀特学校的前身之一

朱利叶斯·萨克斯博士是德怀特学校的创始人。早在 150 多年前，他就在美国 32 街和百老汇的交界处创建了萨克斯男校及其延伸——萨克斯学院。之后，在 1891 年，他又开设了萨克斯女校。萨克斯学院作为一所顶尖的私立学校，培养了众多的哈佛学子。

萨克斯博士的父母是德国移民，他追随父亲的脚步，成为一名教师。他毕业于美国哥伦比亚大学，后在德国罗斯托克大学获得博士学位。他精通 9 种语言，并且担任许多教育类协会主席。朱利叶斯·萨克斯并不是家族里唯一的成功者，他的兄弟同样取得了杰出的成就，影响深远。

1904 年，萨克斯博士离开了他挚爱的学校，成为哥伦比亚大学教师学院中等教育专业教授。萨克斯男校继续繁荣发展，在搬迁数次后，最终在 1912 年迁至西 89 街 18 号。在这八年中的某一天，具体的日期难以确定，萨克斯学院更名为富兰克林学校，以此纪念本杰明·富兰克林。

二战后，一个新的时代来临，伴随而来的还有一位新校长——施潘博士。在 1950 年，他为中产阶级家庭的孩子提供了极多的机会，富兰克林学校不再是一个只为上流社会提供精英教育的地方。施潘博士作为一名一流的运动员，带来了不同的观念，改造学校运动场，使之更为平坦。施潘博士毕业于纽约市立学院，在那里他是一名篮球运动员。之后，他成为职业选手，是美国篮球联盟历史上第五位最佳得分者，直到 1942 年退役。退役后，他来到纽约大学，获得了教育博士学位。在 20 世纪 40 年代，施潘博士作为数学老师和教练任职于富兰克林学校。在此期间，他还增设了奖学金以帮助提高学生人数。

在施潘博士 25 年的任期里，富兰克林学校在各方面都有突出成绩。

1951 年开始招收女生，1965 年开始，西 88 街 17 号和 19 号的褐砂石建筑成为校舍，不仅如此，学校的招生人数在 20 世纪 70 年代急剧增长。让富兰克林学校倍感骄傲的是，学校还拥有一支全美顶尖的辩论队，而学校的多名毕业生在后来成为《芝加哥大学法律评论》《哥伦比亚法律评论》和《哈佛法律评论》的编辑。在卸任之际，施潘校长将职务交给了贝勒斯·福德希尔博士，正是他，掌管了富兰克林学校的最后一个阶段（1976—1990）。

贝勒斯·福德希尔博士毕业于牛津大学，他在富兰克林学校成立了美国第一支板球校队，并且将国际文凭的想法带入课程。国际文凭，如今被看作黄金标准，并且是当下最缜密的国际预科课程之一，而在当时，却不受关注。在福德希尔博士的支持下，富兰克林学校在 1975 年采用了国际文凭，作为一种认可，将学校名称改为益格鲁美国国际学校。这对学校来说，是一项划时代的重大举措。

2. 纽约语言学校——德怀特学校的前身之二

德怀特的第二条学校历史发展线索将我们带回到 1880 年纽约语言学校的成立。坐落于西 43 街 15 号的纽约语言学校是由亨利·米勒（毕业于威廉姆斯学院的拉丁语、德语教师）引领的一所传统的英语预科男校。如萨克斯学院那样，纽约语言学校为确保学生进入一流大学设计了自己的课程。第一批毕业的学生就读于普林斯顿、威廉姆斯、哥伦比亚、阿姆赫斯特等一流的科学学校（例如斯蒂芬学院和谢菲尔德科学院），哈佛大学和耶鲁大学。

纽约语言学校在 1888 年更名为德怀特学校，以纪念耶鲁大学第八任校长蒂莫西·德怀特五世及其取得的卓越成就。早期年度报告作出了同样的解释："学校更改名称并不是为了成为一所专门的耶鲁预科学校，只是因为在近些年，我们学校考入耶鲁大学的学生人数在稳步增长，学校的许多坚定的朋友和赞助人也都是耶鲁大学的校友，所以，更名是恰当的。校董们也认为他们十分幸运，能够获得德怀特校长的允许，以他的名字来命名学校。"

德怀特五世博士是一位牧师。他在耶鲁大学获得了本科和博士神学学位，并在那里教了二十五年的宗教文学，直到当上校长。他的祖父，德怀特四世，也曾是耶鲁大学校长，但是德怀特五世为学校作出了不可磨灭的突出贡献。在他担任校长期间（1886—1899），耶鲁从一所学院成为一所大学：造了新的校舍，招聘了新的教工，学生人数上升，所得捐赠资金几乎翻了一番。

德怀特五世为德怀特学校作出了很大的贡献，在学校的课程中增设了更为严密的数学和科学课程，使得年轻人能够为进入大学作更好的准备。"从 1880 年建校起，小班化教学和个性化教学就是德怀特学校的特色。"

1967 年，富兰克林学校施潘校长担任德怀特学校校长。他在 1967 年做的一项决定是将德怀特学校向女生开放，正如他父亲来到富兰克林幼儿园第一年所做的一样。另一项决定是在 1974 年与本特利学校合并，增设小学以扩大德怀特教育范围。本特利学校成立于 1914 年，有两个校址，一个在东 71 街 112 号，这成为之后德怀特学校幼儿园到五年级学段的校舍，另一个在西 86 街 48 号，是本特利的初高中部，后来被关闭。原本就读于本特利学校的学生可以转入德怀特学校或富兰克林学校。

20 世纪 80 年代，德怀特学校和益格鲁美国国际学校的关系变得更为紧密，从而加强了对于益格鲁西区的管理。这两所学校在过去的几十年里一直共享许多资源，学校教师和管理者经常穿梭于两所学校之间。益格鲁美国国际学校和德怀特学校终于在 1993 年走得更为接近。逐渐减少的学生人数以及德怀特学校 50 年的租期将近，促成了一个十分理想的机会，让两所共享同种教育理念的姐妹学校走到了一起。为了获得校址的长期使用权，德怀特学校迁至西 89 街 18 号，同年，凭借着德怀特的现金储备，西中央公园 291 号也纳入学校范围。自此，一个新的现代化的时代来临了。

3．"全球视野、个性化学习、社会实践"——德怀特学校的三大教育支柱

在施潘校长任职的早些时候，他预见课堂、学校和社区之间是无界的。他鼓励创新精神和创新型人脉关系的建立。德怀特学校成为美国第一所打破国际障碍，建立海外分校的独立设置的学校。伦敦分校在 1972 年由施潘校长和他在牛津大学的导师，瓦德汗学院的莫里斯·鲍勒先生共同建立，该举措在当时是超前的。在那之后，德怀特学校在国际上的脚步不断迈进，2009 年建立了温哥华分校，2012 年建立了首尔分校，并在北京拥有项目，使得学生们能够有无数的机会去进行跨文化的课程学习交流。

每一个全球合作学校都推崇德怀特的理念：每个孩子都是不同的，每个学生都有自己的兴趣和天赋，德怀特所需要做的就是通过个性化学习，发现和点燃每个孩子的智慧火花。当学生的学习兴趣是满满的，他们的学习潜能就是广阔的。当兴趣被点燃成为激情，那么就有了无限可能性。德怀特

学校致力于达成这一崇高的目标,为此已奋斗了 150 多年。

(三)历史性的邂逅:当"全面发展,人文见长"遇见"点燃智慧火花"

2012 年 10 月,两个热爱教育的智者走到了一起。虽然两所学校的校长有着不同的文化背景和成长背景,而且学校发展的历程、时间、办学性质也不同,但是,当进行交流洽谈时,他们都有一个共同的情怀,就是执着于教育。在办教育,在期待中外教育的融合,而不是挣钱、争名誉的意义上,两个学校的办学者达成了共识。有了这样的共识,很多问题就非常容易沟通。同时,德怀特学校从一所本土的学校,在加入 IB 课程之后,已经呈现出了德怀特学校办学从本土向国际化的一个华丽转型。这样的一种学校发展中的国际化转型,与七宝中学本身面临着的时代需要和发展需求,有着极其相似的处境和能级提升的追求。借助于七德的开办,我们看到七宝中学本身的发展出现了新的形态,新的挑战,新的华丽转身。七宝中学需要走向世界,德怀特需要融入中国教育的这样一个共识,使得七宝中学期待的有国际特色的中国学校与德怀特期待的有中国特色的国际学校一拍即合,两者在此处达成共识,是历史提供了这样的一个教育实验,是世界提供了一个中美合作的教育实验。

二、如何将中国魂融入国际化办学视野

坚定"点燃每一个孩子的智慧火花,为每一位学生的美好人生奠基"的育人理念,坚守"以我为主、公益导向、优质引领"的高水平国际化中外合作高中的办学目标,坚持"培养具有'全球视野、中西融合、科文并举、精英气质'的优秀高中生"的培养目标,学校近三年的筹建和十一年的办学实践,正一步步地将当初的理想变为今天的现实。

(一)"以我为主、公益导向、优质引领"的办学目标

从办学原则来看,以我为主,既强调合作双方主体关系,也强调这所学校的定位。经常有人会说"七德是一所国际高中",包括学生也会这样认为,甚至以为到了七德,就像在国外读高中一样,一旦学校有规则约束了他,便觉得这所学校不自由。王芳校长这样表述:七德是一所根植于中国土壤、中国文化、中国情怀,兼容并包、不断创新,为中国学子进入大学、走向世界乃

至未来，做好主动健康人生准备的中国高中。双方的共同点在于：这是一所面向世界、兼容并包、不断创新的中国高中。

从公益导向来看，强调办这所学校，不以营利为目的。所以学校规模不会无限制扩大，目前在校生规模最大会控制在 750 人。七德希望建设一个"家文化"的社区，老师、学生、家长互相熟悉、团结友爱、合作互助、共同成长。

从优质引领来看，强调要把七德办成大家认可的好学校，桃李不言下自成蹊。同时，也会强调，伴随七德的成长，要逐步担当起国际课程本土化实施、双语国际化教师队伍培养、办学管理育人模式、合作办学实践范例等辐射引领的作用。

应该看到的是，学生、老师、家长、社会都越来越认可七德。还记得：首届毕业生的家长群里曾讨论过一个话题：如果再让我们选择一次，还进七德吗？ 结果，很多家长跟帖说："进的。一群上进的小伙伴，热情的家长，认真的老师，IB 课程的磨砺……这些都是孩子成长过程中的收获，尽管过程中有各种问题，但瑕不掩瑜，不后悔这个选择。"还有家长说，家里哥哥进了七德后，就一直在游说妹妹将来也报考七德。还有的家长，多年来，一直参与学校的新生宣介会，为的是推荐朋友的孩子来感受七德，报考七德。近些年，每年新生入学后七德都有一个问卷调查，其中有一个问题是：您是如何知晓七德的？ 有 60%～72% 的家长是因为亲朋好友的介绍报考七德的。包括家长也说，尽管孩子们有时也会抱怨学校的不足，但一旦别人说七德不好时，便会坚定地维护学校。

案例 3-1

认同感和幸福感，令我们视七德为家

七德是一个承载和交融多元文化的社区，这里的学生、教师、职工来自不同的国家和地区、山川湖海，有着不同的肤色、发色，也说着不同的语言，但基于相似的教育理念与人生追求，大家相遇相知、亲如一家。

但在这里，还有一群更特别的人：他们真的将自己的家人一同带来了七德，父母儿女、兄弟姐妹、亲朋好友……也正是在这样信任与爱的绵绵传递中，七德在国际教育领域获得了与日俱增的好口碑。

一家三口从芝加哥来，扎根中西融合教育土壤

马特卡拉·威尔逊（Maatkara Wilson）是七德 2020 届毕业生，当年她因优异的成绩与强劲的综合实力一举斩获了世界排名前十的芝加哥大学全额奖学金。从芝加哥来，回芝加哥去——回想起 2018 年，她跟随父母来到七德，父母在此教书育人，她则不停逐梦前行，这段扎根于中西文化融合教育土壤的经历，令她收获了别样的成长。

马特卡拉说，她与中国的缘分始于七年级（初一），当时她就读的中学要求学生必修一门外语，她义无反顾地选择了中文，因为中文的高难度深深吸引了爱冒险的她。虽然当时对中国文化一无所知，她依然抱着极大的热情投入被称为"世界上最难学习的语言之一"的中文学习，在别人看来枯燥的语法和复杂的汉字里寻找乐趣。

学得越多，越感到无知，渐渐地，她发现普通话仅仅是无数汉语方言中的一种，而现代中国也并不像许多美国人刻板印象中的样子。于是，她在高一时前往芝加哥大学参加"全球化下的现代中国文化"预科课程；暑假期间，她第一次踏足中国首都北京，一个多月的实际操练让她的中文口语突飞猛进。回到芝加哥后，她趁热打铁参加了当地的中文演讲比赛，没想到获得了中西部地区亚军！

巧合的是，不久后，父母决定来到上海唯一一所中美合作高中——七宝德怀特工作，于是她决定抓住这次机会深入体验中国文化，为此不惜离开已经就读一年的芝加哥顶尖公立高中惠特尼杨高中（Whitney M. Young Magnet High School），在七德开始全新的挑战。"我不想成为一个'典型的国际生'，而是想浸入式地学习中文口语，七德恰好提供了一个不错的环境。"马特卡拉这样说。

在这里，每个人都有许多可能性

在七德，由于多元文化共生的环境、丰富的三大课程体系以及强大的七宝中学教育集团与德怀特全球优质教育资源的加持，每个人都能自由地开辟成长空间。

校园里，大家总能看到马特卡拉露出八颗牙的明媚笑容。升学指导老师拉斐尔·卡茨（Rafael Katz）称赞她"为七德带来多元文化与视角"。马特

卡拉提到，来七德之前，她只学习过 AP 课程，因此与大多数中国同学一样，也是第一次接触 IB 课程。为了更好地学习中文，她特地在选课中多加了一门线上 AP 中文课。她说，高难度的 IB 课程大大锻炼了她的写作能力和时间管理能力，六门学科齐头并进的课程框架让她清楚认识到自己的弱项和强项，帮助她找到真正的兴趣所在和未来的方向，也教会她如何在繁重的学习中分清轻重缓急、查漏补缺、对症下药。而课余时间，马特卡拉还是一位运动健将，不但擅长田径，还加入了七德女足队。

聊到最喜欢的学科，马特卡拉毫不犹豫地说是 IB 三大核心课程中的ToK（Theory of Knowledge，知识理论）。那么，ToK 到底学什么？简单来说就是探讨"知识"从无到有，再到被人所知都发生了什么。马特卡拉列举了一个课上的例子：2018 年，街头艺术家班克西（Banksy）的作品《气球女孩》在拍出 104 万英镑的高价之后，框内原画被班克西几年前安装的机关自动毁灭。"艺术家是否有权利毁掉自己创造的作品？"同学们在 ToK 课堂中激烈讨论，不同人出于不同立场发表对此事的不同观点。她十分享受这种思维的碰撞，ToK 使她能跨越学科壁垒，更广阔地思考日常问题，教会她通过参考、对比、分析来汲取信息，更让她从多种视角看待每一个事件与问题。

为下一站成长，汲取知识与爱的力量

马特卡拉用了三个词形容自己收到芝加哥大学录取通知时的复杂心情：如释重负、兴奋异常、近乡情怯。她总是绘声绘色地给周围每个人"安利"自己的家乡：芝加哥是个地道的美国中西部城市，它融合了东南西北各地风貌，展现给人们一个与众不同的美国；而且芝加哥兼具了洛杉矶、纽约这两座大城市的特点：有鳞次栉比的高楼大厦，有碧浪金沙的海滨美景，有多元文化与少数族裔，还有她心目中最美味的食物——芝加哥热狗、热气腾腾的俄罗斯香肠配上蜂蜜黄芥酱！能够再次回到家乡，总是令她格外幸福。

当被问到"为什么能被芝加哥大学全奖录取"时，马特卡拉调皮地回答："招生官看到我的申请材料时，心里一定在想'哦！一个在中国读书的黑人姑娘！有点意思！'"她诚恳地说，其实她真的不知道具体原因。可能是因为她"古怪"而"内省"的个人文书，可能是因为她回答面试提问时体现出的哲学思考，抑或因为她跳出舒适区来到中国求学的勇气与魄力——是七德让

她更全面地认识了中国与上海这座城市；是七德中西融合的教育环境，让她理解了中文作为一门语言背后更源远流长的文明；也是在七德求学的岁月，让她遇到了更好的自己。

（二）"全球视野、中西融合、科文并举、精英气质"的培养目标

党的教育方针明确指出：教育必须为社会主义现代化建设服务、为人民服务，必须与生产劳动和社会实践相结合，培养德智体美劳全面发展的社会主义建设者和接班人。学校教育的根本任务是立德树人，要回答好"培养什么人，怎样培养人，为谁培养人"的核心问题，也就是要为党育人、为国育才。

七德"全球视野、中西融合、科文并举、精英气质"这十六字育人目标，其实蕴含三个层面的期待：一是期待七德学子拥有更为多元的视角，有辨析有选择有包容的中国情怀和全球视野；二是期待七德学子具有融合中西文化精髓、科学人文精神兼具的知识结构和思维品质；三是期待七德学子成为有"七德"精神的有责任、敢担当、会感恩的精英人才。

（三）"七德"价值观与"道知情怀 德行沧海"校训的酝酿与形成

如同任何一所优质高中都会有自己明确而又精练的校训一样，七德也需要有自己的人才品质，明确的人格素养要求。

育人模式是学校办学的核心，不同于以往的国际班和国际部的"班""部"的概念，七德是以学校为单位的组织化办学，因此，其育人模式涵盖了学校的整体育人环节，育人的各项因素。概括七德的育人模式，不是从其极具特色的课程设置开始，而是从学校办学的系统化要素开始的，七德经历头三年的一轮办学周期，逐步形成了作为一所学校所需要的基本办学要素和环节，形成了举办一所学校的基本概念。

七德的办学实践经历了任何一所新开办学校的必经阶段，在学校的举办过程中，一开始就形成了学校发展的两个着力点：规范化和个性化。这是区别于国际班、国际项目和国际部的开办特点。

举办一所新学校，不能没有学校办学的信念、理念和价值定位，否则，领导缺乏一个价值引领的抓手和具体的发展方向。借助于七宝和德怀特的谐音，学校着重探索"七德"价值观的建立和导向。作为一种价值共识或理念

共识的形成机制，不是领导或专家拍脑袋定的，而是经历了一个分阶段的理念形成、转化、逐步内化和不断调整的过程。

第一年，以"QDiscovery"（特色团队活动）和教师会议为载体，先师生数次讨论，每个人提出自己所倡导的"七德"，形成200多个中英文表达，从中归纳为20余类。再从中选择出最具共识的七种品质，正直、自律、善良、尊重、合作、创新、毅力，形成初步的"七德"。在此基础上，又将"七德"作为评价导向，评选"七德"奖学金和"七德"优秀教师团队。

第二年，以晨会为载体，以"HOUSE"（院舍）为单位，中外教师和学生代表一起解读"七德"内涵。在以"七德"为评价导向上，又生成出第一学期"七德之星"评选和第二学期"七德"奖学金评比；在"七德"优秀教师团队评选的基础上，又拓展出"七德"优秀班导组和优秀个人评选；并邀请华东师范大学专家从"修身立己、待人达人、立业成事"三个维度清晰化"七德"内涵。

第三年，以班会、晨会为载体，讨论具化"七德人"形象（课堂学习中的七德人，课外活动中的七德人，住宿生活中的七德人，网络时代中的七德人，跨文化交流中的七德人，家庭生活中的七德人）。

"七德"的基本内涵，经过反复探讨表达如下：

正直：真实诚实守信誉，公平公正有原则，积极向上正能量。

自律：自觉遵守规则，毋庸他人提醒；自我管理，独立担当，自省自强。

善良：宽容有爱，与人为善；能够站在他人的立场上思考问题和处理事情，主动为他人着想。

尊重：用客观的态度欣赏他人和多元文化，悦纳自我和本国文化；平等相待，有包容心。

合作：主动参与，善于沟通，乐于分享；不计较得失，有团队精神。

毅力：有服务社会的志向和抱负，持之以恒的付出和努力，面对困难不放弃的坚持和突破。

创新：对世界对未来有好奇心和探索精神，有丰富的想象力和创造力，面对变化和挑战能有智慧地应对和解决。

此外，经过十年的发展，如何提炼出七德已然存在的，达成共识的，为外人所感知的，凸现七德特质的，引领七德继续发展的学校精神/文化内核？即学校的精、气、神：内化于心，为精神；外化于行，为文化。

2023 年,经过全体师生共同参与、讨论,一次又一次的头脑激荡,最终达成共识"道知情怀　德行沧海",并立为七德校训。从"大海"意象的提出,到融入中国的哲学智慧,到七德的人文精神追求,这个讨论提炼过程是对七德近十年办学的积淀和追求,是对七德未来坚定的长期主义价值的共同回答。她指引七德人走向更广阔的世界、更长远的人生,建立七德人与万物大道、人间正道的知行合一,与自己、与他人、与社会,与"修身齐家治国平天下"中国文化的内在联结,是对"人之为人"终极关怀的七德回答!

"道知情怀　德行沧海"与"七德价值观"并不违和,而是不断自我超越!"七德价值观"指引七德人从"修身立己、待人达人、立业成事"三个维度攀登人生的"第一座山","道知情怀　德行沧海"则指引七德人不断自我超越,追寻"人之为人"的内在价值和生命意义,不只是"得",更信仰"舍";不只是"成功",更追求"奉献";不只是"我",更是"我们";七德人要成为社会进步的动力,要投身与国家、时代同频共振的人生沧海,要勇于攀登人生的"第二座山"!

为了更好地理解学校价值观在日常教育活动中的体现与渗透,下面以一个案例作为诠释。

案例 3－2

注重价值引领、智慧分享和多元文化的晨会

七德是 2014 年 9 月建成的,2014 学年在七宝中学过渡办学,因没有独立的场所,学生统一参加七宝中学每周一的升旗仪式。考虑到七德的课程教学、学生管理、教师构成与七宝有所不同,与七宝中学协调,每周五下午利用七宝中学的东二阶梯教室召开年级学生大会,主要涉及本周需要学生知晓的重要内容,或一些主题讨论/讲座等。当时周五下午的年级大会主要是美方校长和外教来策划和主持,因此会议语言主要为英文。

2015 年 9 月,学校搬迁至新校区,有独立的校区。由此,要不要举行周一晨会、晨会的主旨目标、晨会的语言使用、晨会的形式、外教要不要参加晨会等问题进入行政领导层的讨论议题。

要不要举行周一晨会? 根据《中华人民共和国国旗法》,全日制的中国学校每周一须举行升旗仪式。因此,中国的学校每周一都会举行升旗仪式,

升旗仪式也是中国学校进行德育的重要载体。外方合作学校通常是每天早晨的20分钟集会，主要用于重要信息的发布和告知，也会涵盖品德教育。基于法律层面的要求，以及中国学校的通行做法，包括对学生的品德教育需求，大家对于周一举行晨会没有异议。尽管有部分外教对参与晨会有异议，但也知晓毕竟在中国的一所学校工作，亦未强烈反对，每周一7:20全体教师须参加晨会，写入了教师工作合同。

晨会的主旨目标：中国学校的升旗仪式是德育的重要组成部分，通常涵盖如下内容：发布本周或近期重要活动，结合时政要求进行主题宣讲，开展表彰与批评，表达期许等。外方合作学校（纽约德怀特）师生人数比较少，也没有中国学校所固有的班集体，实行"导师制"和走班教学，每个学生课表都不同，大家聚在一起的时间几乎没有，学校的信息发布主要是通过邮件告知。因此，学校有一个传统，每天早晨7:30—7:50，所有老师和学生会聚在体育馆，听取学校发布和告知的一些重要事情或信息。作为中外合作学校，晨会既不可能完全照搬中国学校传统方式，也无法照搬外方合作学校模式，考虑到中西方学校学生聚会的共同目标是品德教育，于是晨会的第一个主旨是"价值引领"；同时，基于学校首届师生共同讨论形成的"七德"价值观，尤其是所有师生都一致认可的"七德"之一"创新"，我们希望作为全校师生共同参与的晨会，其中分享的内容对学校发展是有启发性的，因此晨会的第二个主旨是"智慧分享"；此外，七德的师生来自不同的国家和地区，也显现出不同的文化和认识，基于如何在七德既包容多元的文化和认识，又能在多元文化和认识的碰撞中形成多维度视角的考虑，因此晨会的第三个主旨是"多元文化"。

晨会的语言使用和形式。七德第一年在七宝中学过渡办学时，每周五下午的师生聚会和重要文件主要语言是英文。一方面因为召集人主要是外教，另一方面也是希望学生多使用英文，还有国际学校的工作语言通常为英文。会议形式也是相对自由、活泼的。对于每周一的晨会，语言是使用英文还是中文，形式是自由还是相对严肃的，中外团队的观点有所不同。中方团队认为：周一晨会涵盖升旗仪式，不是普通的聚会，形式应该比较严肃，语言应该使用中文。外方团队认为：若仅使用中文，外教听不懂，会认为参加晨会没有意义。形式若一本正经，会没有活力。双方都有道理，如何站在双方的立场上思考问题和解决问题? 经过讨论,大家达成共识,使用中英文表达。但考虑到时间的有限性,建议若说的是中文,配上英文 PPT 翻译;若说的是英文,配上中文 PPT 翻译。尽管准备会花更多时间,但能兼顾到中外双方教师的语言差异,帮助中外教师双方明白发言的内容,也是一件好事。此后,七德也形成一个惯例,凡重要的会议和文件,都用中英文双语表达。关于形式,中方团队坚持,晨会和升旗仪式是严肃的事情,应该严肃对待,不赞成外教团队所持的活泼自由形式。建议,周五下午的学生集会,形式可以不拘一格,以有助于目标的达成为依据。

透过晨会的定位和讨论,折射出:①立德立言,无问西东。对学生进行品德教育,是合作双方学校以及中外方教师的共同认识;②学校工作语言的使用,应该立足于学校的办学定位和工作的有效推进,不能拘泥于国际学校的通行做法,为兼顾中外教师的需求,尽可能使用双语表达;③如何站在对方的立场和理解上思考问题,应该是七德策划工作和解决问题的思维方式和工作方式。

三、怎样培养人,"七德"与"核心素养"有何关联

"七宝"与"德怀特"(音译)的首字,合成"七德",这太像是一份"天赐"的礼物。就词义而言已经是一种融合,"七"作为核心价值理念的数量,似乎也不多不少;而"德"以"Virtues"译出,代表了美德、德行、价值或长处。在西方的中小学,习惯于提炼出 5 个或以上数目的"关键词",来表达学校所推崇的价值理念。如澳大利亚圣梅尔天主教小学(St Mel's Catholic Primary School)提出的六大理念是:Trust(信任)、Co-operation(合作)、Love(爱心)、Faith(信仰)、Harmony(和谐)和 Respect(尊重);圣秀拉女子中学(St Ursula's College)提出的核心价值理念也是六个:Accept(接受)、Respect(尊重)、Unite(联合)、Act(行动)、Empower(赋权)和 Serve(服务)。我们注意到,从小学到中学,以上两校的核心价值理念有同、有异还有递进,"同"表现于小学和中学都有"尊重";"异"表现在其他五大理念都不相同;"递进"表现在小学是合作(Co-operation),中学则是联合(Unite)。作为一所中外合作办学的高中,七德提出了自己的七个核心价值理念,即正直(Integrity),自律

(Discipline)，善良（Kindness），尊重（Respect），合作（Cooperation），毅力（Tenacity），创新（Creativity），无论从形式还是内容上，抑或产生过程看，都体现了东西方文化价值的融合。

不少人问，这七种品质就是七德的核心价值吗？它们与当下普遍关注的"核心素养"是不是一回事？或者说，它们与核心素养是否具有内在的关联性？下面尝试做一些探讨。

（一）"七德"是学校价值系统的核心观念

"七德"所包含的是学校也是办学母体双方（七宝中学和德怀特学校）共同的价值追求。七德就构成而言，正直、自律、善良是修身、立己的要求；尊重、合作是待人、达人的要求；毅力、创新则是立业、成事的要求。这七种品质，作为七德价值理念系统的"顶层"，既是其 12 个字培养目标——"全球视野、中西融合、科文并举、精英气质"的核心内涵和灵魂，也要渗透于学校领导与管理、课程与教学、德育与成长、团队与教师发展等各个领域的工作与活动之中。

例如，"七德"要与 IB 课程的目标在价值意义上关联起来。IB 课程的十大素养，即致力于将学习者培养为"积极探究、知识渊博、勤于思考、善于交流、坚持原则、胸襟开阔、懂得关爱、勇于尝试、全面发展、及时反思"的人，这十大素养既体现了全人教育的理念，也是对 IB 学习者素养的核心要求。要培养能体现这十大素养的学习者，在中学后教育阶段，学术能力以及非认知因素（如学习策略、学术态度和行为等）相比知识内容而言，对学习者未来的人生有着更为重要的影响和推动作用。IB 课程强调在学习过程中培养学习者的 ATL 技能（思维能力、沟通能力、自我管理能力、社交能力和研究能力），从而发展学习者的认知能力、自我意识以及情感表达能力。IB 课程的理念加上 IB 课程的 ATL 技能，正是"七德"理念的具体化，也与核心素养产生了关联。

（二）"七德"包含必备品格也指向关键能力

"核心素养"是西方概念的中文译法。按原意，是"Key Competencies"。"Key"在英语中有"关键的""核心的""必不可少的"等含义。"Competencies"的词根含义是"竞争"，一般译为"胜任力"，也有人译为"能力"，我国一些译者，将其译成"素养"，加上"核心"就成了"核心素养"。"核心素养"最早出现在经济合作与发展组织（OECD，简称"经合组织"）和欧盟理事会的研究报告中。经合组织 1997 年启动了"素养的界定与遴选：理论和概念基础"（Definition and Selection of Competencies：Theoretical and Conceptual Foundations，DeSeCo）研究项目，此时"核心素养"一词并未直接出现。2003 年出版最终研究报告《核心素养促进成功的生活和健全的社会》（*Key Competencies for a Successful Life and a Well-Functioning Society*）时，则使用了该词。

欧盟在一个研究报告《知识经济时代的核心素养》（2002 年 3 月发布）中首次使用了"Key Competencies"这一概念，并认为"核心素养代表了一系列知识、技能和态度的集合，它们是可迁移的、多功能的，这些素养是每个人发展自我、融入社会及胜任工作所必需的"。2006 年 12 月，欧洲议会和欧盟理事会通过了关于核心素养的建议案《以核心素养促进终身学习》，其中提出的 8 项核心素养可从三个维度来归类，即：①人与工具：语言交流（母语、外语）、数学素养、科学素养、信息技术素养；②人与自己：学会学习、主动意识与创新精神；③人与社会：社会与公民素养、文化意识与表达。

总之，"七德"所包含的修身立己、待人达人、立业成事的品格要求，与包括 OECD、欧盟在内的多个核心素养标准体系都如出一辙，8 个核心素养标准体系中，有 5 个国家/地区/国际组织的核心素养标准都直接提出了创新/创造力培养问题，这也与"七德"的追求异曲同工。

（三）"七德"价值理念需要转化为实践能力

作为顶层的价值理念，其基本作用是对学校的教育和人的成长起导引作用，其自身不会变成学生的素养，这需要我们寻找发现一些可以起转化作用的"中介因素"，来保证我们的价值理想变为价值事实。

如 OECD 将核心素养区分为如下几类：自主的和反思性的行动；互动地使用工具；在异质社会中互动；批判性思维及反思。其中两次出现的关键词就是"互动"与"反思"，这表明，核心素养的精髓在于主体主动地行动，在行动中观察与反思，基于反思不断地重建行动。在这样一个连续的过程中，知识技能得以发现、理解和应用，能力得以不断增强，科学民主的精神和态度不断地得以强化和巩固，教育者所期待的那些美好的品格也就渐渐地变成了现实。

中国台湾提出了教育的三大素养，即①沟通互动：语言表达与符号运用、资讯科技与媒体、艺术欣赏与生活美学；②社会参与：公民责任与道德实践、人际关系与团队合作、国际理解与多元文化；③自主行动：身心健康与自我实现、系统思考与问题解决、规划执行与创新应变。芬兰以欧盟的核心素养框架为依据，提出七到九年级科学课程的七项核心素养：思考和学习、文化认同感和交流表达、安全生存、多学科与学科交叉、信息通信技术运用、工作和创业、参与构建可持续发展。这两个框架所表达的核心素养，都是"动感"十足、操作性极强。

四、小结：中外团队建设中的价值融合

对于一所学校，设置引领团队为之努力的愿景、使命、价值观非常重要。而对一所中外合作学校，不仅要构建学校的核心愿景，更要对愿景达成共同的认识，并转化为内心的认同和创造性地付诸实践工作。而要做到这一点，须从以下三方面努力。

首先是中外校长的共同愿景构建。这方面在选择外方校长时，就有过一个选择标准的讨论和思考，究竟是看重专业能力，还是看重对中国文化的认同和对中国生活的熟悉。改革开放以后，有大批外国朋友来到中国，有的来淘金，有的来猎奇，还有的只是走马观花，而七德的首任美方校长却是一个对中国非常友好且非常正直的中国朋友，虽然她对举办中外合作办学，特别是 IB 课程本身不熟悉，但她对中国的理解，一口流利的中国话，却深深折服了中方团队。作为想举办中外合作办学的中方团队来说，面临着困难的抉择，是从专业能力互补的角度重新选择一位有专业能力的外方校长作为助手，还是选择一个对中国文化有认同且熟悉，更有利于团队合作开展工作的外方校长？这是一个领导人选的抉择问题！最后选择了文化认同，因为一个热爱中国，有中国情结的美方校长更重要，而提升专业能力则是彼此未来共同面对的问题。这充分印证了中国的一句古话，"家和万事兴""人心齐泰山移"。

其次是核心领导层对共同愿景的理解、认同和实施。在前面的晨会案

例中，所揭示的是七德在诸多抉择以及部门工作、学校活动的策划中，如何将中国魂渗透于学校的方方面面，同时又积极吸取国外合作学校管理和 IB 课程的优势，实现基于中国魂的中外做法相互借鉴与融合之后的有机合一，从而生长出交融、碰撞、互通后内生发展的生命力。

案例 3-3

媒体对美方校长史儒宝采访实录

自 2022 年接过创校美方校长龙梅的接力棒以来，史儒宝（Robert Shields）以其独特的视角和深厚的教育背景，为七德注入了新的活力。史儒宝校长不仅具备深厚的国际教育背景和丰富的管理经验，更有着对教育事业的热情与执着。他致力于推动学校教育与国际接轨，引进国际先进的教育理念和教学方法，为师生们搭建更广阔的交流实践平台，引领学校迈向更高的国际化水平。

在本次访谈中，史儒宝校长就他对国际教育的独到见解以及在七德的管理、工作与生活经历进行了分享，并提及了对七德未来发展的相关规划。

感知世界的多元，孕育无限的可能

问：作为上海七宝德怀特高级中学的美方校长，您的教育理念是什么？您认为一位优秀的教育者应该具备哪些核心素养？

答：我的教育理念即学校的愿景——点燃每一个孩子的智慧火花，为人生奠定美好的基础。作为中美合作院校，我们的教育需要找到共同点。无论是中国的家庭、美国的家庭，还是世界任何一个地方的家庭，我认为点燃每个孩子智慧的火花是一个普适的概念。所有的孩子都有自己独特的火花，我们试图做的是从制度上支持每个孩子以各自的方式发展和成长。作为教育者，我很荣幸有机会参与到培养学生这一工作中。就核心素养而言，我认为教育者首先需要拥有团队精神，依靠团队的力量取得辉煌的成绩，这是一方面。其次也是最核心的，教育工作者需要以学生为中心。我们所做的每一个决定都是为了保障学生利益最大化，帮助年轻一代茁壮成长和发展。最后就是要有开放包容的思维。每个人接受的教育传统不同，生活背景不同，在合作工作时，作为教育者不要妄自尊大，而要以开放的心态，乐于

学习，乐于适应，这些都是至关重要的事情。

问：您认为学校管理者最重要的领导职责是什么？应该如何用思想引领学校？

答：第一，我认为最重要的领导职责是保持一贯性，确保学校有连贯的办事流程，有适当的系统，确保这一切都在每日有效运行，团队的成员都会意识到你正在积极参与到学校的各种事务中。第二，是有效沟通。找到有效的沟通方式，确保传达给学生、学校教职工的信息与传递给家长的信息是一致且有效的。让社区成员了解学校发生的一切事情。

问：在您的职业生涯中，有没有特别的教育经历或教育者对您的教育观念产生了积极的影响？

答：在这方面我非常幸运。如果说有一段教育经历让我受益匪浅，那一定是 20 世纪 90 年代，我在读大二的时候。当时我获得了一份奖学金，让我得以在欧洲进行为期一个夏天的学习研究。这段经历改变了我的人生。在那之前，我 19 年都生活在一个固定的地区，不太了解我所处环境以外的世界，这段经历让我意识到，除了我身边所经历的，世界上还有更多精彩、无限可能，远不止于此。那段经历让我第一次开阔视野，看到了美国之外更多的可能性。从那时起，我就开始积极寻找机会，以国际身份开启我的职业生涯。至于为什么投身教育工作，我认为这与我接触过的一位教授有关。斯坦福（Stanford）教授是我在佛罗里达大学攻读法学博士学位时结识的一位法学教授，曾任联邦检察官。他的神奇之处在于非常善于展示如何将教育理论应用于现实世界。我也一直在努力思考这一点，我十分渴望通过教育工作者的身份教导年轻人，如何利用所学知识应对现实世界。

问：您认为什么是真正优质的国际教育？其核心目标是什么？

答：当我思考什么是好的国际教育时，首先，我认为一定是国际交流的机会。如果我的学校没有给我创造去欧洲学习的机会，我的整个人生轨迹可能会非常不同。所以优质的国际教育，其中关键的组成部分一定是提供让学生与国际接轨的机会。这一点，也是七德做得非常好的地方。就在 2023 年，我们带学生去伦敦参加了德怀特大家庭的合唱节；2024 年 3 月也有学生在美国加州参加机器人竞赛；我们还曾把学生带到老挝参加一个教育交流项目，当地的国家电视台对此做了专题报道；我们有环境研究的老师，带学生前往马来西亚婆罗洲，花费近 10 天时间穿过雨林、珊瑚礁，体验环境科学的生活；就在 2024 年 2 月份，我们有 27 名学生作为德怀特全球合唱团的成员去往迪拜参加全球音乐节，感受那里的生活和文化。2024 年，我们还带领了 23 名学生前往美国开展大学和文化之旅。总而言之，让学生拥有这些国际交流机会，是国际教育必须拥有的基础。其次，优质的国际教育一定是包含教学团队的多样性。学校有来自中国、美国、英国、加拿大、法国、古巴、南非、希腊等 14 个不同国家的教师。对于学生来说，除了从课堂上获取老师提供的知识，接触多元文化和多样化的观点也是很有意义的。与来自世界各地的老师交流互动，不仅能够发展学生的知识和技能，还能丰富他们对于不同文化背景的理解。这一点也是极为关键的。最后，我认为拥有一个支持性、开放包容的社区也是非常重要的。德怀特学校在纽约、伦敦、首尔、迪拜、河内都有旗舰校园，还有一个德怀特全球云端学校。这些旗舰校为七德的孩子们创造了更多的发展机会。例如，如果我们有学生想学法语，虽然七德没有专职的法语老师，但他们可以借助德怀特全球网络在线学习，与世界各地学习法语的同学互动。这对于解决多样化的需求大有帮助。

立足行业发展前沿，培养未来社会人才

问：为实现育人目标，七德做出了哪些努力和创新性的尝试？

答：首先，学校每个班级的班导团队都付出了很多的努力。在孩子们正式踏进校园之前，我们的班导会在暑假期间拜访每个家庭，通过与他们交谈，了解每位孩子和家长，为他们进入校园打下良好的基础。学校的升学指导团队也会在学生进入校园之前与他们进行面谈，从一开始就明确他们的目标。即便学生还没有找到目标，这一环节也会有助于他们理解这个过程。此外，学校有一个名为"O'days"的开学迎新活动，这一活动是社区之间建立联系的绝佳机会。学生和老师之间、新老师之间可能互不相识，人们以陌生人的身份出现在彼此身边，但或许在三四天之后，他们就成了朋友。在七德平日的教学中，每个"院舍"都设有中外学生导师，他们与学生一起工作学习，确保学生们得到全面的照顾和支持。诸如此类的事情非常多，这一切的努力都是为了实现七德的育人目标。

问：为了达到学校的人才培养目标，您认为教师团队需要具备哪些基本

或关键的素养？

答：七德拥有经验丰富的教职员工，学校的教师队伍中有 20 名 IB 考官。所有的教职工都持有一个共同点，那就是渴望变得更好。在制度层面，学校进行了大量的投资，通过各种机制展开教师培训，支持教师发展。七德有一个教师导师计划，让教学经验相对较少的教师与资历深厚的教师搭档，由教师前辈指导新人，帮助他们成长和发展。学校还提供了丰富的发展资源，例如，七德大力支持教师参与 IB 培训，确保他们与 IB 发展保持同步。与此同时，学校也鼓励教师的个人发展，每位教师都可以就自己的专业方向申请培训，以提升他们在教学方面的实践。此外，七德还有专门的教师学习社区，各年级、各学科的教师们齐聚一堂，讨论对他们而言很重要的议题，分享学科实践，探索如何在课堂上更好地使用人工智能……我们所采取的一系列举措都是为了确保学校的教师始终处于教育行业最前沿。

问：您如何看待课程教育和课外教育的关系？学校将在哪些方面提供更多的实践机会？

答：我认为两者是紧密相连的，最好的课程教育都是在真实的环境中诞生的。例如，学校的商业管理教学团队为让学生亲身感受运营管理并开展实践，便带领学生前往两处风格迥异的生产线进行学习，一个是食品公司，一个是汽车公司，在那里学生可以看到产品生产、组装、运输、包装并发送至消费者的全流程。学校的教学团队让学生在实地考察中感受，而不单单是通过教科书学习运营管理。这些课内课外有机互动的实践广泛地融入了七德的教育系统。我们有大量的课外活动供学生参与，这些课外活动通常以两种方式直接与课程挂钩：一是技能，二是内容。例如，模拟联合国就是在技能层面培养了学生的批判性思维、沟通技能、演讲技能，这些技能是能够转化到其他课程中的；至于内容层面，像奥林匹克数学竞赛、经济学竞赛等，就是学生在课堂上学习的知识的进一步延伸。

问：您认为学校应该如何培养学生的各方面能力，使他们更好地适应未来社会的需求？

答：我认为这一点需要在课程设置和课外规划中得到优先考虑，各个学科部门在规划教学时需要优先考虑这个问题，积极思考如何将这些能力的生成通过课程教育付诸实现。首先，七德作为一所 IB 学校，我们非常看重思维能力。像 ToK(知识理论)这样的课程,我们会迫使学生思考平常之下的不同寻常,让他们善于发问,反复质疑。在人工智能时代,我认为这一点比以往任何时候都重要,因为我们培养的是未来的领导者。其次,七德非常重视培养真正的未来公民。我曾经看到过一组概念——简历美德与人生美德。一个人毕业于清华、斯坦福等名校,或是曾在腾讯、摩根士丹利等企业任职过都可视作简历美德,这是一种在市场上生存的技能;而人生美德通常被用来总结人的一生,关注的是这个人是什么样的人,他们做了什么。这与简历美德有很大不同。在我看来,拥有人生美德是至关重要的事情,学校也应该真切地关注这点。最后,七德价值观强调"正直、自律、善良、尊重、合作、毅力、创新"这七种美德,正是因为对于所有教育工作者来说,不仅要考核学生的分数,还要考核他们表现出的品质,这是一个需要得到重视的方面。

以教育的温度,滋养人的主体性

问:新时代数字化、人工智能快速发展的当下,如何更好把握国际学校未来的发展方向?您对学校未来发展有没有特定的目标或计划,以确保学校在教育领域保持领先地位?

答:作为身处人工智能时代的一名教育工作者,我认为必须关注两件事——经验和技能发展。当我在学习高中地理的时候,被要求在一张空白地图上填写每个国家及其首都的位置,我花了好几个小时去学习才变得擅长。而现在,每个人都可以在谷歌地图上快捷地检索出相关地区。于是我开始思考:这些年来,技术的发展对教育造成了什么影响?计算器、文字处理器等这些东西是如何演变而来的?我们是如何去应对的?教育工作者应该如何教育年轻人在未来的职业生涯中取得成功?他们需要具备哪些技能?我最终明白,人工智能是不能够取代人的。国际教育需要重视为学生提供广泛的经验,这是第一件事。就像我之前说的,把学生带到像迪拜这样的地方,与来自世界各地的学生聚集在一起,在音乐会或机器人项目或志愿慈善工作中共同工作和合作。这些都是非常人性化的体验,对年轻人的发展非常重要,同样也是人工智能无法赋予也无法拥有的东西。第二件事就是创新创造方面的技能。创新性是技能层面的优先事项,社会总是需要具有创意的问题解决者,无论是现实议题还是艺术创作,人类的审美意趣才是真正能打动人的。因此，这是我认为绝对值得强调的两个重点。

问：七德创新变革的源泉是什么，如何完成课程、师资、升学等方面的创新变革？

答：学校的创新源泉一是始于我们的教师，七德的教育团队总是致力于推动教育领域的发展。当有人敲我的门，探出他们的头说："嘿，看看这个。"我就知道有趣的事情要来了。例如，我们英语组的教师就在口语评估方面采取了一些创新尝试，他们利用人工智能来进行有机的口语评估，生成成绩单，减少课程规划时间，将更多时间集中在支持有个性化需求的学生身上。二是源于德怀特全球网络。我是德怀特人工智能任务组的联合主席，我们正在围绕人工智能教育，一个校园一个校园地探索：我们应该做的事情是什么？最佳的实践方式是什么？在这一过程中，最重要的创新来源就是能够与世界各地的同事合作。

最后是学科/年级负责人以及学校全体教师对学校愿景的理解、认同。学科/年级负责人和教师是最直接面向学生成长和学校具体工作落实的主体，对共同愿景的理解和实施决定着学校愿景能否落地生根。唯有对学校愿景认同，方能在自身的工作中创造性地寻找可以落实的切入点，实现学校共同愿景在具体学科教学、具体工作开展、具体活动实施过程中带有内化理解后的各具特性的实践。

为此，走融合教育的学校领导就始终需要将自己置于对话、反思、沟通、互动的状态。一是，永远要主动思考我想做什么，我为什么要去做，我可以怎么去做。二是，当有不同的认识、想法、做法，甚至冲突时，如何去了解、理解对方的想法和做法，甚至去找出对方合理的地方，以及思考谁的更为合理、科学，更吻合学校教师学生发展的需求。三是，寻找双方不同之处可以尝试结合的点，抛开各自固有的思维方式、理解方式和行动方式。四是，迈出第一步，允许错误，发现错误及时更正。五是，目标不是一蹴而就的，只要朝着认定的方向，任何事情都需要时间、耐心和机会。六是，双方需要学会妥协，妥协是为了更好地合作。七是，合作的前提是彼此的尊重，学会欣赏对方，包容对方，成就对方。合作双方不仅要有承担责任的勇气，也要有解决问题的智慧，这是合作办学经历了诸多磨合过程，在诸多融合过程中所形成的领导经验和坚持的处事准则。

第四章

知识的选择：统整式课程体系建设

2013年5月，《上海市教育委员会关于开展普通高中国际课程试点工作的通知》（以下简称《通知》）明确指出："进一步扩大教育对外开放，借鉴国际课程经验，深化高中课程改革"以及明确规定"开展中外融合课程试点。中外融合课程方案、课程计划及其教材须经审查，其中国家课程中的语文、政治、历史和地理四门课程应为必修课程"。

2019年，教育部印发《中小学教材管理办法》《学校选用境外教材管理办法》，再次明确：义务教育学校不得选用境外教材；普通高中除中外合作办学机构或项目、经省级教育行政部门批准开设的普通高中境外课程项目外不得选用境外教材。语文、政治、历史，不得开设境外课程，不得使用境外教材。

由此奠定了上海和全国"普通高中国际课程"建设的基本方向：借鉴国际课程经验、坚守中国教育主权。

课程设置是育人模式的基本环节，包括课程体系的架构、课程类型的选择和结构化、课程实施的路径和载体选择以及实施、评价、指导等主要环节。作为政府试点工作的普通高中开设国际课程，需要能体现"借鉴国际课程经验，深化高中课程改革"目标的清晰的课程方案。而中外合作办学，更要坚守中国的教育主权，彰显"合作办学"的课程特色。于是，中外融合课程成为中外合作办学的历史选择。七德基于"政策、平衡、多元、发展"等关键词理念，在统整式课程体系建设中进行了初步的尝试。

一、多元平衡的课程体系架构

(一) 中外融合:课程平衡的起点

课程是育人的重要载体,中外合作高中的课程体系该如何架构? 倘若完全采用中国课程或国外课程,就不需要中外合作办学。寻找合作伙伴之初,此问题就纳入议事日程。

1. 可以完全引入合作学校课程吗?

根据《中外合作办学条例》相关规定:"第三十条:中外合作办学机构应当按照中国对同级同类教育机构的要求开设关于宪法、法律、公民道德、国情等内容的课程。国家鼓励中外合作办学机构引进国内急需、在国际上具有先进性的课程和教材。第三十一条:中外合作办学机构根据需要,可以使用外国语言文字教学,但应当以普通话和规范汉字为基本教学语言文字。"中外合作高中须开设国家意识形态教育课程,如"政治";中外合作高中,可以开设国外课程,使用外语教学,但也应保留基于中文的课程和语言教学。也就是说,中外合作高中的课程架构,须进行中外课程融合。

此外,国外学校的课程设置,不是国家统一课程设置,每个州/省有自己的课程标准和纲要指导。同时,允许每所学校有自己的独特性,学校开设的课程比较自主。因此,若选择某一合作学校的课程,对于国际学生去申请国外大学,会存在较大的申请国家局限性。也就是说,中外合作高中课程架构,应以国际通行课程为主体比较适合。

2. 引入国际课程,哪种课程更吻合学校育人目标定位?

自 20 世纪 80 年代开始,国内陆续有外籍人员子女学校和一些公、民办学校开设和引入了 IB(PYP、MYP、DP)课程,英国 A-Level、PGA,美国 AP,加拿大 BC/安省课程以及澳大利亚、日本等国家课程。其中,就高中阶段而言,IBDP、A-Level、AP 三种课程采用的比较多。

(1) AP,全称 Advanced Placement,中文名称为大学先修课程。AP 课程及考试始于 1955 年,由美国大学理事会(College Board)主办,是在高中阶段开设的具有大学水平的课程,共有 22 个门类、37 个学科,每年 5 月举行考试。该项考试的目的在于使高中学生提前接触大学课程,完成一些美国大学的学分课程及考试。AP课程及考试可以为高中生起到减免大学学分、降低大学教育成本、缩短大学教育时间的目的，同时AP考试成绩可以作为申请大学的一个重要筹码。目前，已有40多个国家近3600所大学承认AP学分为其入学参考标准。

（2）A-Level，全称General Certificate of Education Advanced Level，中文名称为英国高中课程，它是英国的普通中等教育证书考试高级水平课程，也是英国学生的大学入学考试课程，学生选择3～4门课程作为大学入学考试课程。该课程体系的教学大纲、课程设置及其考试分别由英国四个主要考试局剑桥国际考试（Cambridge International Examinations，CIE）；牛津、剑桥和RSA考试局（Oxford Cambridge and RSA Examinations，OCR）；英国资格评估与认证联合会（Assessment and Qualifications Alliance，AQA）和英国爱德思国家职业学历与学术考试机构（Edexcel）等设计并组织，其权威性得到了国际上的广泛认可。迄今为止，全球已有5000多个教育机构开设了英国高中课程，A-Level课程一般在中国开设数学、进阶数学（或称高等数学）、物理、计算机学、会计学、商业学、经济学等课程供学生选择。

（3）IBDP，全称International Baccalaureate Diploma Programme，中文名称为国际文凭大学预科课程，是由国际文凭组织（IBO）为高中十一到十二年级学生设计的为期两年的课程。IB不以世界上任何一个国家的课程体系为基础而自成体系，广泛吸收了当代许多发达国家主流课程体系的优点，涵盖了其主要的核心内容。因此IB既具有与世界各国主流教育课程体系之间的兼容性，又有自己教育理念发展下的独特性。课程覆盖六个基础学科组领域（母语、语言习得、个人与社会、科学、数学和艺术），每一门课程又分为高级课程和标准课程，学生必须在这六个学科组中每组选一门课程进行学习，要包括三门高级课程，三门标准课程。此外，还有ToK（知识理论）、EE（拓展论文）和CAS（创新行动服务）三门核心课程。IB被全球教育界公认为是最富有挑战性、享有较高承认度和较高学业水准的课程。

从上述三种课程介绍来看，AP只是为在高中阶段学有余力的学生提供的大学先修课程，是建立在美国高中课程基础之上的补充课程，并非独立的高中课程体系。A-Level，作为英国大学入学考试课程，有其专业课程标准要求，但学生通常只选择自己所擅长或有兴趣的3～4门课程进行学习，就选择的宽广维度而言稍有些狭窄。IBDP 的课程要求，则兼顾全面性和差异性，以及关注学生的批判性思维、学术研究能力和服务创新意识的培养，包容母语语言文化的学习，且适应众多国家大学申请的需要。因此，七德基于学校的育人目标定位"全球视野、中西融合、科文并举、精英气质"，比较青睐于IBDP 课程。

3. 合作学校能否包容和期待"中西融合"的课程构想？

在寻找合作学校的过程中，不断接触到众多来自美国、加拿大、英国、澳大利亚等国家希望开展合作办学的学校。但在深入洽谈的过程中，不同学校的合作诉求有所不同，绝大多数学校是希望通过和中国学校的合作，获得办学利益，比如学费的分成，生源的输出等。真正希望通过合作办学，探索中西教育融合的，少之又少。绝大部分国外高中，从未想过需要和中国的优秀高中合作办学，探寻融合中西教育优势的学校模式，因为他们从未思考过中国教育有其值得借鉴之处。

通过上述三个问题的追问，对于中外合作办学的课程体系架构可以有以下思路：

第一，中外合作办学需要有中国核心课程。考虑到数学、科学、艺术等课程都是适用世界共同的符号语言，人文类课程较多承载着价值观、意识形态和文化的不同，中国核心课程可以是中国语言文学、历史、地理、政治等学科。

第二，IB 课程具有更开放和包容的课程构架，此外其 IB 十大素养、终身学习、全人教育理念、培养世界公民等价值观，与学校育人目标定位比较匹配。

第三，合作学校需要有开放合作、放眼世界的发展眼光，能够看到中西方教育的不同，敢于和愿意尝试未知的可能，有冒险精神。

（二）开放兼容：基于 IB 课程的本土开发

本书主要是基于学校的实践，从"怎么做"的角度进行的 IB 课程本土化的理解。因此，对于 IB 课程的介绍只提取主要的予以概述。

IB 课程植根于全球化、知识经济和信息化社会，注重培养学生的世界公民意识、社会责任感以及独立思辨能力，被称为"成熟的国际化的素质教育"

"高质量的国际教育"。培养勤学好学、知识渊博、富有爱心的年轻人,尊重和理解全球的多元文化,为开创更美好、更和平的世界贡献力量是其目标。

IB 课程并不是建立在某一主权国家的教育模式。它广泛吸收了世界各国的教育理念之精华,优化整合世界各国的课程优势,"它将机会最大化、包含大部分的人文精神和科学素养领域的法国模式以及提供大学 1—2 年级水平的深度的英国模式整合于一体"。① 其国际情怀、全人发展、终身学习的通用理念容易被接受和认同。也有人认为,IB 课程是国际教育的统一度量衡。

IB 课程自 1968 年设立,目前已在全球超过 150 个国家和地区,5 400 多所学校,开设面向 3~19 岁的 7 300 多个项目(DP、MYP、PYP、CP)。最初,IB 课程只在高中阶段开设,即 1968 年开设 DP 项目(大学预科项目,2 年,16~19 岁),后由于对师资和生源的苛刻要求,很多学校希望能从更低年级开始起步。慢慢地,1994 年开始出现 MYP(中学项目,5 年,11~16 岁),1997 年有了 PYP(小学项目,5 年,3~12 岁),2014 年增设了 CP(职业规划项目,2 年,16~19 岁)。

其中,DP 项目是为 16~19 岁年龄段学生设计,要求严格的大学预科课程。它是一套基础面较宽的两年制课程,旨在鼓励学生成为"积极探索、知识渊博、勤于思考、善于交流、坚持原则、胸襟开阔、懂得关爱、勇于尝试、全面发展、及时反思"的年轻人。

DP 项目包括 6 个学术领域(母语、语言习得、个人与社会、科学、数学、艺术)。学生应在 6 个学术领域的每一个领域中各选修一门学科,但也可以从第 1—5 学科组中加选一门来替代第 6 学科组中的一门学科。一般来说,他们应选修 3 门(最多不超过 4 门)高级课程(HL),其余则选修标准课程(SL)。国际文凭组织建议高级课程的教学时间为 240 个学时,标准课程为 150 个学时。与标准课程相比,各学科高级课程的学习内容更具深度和广度。高级课程和标准课程都要培养多种能力,尤其是批判性思维和分析能力。

DP 项目还包括三门核心课程,其中的知识理论(ToK)鼓励学生思考知识的本质,对所有学科的学习过程进行反思,并在它们之间建立联系。专题

---

① 徐鹏,夏惠贤,陈法宝.IB 国际课程:理念与行动[J].外国中小学教育,2015(2):54-58.

论文(EE)的写作,要求学生能够对一个自己选定并特别感兴趣的课题进行探究,篇幅不超过 4 000 个英文单词,通过撰写专题论文促使学生逐步掌握在大学的学习中所需要的独立研究技能。创造、行动与服务(CAS)则鼓励学生通过参加一系列艺术、体育和服务活动,投身社会学习。

　　基于对 DP 项目的介绍,可以发现:IB 课程作为一种国际通行课程,其特点就在于能够和各个国家相结合,普适性是其课程的特点和优势。此外,其课程整体架构和设计带有一定的弹性化和抽象性。在某种意义上,IB 课程提供的更是一种可操作的标准以及与课程标准相匹配的一套培训模式和配套评价系统,其独立性和兼容性是其在各种国际课程中执牛耳的法宝。由于其留出的空间和余地较大,某种程度上给机构设置类的国际合作办学提供了一个地方民族性文化和传统的融入和整合的可能。中外合作办学的机构类设置是两个办学机构之间的合作办学,不同于一般的"国际班""国际部",其区别就在于是以独立学校存在的"中外合作办学"。这注定,七德的课程架构和设置需要站在学校文化的角度,与上述以班、部、项目等形式的国际课程的引入、移植甚至转化有所不同,七德的课程建设必须是基于 IB 课程的本土开发。

(三) 优势互补:互渗融通的课程架构

　　IBDP 的课程架构非常合理,既关注学生的学科平衡,又关注学生的学术差异和志趣爱好,同时又注重批判性思维、独立研究技能和社会服务创新意识的培养。因此,七德的课程架构,充分吸收了 IBDP 课程框架的优势,并合理地把国家核心课程(语文、历史、地理、政治)纳入课程框架,形成"基础-学术必修"类课程。此外,为了帮助学生拓宽兴趣爱好、学术视野或延伸在某一领域的研究深度,学校又逐步构建起"拓展-元素选修"类课程。此外,学校还逐步建构起培养学生综合实践和社会情感能力的"春日/冬日/德怀特/全球项目"类课程,既是对校内"基础-学术必修""拓展-元素选修"课程学习能力培养的校外支持与补充,也是建立人与人、校内与校外、必修与选修、学术与兴趣、基础与拓展、知与行、知识技能价值观的内在关联。

　　1.″基础-学术必修″类课程

　　该类课程包括语言与文学研究、语言习得、个体与社会、科学、数学以及艺术六个板块，加上专题论文、知识理论以及创新、行动与服务的三门核心课程（见图 4-1）。其中，第一组"语言与文学研究"，开设中文 A 文学 HL/SL、中文 A 语言与文学 HL/SL，探索 IBDP 中文教学与上海高中语文教学的整合。第二组"语言习得"，开设英文 A HL/SL、英文 B HL/SL、中文 B（国际学生）、法语 SL 等。第三组"个体与社会"，开设国家核心课程（历史、地理、政治），融入 IB 理念教学，作为学校荣誉课程。开设经济学 HL/SL、商务管理 HL/SL、心理学 SL 等 IB 课程。第四组"科学"，开设物理 HL/SL、化学 HL/SL、生物 HL/SL、环境系统与社会 HL/SL、计算机科学 HL/SL 等。第五组"数学"，开设数学分析与方法 HL/SL、数学应用与解释 SL，立足中方教师双语教学，做强优势学科。第六组"艺术"，开设音乐 HL/SL、戏剧 HL/SL、视觉艺术 HL/SL、电影 HL/SL 等。此外，针对一些特殊需求的学生，可共享德怀特全球的在线课程资源，如电影、哲学、西班牙语、法语等。

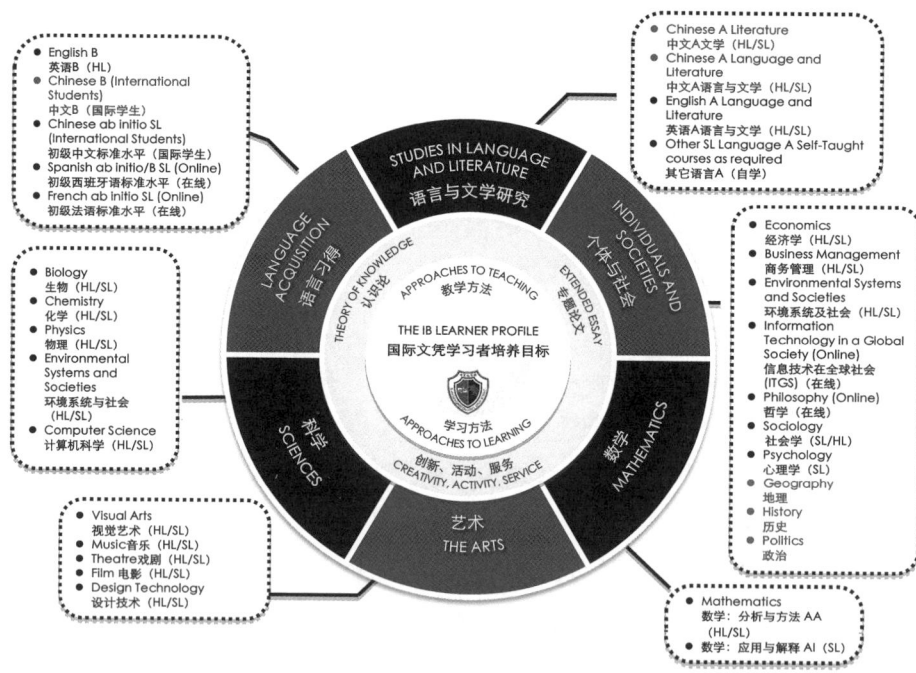

图 4-1 "基础-学术必修"课程（2024 学年）

2."拓展-元素选修"类课程

多姿多彩的"金木水火土风"六大元素选修课程是七德课程文化多元性的重要补充,"拓展-元素选修"课由本校或兼职教师根据自己的专业特长和兴趣爱好开设(见图4-2)。所有选修课都有完善的课程大纲和考核评估,帮助学生丰富拓展视野或延伸学术研究。在选修课的分类中,我们突出六大元素的象征意义,从而将"七德"价值观落实到具体的课程建设之中。

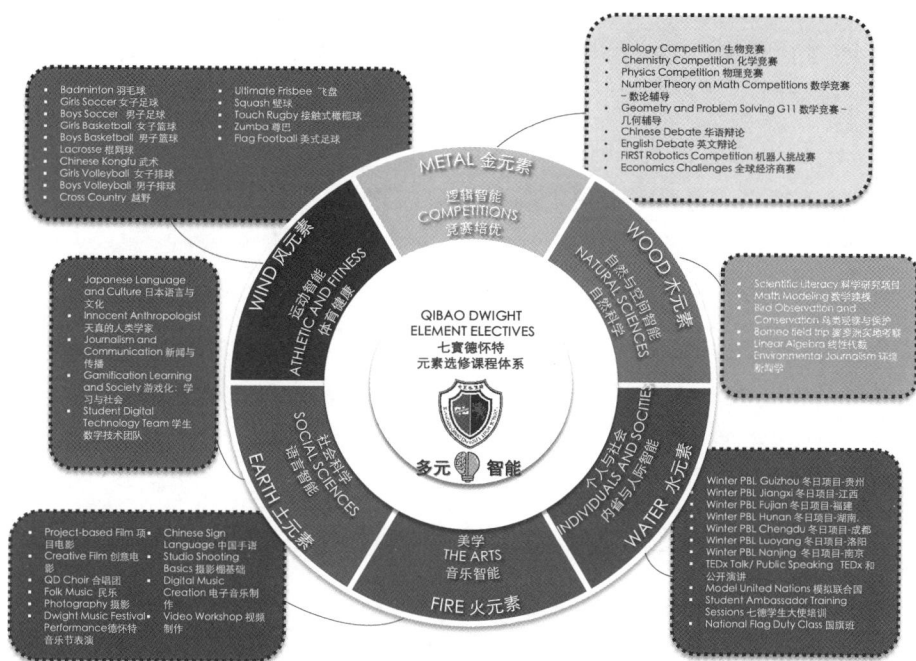

图4-2 "拓展-元素选修"课程(2024学年)

金:坚毅挑战/竞赛。 在五行之中,金代表着变革和坚毅。在比赛前不断练习,在竞赛中不断磨练,都是为了遇见更好的自己,看见自我的蜕变。七德希望为学生提供挑战自我的舞台,在竞赛中培养更多技能,激发自己的潜能。竞赛类选修课存在预选机制,只有达到一定准入标准后方可加入。

木:向上伸长/自然科学。 泉涓涓而始流,木欣欣以向荣。七德希望培养学生用理性、逻辑和思辨的视角去观察世界,尊重事实,服从真理。鼓励学生提高自然科学专业深度,触类旁通,开发学术广度。

水:流动汇聚/个人与社会。 不积小流,无以成江海。社会发展时刻牵系着个人际遇的起伏跌宕,个人成长也终将汇聚成一个个社会的群体效应。七德希望学生从自身兴趣出发,拥有全球视野,以本土社区为支点,不断探寻自我实现。

火:激情热烈/艺术。 每个人心中都有一把激情之火。七德希望艺术选修课能够点燃学生们对生活的激情,通过掌握技术去创造和感悟,努力帮助学生寻找到表达自我的艺术方式。

土:融合载物/人文社科。《国语·郑语》中记载:"土与金、木、水、火杂,以成百物。"因能承载万物,土自古被视作一切的根基。七德希望培养学生认知人文交织的长卷大幅,但非止步于求真探索的步伐。通过对不同国家语言文化的学习,达到跨文化之间的交流;通过对现代社会活动的实践,成为行动上的巨人。

风:动感活力/体育健身。 风取自古希腊元素,代表着生命的气息。风这个元素也代表了七德的运动精神,学生可以体味赛场上的畅快淋漓,品尝团队里的精诚合作;践行全力拼搏、坚持到底、尊重对手的体育精神。

案例 4-1

以音乐特长,终获伯克利音乐学院录取

个人信息:小潘同学(2021届毕业生)

CAS:校合唱团钢琴伴奏、QD音乐工作室社长、Queens&Defenders乐队键盘手、哔哩哔哩(Bilibili)视频网站up主、BIFSC柏林国际电影配乐大赛

录取:伯克利音乐学院、约翰霍普金斯大学-皮博迪音乐学院、加州艺术学院、旧金山音乐学院、洛杉矶音乐学院、芝加哥哥伦比亚学院、辛辛那提大学

"英皇演奏级是什么? 钢琴考级不是有十级吗?"

不学钢琴的同学可能云里雾里,其实英皇演奏级是英国皇家音乐学院联合委员会音乐考级,八级是最高级别,演奏难度等同于国内十级水平。但是,英皇考级对考生综合音乐素养的要求更加全面,除了曲目演奏,还要考音阶琶音(分解和弦)、听力、视奏。这就意味着,一位优秀的英皇八级考生

具备完整而深刻的音乐理论知识，可以胜任高水平学生乐团或一般业余乐团演奏员角色，甚至可以承担小型的独奏音乐会。

自从带着这样的音乐优势进入七德，小潘同学选择 IB 音乐高级课程成为一件顺理成章的事。但是，想获取 IB 全科文凭既要兼顾六门学科，还有 EE(4 000 字拓展论文)、ToK(知识理论)、CAS(创新/活动/服务)，这一切对于需要大量时间专注于音乐的小潘同学来说，不能说不繁重。于是在高二，他决定选择 IB 单科。他很感谢七德给予他选择的机会，这让他拥有了更多属于自己的时间去钻研音乐。提及 IB 课程学习，小潘同学表示最大的困难其实在语言上，他时常只知晓术语的中文意思，而不能理解英文。但也许音乐不需要过多语言来辅助理解，因为音乐本身就是一种世界性的语言。

IB 课程音乐老师古拉夫·比斯瓦斯(Gourav Biswas)盛赞他是自己职业生涯中见过的"最优秀的学生"之一："他的天赋毋庸置疑，但更令人印象深刻的是，他能持续稳定地创作高水准作品，擅长创意又准时地完成形式多样的任务。这种自律和勤奋是现代音乐产业所必需的关键素养。"

对于未来想要学习音乐的学弟学妹，他建议：IB 课程的音乐 HL 拥有多元化的内容，主要包括论文与演奏，如果不擅长演奏而只是希望学习作曲方面，可能会感到吃力。"艺术学科的学习不同于其他学科，IB 分数和 SL/HL 标准并不能完全衡量出学生的艺术造诣，大家可以结合自己的需求谨慎考虑。"

在学习 IB 音乐期间，他还为学弟学妹们撰写了一本《七德音乐指南》。因为 IB 音乐大纲的改动，他希望这本书可以让以后的音乐学子在进入新大纲的学习之前，打好基础、明确未来的学习方向。

从"零"开始学编曲

幼年起学习钢琴的经历为小潘同学学习 IB 音乐夯实了基础。从小到大，他一心只想进入钢琴系，继续深造钢琴演奏。然而，一个视频改变了他的人生理想。

2020 年，他偶然看到一位音乐人在访谈中讲述了自己的作品与和声的故事，燃起了他对音乐创作的憧憬："我一直都在弹奏别人的作品，为什么不能创作自己的作品呢？"想法一旦萌芽，就一发不可收拾。小潘同学开始上网寻找教学资源，并寻求专业人士的帮助，不断练习、不断实践、不断精进，甚至在哔哩哔哩视频网站上成为小有名气的 Up 主。他会花费一个多星期的时间，为一部原创微电影配乐，并参加柏林国际电影配乐大赛；也会为了学校在德怀特全球音乐会上的演奏作品《Semente》改编、配器而废寝忘食。在 18 岁生日到来前夕，他还谱写了一首管弦乐《Hello, New World》送给即将成年的自己，这也是作为作曲学习历程年度总结的第一首曲子。它整体风格轻快，带给人充满希望的感觉，为此还邀请了布达佩斯乐团演奏。

"煎熬"的申请季

说起申请季，小潘同学如许多同学一般直呼："我太难了！"他说，由于英文不够好，最难的就是写文书。每所大学都需要写两三篇文书，如果申请了十所学校，就要写二三十篇，令他非常头疼。更难的是，有些大学会问一些很"奇怪"的问题，比如说："动物是你们学校的吉祥物，你能用动物来联系一些你的生活经历，聊一聊对你产生了什么影响吗？"如何在回答中，把申请专业联系到自己的文书故事，令他绞尽脑汁。

尽管过程充满挑战，但他最终的大学录取结果非常亮眼——伯克利音乐学院、约翰霍普金斯大学-皮博迪音乐学院、加州艺术学院、旧金山音乐学院、洛杉矶音乐学院等顶尖院校都向他抛来了橄榄枝，甚至其中许多学校慷慨地提供了全额奖学金或半额奖学金，这是对他音乐才能的肯定。

的确，小潘同学的音乐天赋不可否认，但是真正让他被认可的是持之以恒追求音乐梦想的毅力、年复一年日复一日枯燥练习的自律，以及不断学习不断创作的创新。正如他的升学指导露西(Lucy)老师所说："他参与了几乎每一场与音乐有关的活动，从中学习，收获成长。音乐是他的空气，是他的生命。好的申请结果是他多年努力投入后取得的硕果。"

未来，小潘同学打算追寻他的新梦想，就读伯克利音乐学院，主修电影配乐；然后辅修两门学科：游戏配乐与爵士作曲。

3. "春日/冬日/德怀特/全球"项目类课程

在十多年的发展过程中，七德开发了关注综合实践，人与人，社会与情感能力培养，融学科拓展、课外活动、家校协作于一体的春日/冬日/德怀特/

全球项目类课程。

（1）"春日职业体验项目"（见表4-1）。该项目课程以职业体验为载体，将课外活动与学科知识相结合。家庭通过家长工作会议、校园新闻简报、问卷调查等形式积极获取学校与学生的发展需求，并通过家委会与学校取得联系，提供社会、企业、高校的优质教育资源。家庭及学校所属的社区也积极提供周边的社会资源，为学生提供更多学习体验机会，增强他们的社区归属感和社会责任感。"春日项目"始于"家长讲堂"系列中的家长职业论坛分享会。拥有不同职业生涯轨迹的家长受邀到学校为同学们讲述不同职业领域的职场经验与心得，帮助学生提前认知自我、做好职业生涯规划。然而，一次的聆听并不能让学生对一份职业有深入的感知。因此，自2023年起学校连同家委会一同策划，将职业论坛升级为"春日职业体验项目"。家委会发动全体家长积极报名家长导师，每年为学校提供近50条不同的职业体验线路。2024年"春日职业体验项目"涉及8个行业、46家单位，几乎涵盖了所

表4-1 春日职业体验项目（2024学年）

医疗/医药	上海市闵行区申鑫社区卫生服务中心	工业/制造业	巴特勒（上海）有限公司
	上海艾力斯医药科技股份有限公司		江南造船厂
	上海嘉会国际医院		上海矶野新材料
	中惠医疗		西门子中国有限公司
	上海原能细胞医学技术有限公司	金融/房产	招商银行上海分行私银中心
	上海电气/西门子医疗		上海先原安家信息科技公司
	上海长征富民金山制药有限公司	数字媒体	华扬联众数字技术
	上海煦洋健康德达医院康复科		上海国际传媒港
学校/教育	复旦大学药学院	科技	上海梦创双杨数据科技股份有限公司
	华东理工大学		上海华为研究所
	同济大学材料工程学院		上海核工程研究设计院
	同济大学汽车学院+上汽大众		燧原科技+AMD芯片
	上海凯达职业技能培训学校		芯驰科技
	上海市闵行区启智学校		商汤科技+大型社区
	上海师范大学音乐科技系		上海翰萨智能科技有限公司
	上海大学音乐学院		中兴通讯
	上海大学材料实验室		
艺术	上海晶致琉璃艺术品有限公司	文旅	上海植物园
	常熟评弹团		上海动物园
	徐汇区枫林街道文化中心		上海广富林遗址公园
	传统土布文化体验与制作工作坊		上海今潮8弄项目
	上海辰山植物园		上海奉贤吴房村
	上海松林食品有限公司		上海浦东星河湾大酒店

有的 IB/A-Level 相关学科，目的地分布在上海各区县及周边省市。对于一些没有提供线路但主动帮忙带队的家长，则会转而担任家长志愿者，协助家长导师开展项目策划。学生须基于自己的兴趣和专业选择一条线路，每条线路由跨年级的 6～8 位学生组成，除了家长导师之外，学校还为每条线路分配一名具有学科关联的老师带队。接着，学生还需以小组为单位完成对企业的行前调查报告并提出互动问题，这些问题将通过家长导师直接传递给受访企业，而企业则据此做出特别准备或回应。同时，学生小组内还需进行分工，就出行当日的交通、餐饮、媒体宣传、安全事项等作出计划方案和角色分工。项目完成后，每个小组还将完成媒体宣传、成果展示汇报等收官环节，并为企业送上感谢信和体验反馈。"春日职业体验项目"让家长有机会担任导师或志愿者策划教学相关活动，通过家校社整合教育资源以及为学生提供个性化的职业发展支持，使得学生在学业、社交、职业规划等方面均得到锻炼和成长。

（2）"冬日寻根研学项目"。七德自 2019 年起，就以学校为圆心，以校内师生家长资源为纽带，正式推出了面向十年级学生必修的"冬日寻根研学项目"。项目推出五年来，足迹遍布中国各地。有：去湖南湘西追随沈从文的文学之路，去四川感受都江堰工程中的硬核科技，去景德镇做一回景漂并体验陶瓷工艺，去河南感受中原地貌并助力乡村慈善扶贫，在贵州体验苗寨风情并踢一场村超球赛……该项目作为基于 PBL（Project-Based Learning）项目式学习课程，是七德课程体系在课堂外的延伸，最初由本校学科老师团队自主设计研发，随着项目的开展，家长、社会资源、当地政府也都陆续加入其中。

以河南线路为例，线路原本聚焦于中原地理考察、河南洛阳石窟文化，而家长和当地政府的加入，让这条线路增加了慈善、医疗、经济助农等丰富的学习体验元素，连续两年高居校内"爆款线路"榜首。2023 年暑假，带队老师在对线路进行考察途中路过了岔里村，当地的留守老人和儿童的生活现状触动了老师，并决心在项目实施过程中为此停留半天。老师的善良也得到了学校、家长的呼应。在 2023 年 11 月（七德传统的感恩月），家校社三方协力发起了一次特殊的慈善行动：家委会骨干成员充当家长导师，与学校联合进行组织策划，并设立了家长专用爱心捐赠账户；全校热心家长积极报名志愿者工作，并设计了海报及文创产品；学校负责统筹分配家长志愿者、制作感恩证书、接洽物流包装等。在捐赠过程中，村里表示当地教育和医疗资源也奇缺，于是学生纷纷捐赠图书组建乡村图书馆，医疗系统的家长纷纷捐赠医疗包并送去了医疗知识课程。当项目行进到2024年时，参与的师生家长已经不满足于"送进去"，还想方设法"授之以渔"让当地的农产品"走出来"。为培养学生的领导力，第二轮项目由学生自主对接当地村委会，先后组织了媒体宣传、线下试吃会、线上团购群等活动，志愿者角色也全部由学生担任。学校和家长导师则退居幕后，为物流、仓储等复杂工作托底。这样一个年年滚动的项目，不仅让学生得到了成长和锻炼，也让城市家长资源和乡村农业资源"活"了起来，更让学校、家庭以及社会各界的心"热"了起来。

与河南线路的主题持续拓展不同，贵州线路则在三年的实施过程中实现了线路主题的迭代升级，老牌线路每年都迸发出新鲜活力。2019年贵州线路1.0聚焦科技主题，参观中国天眼了解射电天文学的基本知识，近距离接触前沿科技，感受创新氛围。2023年来自贵州的十一年级学生小马同学申请担任学生导师和带队老师联合策划项目，在贵州线路2.0中融入了红色主题教育、王阳明哲学悟道、苗寨历史文化等具有贵州特色的元素。小马家长也主动请缨担任家长导师，广泛汇聚贵州当地的社会资源，邀请了众多学术权威来为学生做讲座，在为期五天的当地行走活动中，家长也是以导师兼志愿者的角色全程陪伴，让贵州之行有了深入的沉浸式体验。当年恰逢贵州"村BA、村超"火出圈，项目也结下了七德与贵州榕江的情谊，为贵州线路的3.0体育版升级埋下伏笔。七德一直很重视校园体育文化的建设，因此学校也在项目结束后继续挖掘贵州当地的体育资源，拓展冬日线路的内涵。2024年6月，七德十周年校庆之际，由贵州省榕江县副县长带队的榕江二中足球队与七德学生球队开展了精彩绝伦的"班超"友谊赛。7月七德行政团队又远赴榕江县，在徐县长和教育局的见证下，学校与榕江县教育局签署《校地合作框架协议》。2024年冬日贵州线路3.0则以足球文化与"村超"精神为媒介，架起友谊桥梁，深度开展两地师生和社区之间的交往、交流、交融。通过冬日项目及后续的持续交流，我们期待七德学生能够不断传承和作为志愿者担任文化交流的桥梁，为当地社区和政府贡献自己力所能及的力量。

（3）德怀特全球项目。七德一直致力于为学生提供全球化教育，凭借七宝中学教育集团和德怀特全球校区资源优势，除了课堂学习资源之外，学校每年向学生提供大量的国内外大赛、交流和拓展项目机会，促进多元文化交流、增强综合素养、扩展国际视野，培养世界公民意识。

● **德怀特全球校区交换生项目。**德怀特全球共有六个校区，学生有机会在另一个国家/地区的校区学习和生活三个月或一整年的时间，从而来了解其他国家/地区的文化。这培育了他们的世界观，加深了他们的跨文化理解，为成为有见识、有思想的全球领导人做好准备，并激励了他们为这个世界的发展做出积极的改变。交换生项目中，各个学校的要求与提供的机会各不相同，而每段交流经历都是由学生个人、其目前所在的德怀特学校和东道国学校之间定制安排的。七德的学生在十年级，可以申请赴纽约、伦敦、首尔校区进行为期3~4个月的短期学习。

● **德怀特全球项目比赛。**德怀特在2023年启动了德怀特全球Spark Athon活动，全球校区的六到十二年级的学生要共同参与到一场48小时设计挑战赛中，旨在解决一个迫切的全球问题，并为德怀特学生在课堂之外磨练创业和解决问题的技能提供了机会。首届挑战赛与致力于保护海洋及其野生动物的全球非营利组织——海洋保护协会合作，要求学生应用他们的创造力，为解决塑料污染危机提出创新性解决方案，最终会从不同校区孩子的作品中选出获胜的作品发送给投资人，而被选中的作品则有可能会被投入实际的研发。这样的活动经历使学生得以面对真实的世界与真实的环境，培养从实际出发解决问题的能力。

● **德怀特全球音乐会。**德怀特在6个校区所在地轮流举办一年一度的全球音乐会，为学生提供访问其他校园和国家的机会，并进行为期一周的合作、排练和练习。音乐表演类型丰富，从独唱到合奏到全校性的管弦乐队，以及不同的音乐类型，从古典、流行、摇滚和爵士到中国和韩国乐器演奏的传统音乐。每年，全球音乐会都有一个不同的主题，这使全球社区能够团结起来，共同筹备音乐节目。2019年，在上海音乐厅举办了德怀特全球音乐会。与会者除了欣赏来自世界各地的音乐选段外，还欣赏了中国传统舞蹈表演，以庆祝"Music of Spring"（春之音乐）。2021年首尔德怀特学校以虚拟方式举办了主题为"Listen to the Music"的音乐会，各校区都提交了在本校区拍摄的表演视频，随后举行了"Souls in Harmony"现场活动，以庆祝首尔德怀特学校的十周年庆典。2023年，德怀特在纽约标志性的林肯中心爵士乐社——弗雷德里克玫瑰大厅举行了"New Horizons"音乐会及德怀特150周年庆典。全球音乐会的开展不仅为学生提供了展现音乐天赋的机会，也为全球校区的交流与合作铺设了路径。

● **德怀特伦敦合唱节。**除了全球音乐会以外，德怀特还组织了伦敦合唱节活动。活动在10月一个全球假日举行，来自全球校区的学生都要到伦敦去参与表演以庆祝节日。学生们会以合唱团的形式参与进来，在8—10月进行排练，并在伦敦进行一个星期左右的项目活动，该项目除了合唱还有晚餐会、游戏会等一系列的活动，这使学生们能够有机会在校园中进行互动，增加多元化的体验与理解。七德的学生虽然与德怀特伦敦和德怀特纽约等全球校区的学生有着不同的文化和语言，但是音乐作为沟通的媒介却可以直达人心，通过音乐的力量跨越国籍与学校，用行动践行对音乐的热爱，在这里所有孩子都只是热爱音乐的孩子。

德怀特全球资源的共享和活动项目开展，不仅使学生获得了知识和技能，还接触到了不同的文化、思维方式和观念，培养了他们的国际视野、民族情怀和家国天下，也使学生在国际舞台上逐步练就全球竞争力，锻炼了他们成为世界公民和未来领导者的能力。

二、关注思维与表达的课程实施

伴随着全球化、信息技术、人工智能的高度发展，过去的以"知识中心"为主的课程实施一定会淡出舞台，关注"全人教育"和"终身学习"的课程实施一定会占据核心，教育应该更好地培养孩子去适应未来的需要。

七德在理解和坚守中国教育特色和传统文化的基础上进行了中西融合的课程构架和实施。第一，基于IB课程的框架、理念、评估方法，与国家核心课程"语文、历史、地理、政治"进行了有机融合和构架，并构建起"金木水火土风"六大元素选修课程体系和项目课程体系，形成了助力于点燃每一个孩子智慧火花的"学术课程-选修课程-项目课程"三类课程体系。第二，在课程实施过程中，注重学科教研和学习社区建设，引导和指导中教了解和学习运用IB教育理念和以学生为中心的ATT（Approaches to Teaching）/ATL

（Approaches to Learning）教学方法，外教了解和参与融入中国学校非常重视的学科教研活动。在融合和创新中，凸显课程实施的现代性和探究性，培养学生的全球意识、对多元文化的理解力、对人与世界的好奇心、想象力、批判性思维和合作沟通表达能力。

（一）注重问题探究

传统的课堂比较关注知识，当然学习和记忆知识是学生学习的重要方面和基础，但学习和记忆知识不是学生学习的根本目的。

伴随信息技术和 AI 的快速发展，知识壁垒逐渐被削减，学生并非需要通过课堂去获取知识。学生倘若对某一领域知识感兴趣，完全可以借助于互联网和 AI 轻而易举地获取该领域完整且系统的知识体系，甚至该领域最权威的最新的学术研究成果。因此，对于网络时代的学生，传统的线性的以传播知识为主的"教师讲学生听"的课堂，已经很难满足"网生代"学生的学习需求。

课堂不仅仅要传播知识，更应该激发点燃学生的好奇心，指引学生学会思考和学会选择。

因此，在七德的课堂，老师更像一位主持人或教练，不一定去讲很多通过阅读就可以获得的知识内容，也不一定要求学生去回答考核很多知识性问题，更多的是围绕教学目标，精心地设计多种形式的课堂教学活动，比如：以小组为单位的讨论、演讲、表演、探究、检索信息、制作海报等，促使学生提前大量阅读相关资料，分析思考提炼呈现，旨在推动学生自己来发现问题、寻找解决问题的答案和依据，这个过程就是促使学生主动阅读、深度思辨、分工合作和逻辑表达的过程。一次围绕教学目标精心设计、大家积极参与的课堂讨论，更能促使学生的思维沉浸在不同角度的思考中，更能促使学生参与不同维度不同层面的思维对话，这对于学生思维结构化的建立、独立思考的能力、学会倾听的能力、心智情感的生长、口头与书面表达的逻辑化更有成效。课堂中呈现的是一种相互对话与反复质询的交互生长机制。表 4-2 正是一项代表性项目课程实施方案。图 4-3 为一项思维导图作业。

表 4-2　学术季-项目课程实施方案

项目名称	学术季校外拓展项目(G10、G11 南京 2 日)		
时间	2 天	地点	南京
项目意义	"科文并举、中西融合"是七德育人体系的核心目标,培养兼有爱国情怀与国际视野的优秀青年亦是老师、家长们的共同心愿。 值此春暖花开的"学术季",拟组织全体十、十一年级学生赴古都南京进行为期 2 日的校外拓展活动。此次活动旨在将校内的知识习得与校外的实践探究相衔接,以丰富新颖的活动内容,让学生在探索求知中不断纵横拓展,全面提升求知技能与人文素养,体验学术探究之乐趣,深度感受中华历史文化之精华		
项目执行	1. 分组:以 CAS 导师小组为单位 2. 任务分配:由导师与学生商议决定 　　宗旨:让学生尝试承担不同岗位工作 3. 流程梗概: 小组选题—制订计划—导师审批—项目执行—项目反思—报告发表—晨会分享 4. 具体要求: -从 CAS 和学术双重维度出发,制定项目目标 -确定呈现方式 -讨论确定各角色职责 -遵守项目规则: 　每位学生的开支限制在 200 元以内。 　所有费用必须通过正式收据进行验证。费用包含晚餐。 　需要照片或视频作为实现目标的凭据。 5. 时间表 4 月 20 日　完成表格 A 5 月 4 日　　完成表格 B 和 C 5 月 11 日　完成项目报告 5 月底　　　晨会分享 各年级的前两名组成队伍 6. 评选和奖励(各奖励 1 个院舍积分),晨会进行颁奖 -学术最佳 -反思最佳 -艺术/创意最佳 -经济高效		
行程安排	略		

倒叙手法

大众形象代言人：与受众产生联系　真实用户故事改编　情节

情节转折　对比

鞋：高跟鞋vs.运动鞋，把运动鞋放在满是高跟鞋的鞋柜里；抛开年龄——光脚走在路上；穿上运动鞋走进婚姻殿堂　意象

吸引受众　"灵感来自真实用户故事"

"我们分手吧"对话体，把年龄拟人化了　拟人

问句（设问句/反问句）

"只是大了几岁""5年了"　反复　文案

蜡烛"34"镜子上的"34"暗示图文对比　图文结合

"我们分手吧""我要和你分手"言简意赅 铿锵有力"不要来阻碍我的幸福"ect.押韵　短句

梳妆台上出现OLAY的产品（情节转折点）——OLAY产品是女主命运改变的关键原因

选材，故事的构建：年龄——产品功效：抗衰老　商业目的

七夕的时候推出广告：中国的情人节，爱情故事相关，送礼时间，很好的备选的礼物

2017年OLAY广告　视频广告

抒情　吉他

深沉：困惑 要不要继续这段爱情　钢琴

曲调改编 幸福

热血　乐队加入，音量增加　音乐

掌声

钟声

回忆　黑白

茫然表情 烘托气氛　暗淡

慢动作　光影

求婚/男友安慰——温暖　暖色调光

最亮：婚姻殿堂 修成正果 自信，对未来充满信心　明暗对比

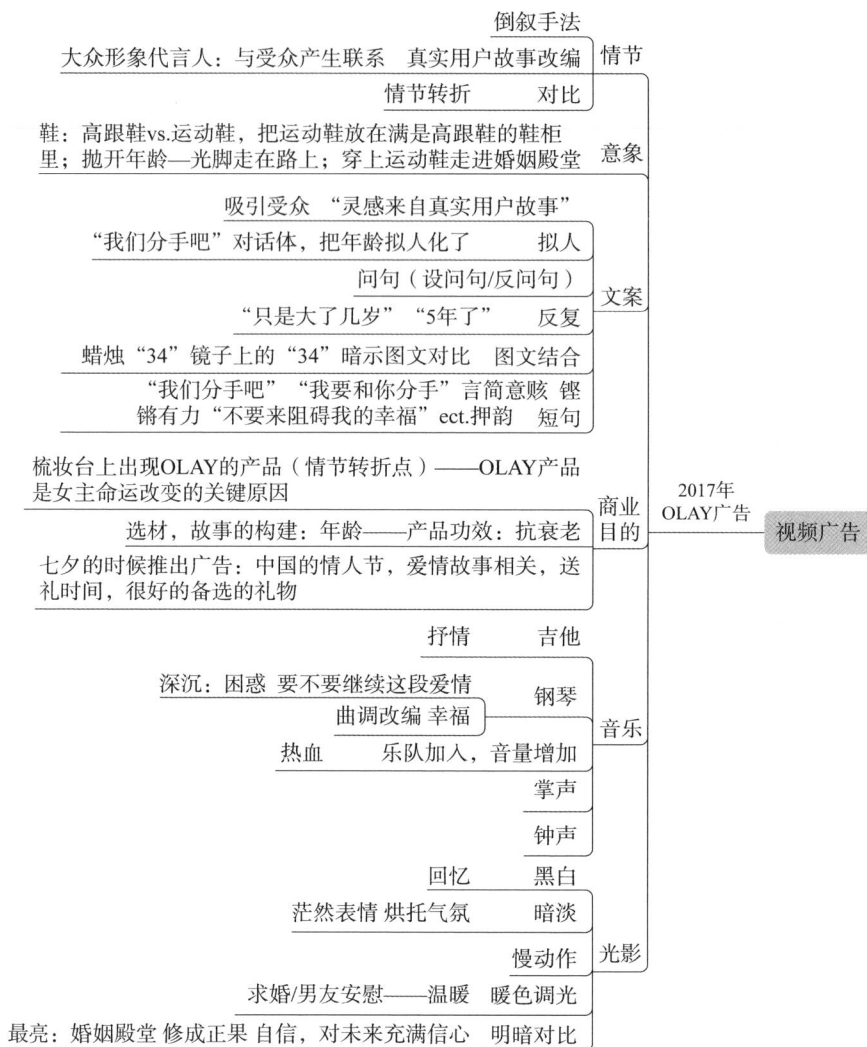

图4-3　语言与文学"广告"单元思维导图作业

（二）讲究契约精神

在七德，学生一进校，课程部会给到每位学生一份在校三年的重要评估项时间节点表。进入每一门课程的第一节课，每位学生都会收到该门课程的《课程大纲》，《课程大纲》会详细描述该课程的教学目标、主要内容、考核方式和评估标准，以及教师推荐的阅读书目或在线资源、数据库等。学生的课堂表现、平时作业、口头评估、论文写作、实验报告、考试成绩等都按照相

应的权重比例纳入该门课程成绩。每一评估项都设有 Deadline(截止日期)，若没在规定的截止日期提交相应的作业,则该评估项成绩为 0。若学期成绩有 2 门不及格,会列入学校的"No Pass No Play"名单,不允许参加学校组织的活动/项目。此外,课程部会发出《学术警告信》,约谈学生和家长,制订学术改进计划,倘若连续两个学期有 3 门及以上的核心课程不合格,学校会建议学生重读或转学。整个课程实施过程,教师须按照事先制定的《课程大纲》实施课程教学,学生须按照学习和评估要求完成课程学习任务,其核心是以契约精神来约束彼此,教学内容的整体规划,教学双方的自律责任,教学过程的透明公平,从而确保课程实施沿着约定的轨道前行,达到预期的教学目标,而学生也会需要依据三年的高中学业成绩单进行国外大学申请。

反观有些高中,学科组也会制订《教学计划》或《课程纲要》,但通常只是完成学校布置的任务,并不会就此与学生进行教学沟通,也不会依此对自身教学和学生学习进行约束。其背后的逻辑,是形式大于内涵,封闭多于透明,教师与学生之间的关系似乎缺少一种互相尊重、相互探讨、教学相长的公开平等。而七德通过预先设置《课程大纲》和评估时间线,以及三年学术成绩的全过程记录,让学生深刻意识到自己是学习的主体责任人,建立学习的自驱力,从"要我学"转为"我要学",投入和重视每一次过程性评估。

(三) 关注过程管理

在七德,课程评估包括过程性评估和总结性评估。总结性评估通常是期中期末的卷面考试,过程性评估则形式多样,包括课堂参与和各种形式的作业,每一学科课程评估方式有所不同,因其所占的比重较大,直接影响到该门课程的总评成绩,所以学生会很重视过程性评估。所以,无论是课堂中的讨论、小组合作完成的作业、独立完成的作业,学生都须认真对待,努力完成。且讨论、作业不再是客观、标准化的试题,更多的是需要阅读、思考、分析、提炼的问题或者需要进行研究设计、实验操作、收集分析数据、形成结论的研究报告。因此,要拿到好的成绩,需要大量的阅读、查找文献资料和实验等,看似作业不多,实则需要更多的精力投入,因此学生平日学习不容忽视,不能马虎,很少有学生有精力去沉迷网游、网剧或聊天,从而有效保证了学习的深度与品质。图 4-4、图 4-5 为试卷和评估的案例展示。

回答下列**任何**一个讨论题。你的回答必须以课程第三部分选修的至少两部文学作品为基础。如果**没有**根据其中至少**两部**作品进行讨论，就不能得到高分。回答中应阐明你是怎样通过语言文字和相关背景来阅读理解每一部文学作品的。

1. 以你选修的**至少两部**作品为基础，探讨作者如何描写"童年"来加强主题。

2. 以你选修的**至少两部**作品为基础，探讨不同环境的人们如何追求幸福生活。

3. 以你选修的**至少两部**作品为基础，分析次要人物的设置如何帮助读者理解作品。

4. 以你选修的**至少两部**作品为基础，评论作者如何使用任何的感官描写（视觉、听觉、味觉、嗅觉、触觉）去感染读者。

5. 以你选修的**至少两部**作品为基础，探讨作者对负面人性的描写及其作用。

6. 以你选修的**至少两部**作品为基础，分析作品中以男性或女性作为叙述视角，对文学创作产生的影响。

图 4-4　文学 HL-试卷 Paper 3

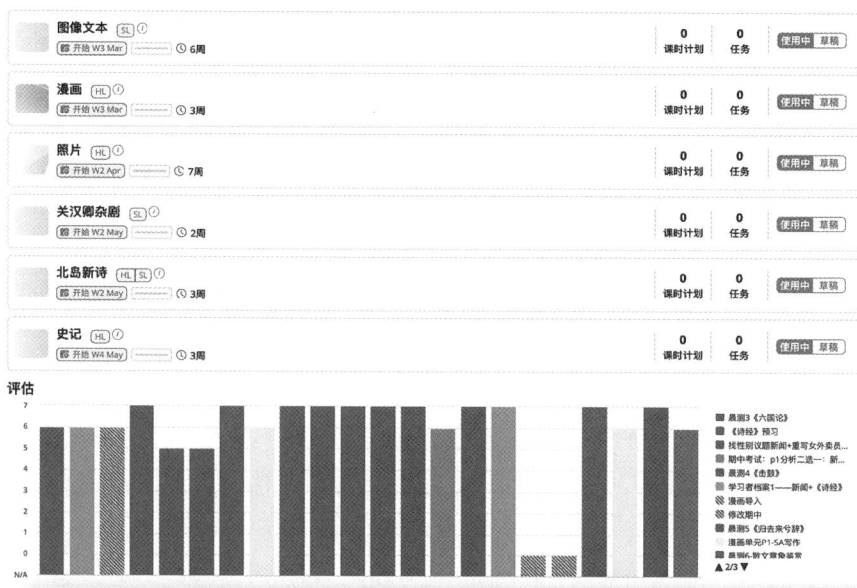

图 4-5　语言与文学 SL-过程性评估成绩

反观有些高中教学，课程评估方式更多依赖于月考和期中、期末考试，中间缺乏"过程管理"。且无论考试还是作业，比较多的是客观性、标准化的试题，缺乏思维的挑战度和合作学习要求，从而导致学生不大重视日常作业，存在抄袭或不做的状态，也不大有同伴之间的交流探讨。作业形式的单一和更关注知识性、标准化,也导致口头表达、阅读量、思维深度、多元化的缺失。而在七德,就不存在这样的问题,因为我们有科学的过程管理。

案例 4-2

历史-故事探究

设计意图:此活动开设于十年级课堂,主要应对初高中历史学习的衔接问题。从新高中生的学习兴趣而言,他们比较容易接受个人熟悉、有趣、常识性的历史内容。从历史知识掌握程度来看,十年级的学生存在明显的差异性,外省学生普遍优于本市学生,男生普遍优于女生。而比对高中历史学习以及 IB 学习的要求,需要学生在一定知识量的基础上,展开更广泛和深入的探究思考。有别于初中的历史故事演讲,我们设置的评价目标更强调对历史故事产生和流传的探究,并加入 IB 课程在学科能力中对于材料性质及研究价值的分析的评价。评价标准如表 4-3 所示:

表 4-3　历史-故事探究评价

故事名称		班级 HIS	姓名	总分:25	
评分项目		0—1分	2分	3分	4—5分	得分
情节	故事性	无情节或情节性弱	能交代时间人物及故事梗概	能呈现故事的部分具体片段	能完整叙述事件,详略得当	
	逻辑性	故事不连贯或不流畅	故事基本连贯	故事连贯,合乎逻辑	逻辑完整流畅,表达生动	
反思	情节探讨	没有或只有简单感想	单一证据或单一证据得到简单的结论	有多个情节综述得出相关结论	有多个情节综述得出相关结论,有抽象的论点	
	来源探讨	没有或只简单提及出处	能对出处有简单评价	能对出处有具体分析,并得出个人观点	能结合出处信息,由此辩证评价材料的价值(或有信息对比)	
	综合反思(内容及材料来源)	没有或反思不成文	概括故事内容	综合情节和出处信息,并进行反思,有归纳性结论	综合反思故事信息并有归纳性结论,借此得出抽象论点	

过程说明:

第一步:学生任选故事,登记并准备演讲。依据本学期学习内容的时段准备故事。在老师处登记备案。个人自行准备。

第二步:提前一周通报故事演讲的具体时间。

第三步:课堂演讲10分钟,听众提问并打分。老师讲评。成绩计入课堂表现评价。

学习成果:(略)

反思:这一活动从学生熟悉的内容出发,能更好地发挥他们自主探究的积极性。一部分学生在活动中显示出较强的思辨性,不仅能对史料提出质疑,也能在探究中提出个人的见解,并能对个人研究的过程提出反思。不足之处在于,学生在准备时预估不足,在课堂内使用的时间超过预计,影响课堂进度。此外,部分学生缺乏挑战任务的勇气,活动准备拖拉。因此,我们也将思考一些改进的方案,一方面可以扣分警示,另一方面也可以设计难度稍低的任务供学生选择。

(四) 有尊严也有压力

在七德,"不参与发言""迟到"都会被视为很不礼貌的课堂行为,甚至是一种不尊重教师、不在意学习的表现,可能会直接影响到平时成绩。教师一般不会在课上直接批评学生,课堂秩序主要是通过课程评分制度以及隐形的课堂礼仪文化进行维系的,而这种课堂礼仪文化的力量要比纪律的约束更为有效。除了这些隐性的课堂礼仪外,还有一些常规性的课堂仪式,比如演讲、作业展、毕业作品展。不要小看演讲,其背后呈现的是个人/小组合作学习的成效,是阅读思考讨论后形成的观点,是有了观点之后论据材料的支撑,是观点论据的逻辑化清晰化表达,是语言的组织和艺术表达,是与受众者的情感姿态的互动交流。又如:一些重要的 IA 内部评估或实验报告展示环节,学生都会面临很大压力,因为任课老师一般会邀请学校很多相关专业课教师以及不同年级学生一同在台下旁听,每位同学都要事先做好 KT 展板或 PPT 或视频上台进行作业展示、介绍并接受现场答辩。

案例 4-3

小组合作交流,完成知识整理与巩固

设计意图:历史课程面临时间有限、知识量大等困难,而作为开设 IB 课程的学校,我们也面临学生自主活动性强、对课堂学习主动参与的需求高等问题。因此,在课堂学习中,我们以单元或主题的形式进行教学。每个单元或主题会分成三个环节,即:知识整理与巩固、核心知识结构和历史论述拓展。在 IB 课程中通常鼓励学生结伴完成学习任务,使之相互促进、相互启发。当然这样也会出现个别学习效果不理想,惰性较强、学习滑水的学生。这是我们在设计活动时首要考虑的问题。此外,为应对学科合格考试要求的大量知识点,以及课堂时间有限等问题,我们的活动设计必须考虑学习效率。因此我们会依据某个主题知识点的具体情况,不断变化分组和任务形式,并进行即时的学习检测。

过程说明:

第一步:分组。依据主题核心知识点的个数与能级要求,规定每组人数。每位组员负责一个知识点的梳理。每个学习小组推选一位组长,负责制作本主题的,包含所有核心知识点的框架图谱。

第二步:组内交流。以小组为单位,每位同学分享讲解自己所负责的知识点,完成笔记梳理。

第三步:同点交流。以某知识点为单位,集结每一小组负责同一知识点的同学,核对圈画重点,解答同学质疑。各组组长也会组队,对主题框架进行交流。

第四步:课堂检测。以 PPT 显示真题,抽取组内部分同学回答,并计分。

学习成果:在小组合作完成知识整理与巩固的环节后,每一位学生应该完成教科书关键词的圈画,完成单元或主题的知识结构图谱,并通过核心知识点的真题级的检测。

反思:利用 IB 教学课堂组织多样化形式,有效落实国内合格考的知识学习目标。随着不同主题变化分组与组员人数设定,这一设计能使任务内容落实到个人,组内任务的达成需要每个组员分享的知识点,尽可能减少个别学生置身事外的情况。同点交流的环节,能帮助学生在相对熟悉、便于聚焦的知识范围内进行个人反思，避免了由于知识缺乏，难以展开讨论的问题。存在的问题，是抽查形式的检测，覆盖面有限，对于知识点的掌握情况可能还要依靠其他的形式或环节加以了解。

三、指向个体发展的多元评价

相比国内课程实施，比较多的是采用总结性评价方式，月考、期中期末考、升学考等，几乎都是"一考定终身"，缺乏一个过程性评价。此外，评价的内容强调标准、统一，客观性题远远多于主观性题，难以考核和培养学生的思维品质。七德的课程评价，借鉴了 IB 的多元评价方式，通过教师们的课程实施，比较好地实现了校内评估与校外评估的结合，关注了高级水平和标准水平评估方式的差异，并以多元评价方式为载体，指导教师关注学生个体发展。

（一）校内评估与校外评估结合

1. 关注过程的校内评估

IB 认为教师参与评估并为他们的考生评定成绩等级是 DP 项目评估过程的一个重要组成部分，此项评估亦称为"校内评估"，通常占比 20%～30%。

教师有两种参与的方式：一是教师提交他们在校内评估中针对考生完成的某个学科和课程水平的作业评定的分数；二是教师预测考生在参加即将开始的 IB 全球考试中会在某个学科课程水平中取得的成绩等级。

为了帮助教师如何开展校内评估，第一，IB 会提供《DP 项目成绩等级细则》帮助教师分析、评估学生的成绩等级；第二，IB 会请教师针对考生提交的接受校内评估的作业写出评语，说明是如何判给分数的，这些评语会帮助阅卷人了解教师进行校内评估时的依据；第三，IB 会要求 DP 协调员提交已经由教师做过校内评估的作业样本。

之后，IB 会组织阅卷考官对教师开展的校内评估作业成绩进行抽查和核查。第一阶段，会检查每一所学校的教师是否按照 IB 的标准开展校内的评估，包括审查每所学校对考生作业样本评分的情况。第二阶段，如果阅卷人和教师对作业有不同的解读，或对评估标准有不同的应用，阅卷人会对教师在相关学科和课程水平的评分做出调整。这种调整是根据阅卷人和教师针对同一件作业判给的分数之间的差别做出的。作为评审的结果，教师给予所有考试判给的分数可能会被降低、提高或保持不变。

校内评估最重要的是每一个预测都要尽可能准确，不要把成绩等级预测得过低或过高，否则会影响这门课程的所有考生成绩等级评估。

2. 兼顾学科差异的校外评估

校外评估，是 IB 组织阅卷考官对每一所学校提交的作业或 IB 组织的全球考试进行评估，而非由校内相关学科考生的教师来进行评估，通常占比70%～80%。

校外评估包括"非考试部分"和"考试部分"。

"非考试部分"，不同的学科和课程水平提交的作业要求会有所不同。如：EE 和 ToK 是提交论文；语言 A 或语言 B 的文学、语言与文学、文学与表演艺术，要求提交书面作业和口试录音；视觉艺术提交比较研究作业和作品创作过程档案；音乐提交音乐链接调查；电影提交独立研究和介绍；舞蹈提交舞蹈调研；戏剧提交单人表演戏剧作品、导演手记和研究介绍。

"考试部分"，则是学生参加每年四五月份 IB 组织的统一考试（北半球），试卷统一寄给 IB 组织，IB 组织阅卷考官进行阅卷和评估。

（二）评估标准区分高级水平与标准水平

对于同一学科不同水平的课程来说，高级水平（HL）和标准水平（SL）的课程模式是相同的，但在学习的内容（质和量）和评估的标准上有所不同。

以"中文 A：语言与文学"为例，从学习的内容看，在文学部分（第 3、4 部分）高级水平课程比标准水平课程要学习的作品数量更多；在语言部分（第1、2 部分）高级水平课程比标准水平课程要学习的文本类型/主题更多（见表4-4）。

表4-4　高级水平与标准水平评估的差异

（引自《IBDP 语言 A：语言与文学指南，2013》）

课程部分	标准课程	高级课程
第1部分和第2部分：文化背景/语境中的语言、语言与大众传播	与高级课程相比，为达到学习目的所选择的主题较少	与标准课程相比，为达到学习目的所选择的主题较多

(续表)

课程部分	标准课程	高级课程
第3部分: 文学—作品和背景/语境	学习两部作品,其中1部出自指定翻译文学作品目录	学习3部作品,其中1或2部出自指定翻译文学作品目录
第4部分: 文学—批判性研究	学习2部选自所学语言A的指定作家名单中的作品	学习3部选自所学语言A的指定作家名单中的作品
书面作业	完成3篇书面作业,提交其中1篇接受校外评估	完成4篇书面作业,提交其中2篇接受校外评估,一项评估作业必须对6道题之一做出批判性应答
试卷1: 文本分析	对1篇非文学材料或摘录进行分析(1小时30分钟)	对2篇相关的材料进行对比分析,其中至少1篇是非文学材料(2小时)

　　从评估的标准看,标准水平课程与高级水平课程都涉及校外评估(70%)和校内评估(30%)两部分(见表4-5、表4-6)。标准水平校外评估包括试卷1:文本分析,时间90分钟,占比25%;试卷2:论文,时间90分钟,占比25%;书面作业,占比20%。校内评估包括个人口头评论,占比15%;延伸口头活动,占比15%。标准水平课程评估的难度要低于高级水平。如试卷1:文本分析,标准水平仅针对一篇文本进行分析,高级水平则需要针对2篇文本进行对比分析。书面作业,标准水平只需完成3项,其中一项提交校外评估;高级水平必须完成4项作业,其中2项需要提交校外评估等。

表4-5　标准水平的评估构成

(引自《IBDP语言A:语言与文学指南,2013》)

评估的构成(标准水平)	比重
校外评估(3小时)	**70%**
试卷1:文本分析(90分钟) 试卷中包含2篇学生未曾见过的文本。 学生针对其中的1篇文本撰写分析文章。(20分)	25%

（续表）

评估的构成（标准水平）	比重
试卷 2：论文（90 分钟） 应答 6 道题中的某 1 道题，学生要基于在课程第 3 部分学习过的两部文学作品撰写一篇论文。高级课程所出的题是相同的，但所使用的评估标准不同。（25 分）	25%
书面作业 基于在课程中所学习的文本，学生至少要完成 3 项书面作业。 学生要提交一项书面作业接受校外评估。（20 分） 这项作业的篇幅必须为 800—1 000 个英语单词（960—1 200 个汉字），外加一篇 200—300 个英语单词（240—360 个汉字）的写作说明。	20%
校内评估	**30%**
这类评估由教师在校内完成，并由国际文凭组织在课程结束时进行校外评审。 **个人口头评论** 学生对出自课程第 4 部分学习过的一部文学作品的节选进行评论。 （30 分） 节选附有 2 道引导题。	15%
延伸口头活动 学生要完成至少两项延伸口头活动，分别基于课程的第 1 和第 2 部分。 要提交其中一项口头活动的分数接受最终评审。（30 分）	15%

表 4-6　高级水平的评估构成

（引自《IBDP 语言 A：语言与文学指南，2013》）

评估的构成（高级水平）	比重
校外评估（4 小时）	**70%**
试卷 1：文本比较分析（120 分钟） 试卷中包含学生以前未曾见过的两对文本。 学生要针对其中的一对文本撰写比较分析。（20 分）	25%
试卷 2：论文（120 分钟） 应答 6 道题中的某 1 道题，学生要基于在课程第 3 部分学习过的至少两部文学作品撰写一篇论文。考题与普通课程的一样，但所使用的评估标准不同。（25 分）	25%
书面作业 学生根据在课程中所学习的文本，至少要完成 4 项书面作业。学生要提交其中的 2 项作业接受校外评估。（每项作业的分数为 20 分） 所提交的一项作业必须是对高级课程附加学习部分规定命题之一的批判性应答。	20%

（续表）

评估的构成(标准水平)	比重
每一项作业的篇幅必须为 800—1 000 个英语单词(960—1 200 个汉字);作业 1 应附加一篇 200—300 个英语单词(240—360 个汉字)的写作说明,作业 2 应附有一个简短的提纲。	
校内评估 这部分由教师在校内评估,并由国际文凭组织在课程结束时进行校外评审。	**30%**
个人口头评论 学生对在课程第 4 部分学习过的一部文学作品的节选进行评论。(30 分) 节选附有 2 道引导题。	15%
延伸口头活动 学生至少要完成两项延伸口头活动,它们分别基于课程的第 1 和第 2 部分。 其中一项口头活动的分数要上交接受最终评审。(30 分)	15%

四、从"齐一化的教导"到"个性化的指导"

中外合作办学的合作之根在于对教育的共识,中外合作办学的合作过程,也就是不断探索不同东西的教育意义的过程。在七德,教育可以概括为这样一个问题:如何帮助学生发现和找到自己的使命感? 大多数父母的初衷是希望他们的孩子获得快乐,事实并非如此简单,但如何才能获得快乐? 怎样才能帮助学生获得快乐? 答案在于:实现教育的意义,帮助学生发现和找到自己的使命感。虽然需要更多的研究来确定哪些经历或具体支持可能提高学生发现和找到其使命感的能力,但导师及其引导一定是致力于揭开学生使命感和让学生获得快乐的重要一环。

在七德,有一句被习惯成自然的口头禅,那就是:如果你遇到什么困难,不论是学习上还是生活上,都可以主动去找老师、部门负责人和校长,而且要自己去说,不要家长或别人代你说。引导学生主动沟通,主动寻求解决问题的办法,主动寻求帮助的能力,是七德贯彻始终的一个行动宗旨。类似"如果学校没有你想参加的社团,就自己去创建一个","我们要把自己的兴趣爱好与更广大的社区建立联结",更是培养孩子为自己的梦想去实践的一种育人价值取向。有使命感的人需要有使命感的人去指导才能真正让自己具有使命感。

七德的课程实施关注个性化的指导，不仅体现在学业学习上，也体现在活动、升学、生活和同伴交往的方方面面。

（一）学业指导

教师的学业指导是促进学生成长的基本指导内容。中外教师客观存在的教学方式、教学理念的差异及互补，形成了知识指导、思维方式指导、态度指导、方法指导、作业指导等基于学业各个方面的指导体系。

访谈 4 - 1(S1)：我认为我的转变很大程度上是因为七德的学习氛围和老师。我还是很清晰地记得，十一年级刚开学时，我鼓足了勇气去问老师问题时，他怎么给我讲我都没有懂，我当时非常害怕，但是他很耐心地给我讲了差不多 40 分钟直到我懂了那个知识点。这让我深深地意识到了我们学校老师的耐心与包容，从此以后我就活跃主动得一发不可收拾。我真的非常感谢他们改变了我，让我释放了自己。

案例 4 - 4

建筑之梦，终成收获

——2018 届院舍 B 毕业生小刘同学

随着 RD 喜报纷至沓来，不少同学发现来自升学部的"大学录取更新"邮件中，小刘同学的美国名校 Offer 最为引人注目——莱斯大学、圣母大学、华盛顿圣路易斯大学、弗吉尼亚大学、佐治亚理工大学、密歇根大学安娜堡分校……

为什么小刘同学能吸引多所美国顶尖高校的青睐？正如升学指导卡茨(Katz)先生所说：她对建筑学持之以恒的浓厚兴趣、精彩的艺术作品集和扎实的学术成绩，是 RD 申请季收获满满的主要原因。

小学时确立理想，之后的付出都叫作"追梦"

认识小刘同学的人，都能轻易感受到她对建筑学的热爱。问起兴趣从何而来、又是何时确立目标的，她表示是深受身为木墙设计师的爸爸的影响，从五六岁开始就想成为一名建筑师，后来从体制内教育转型到国际课程，她也从来没有动摇过自己的理想："我更想做小项目，比如设计图书馆、咖啡厅之类的，这样的私人定制能与客户交流更多，对自己而言也更加自由，可以尽情发挥想象。彼得·卒姆托是我最崇拜的建筑设计师。"

十几年的追梦过程中，她有时会忐忑不安，因为不完全了解建筑要学什么，也不知道自己是否真的适合。为此，她利用两年暑假各参加了一次夏校。第一年去了圣路易斯大学，12天的短期课程让她快速发现兴趣所在。她带着一脸记忆犹新的神情回忆道："教授又凶又严格，当时英语还不是很好，教授说了一句 short cut，我就真的把材料一节节剪短了，实则是'投机取巧'的意思。巨大的压力混杂着孤独感，被直接骂哭了。后来整理了一下情绪，想着要学就好好学，反而越挫越勇，这个项目改了四五遍后最终得到了教授的表扬。"在那之后，她确定了目标，因为发现纯文科并不适合自己，自己更喜欢动手将概念表现出来。

一年后，她在梦校康奈尔大学的建筑系沉浸了整整六周，学到了不少有价值的东西。模型变大了，材料丰富了，不仅仅只有抽象的概念，而更多的是客户的案例分析。最终的展示是在一个大工作间里，90多名学生聚集在一起讨论，场景很壮观。如此竞争和合作并存的学术氛围以及建筑系学生同甘共苦的凝聚感让她觉得很舒服。"康奈尔很'村'（偏僻），要坐20分钟公交车才能到超市，但我就是喜欢。"

课内，小刘同学选择了视觉艺术 HL 和物理 SL 课程，因为她说建筑从来不是纯粹的艺术或工程，而是一种合作。在 IB 视觉艺术展上，她见到了学姐的天人之作，不禁好奇她的美术天赋是否是与生俱来的。学姐给出了否定的回答："最多是空间感和几何感比较好，但是对色彩、线条都不敏感。更多的进步是通过学校里的 VA 课，让我意识到理念上的实践比技法更重要。课堂比较自由，每个人有自己的创作主题与过程，也为艺术生提供了很多材料，老师们基本不插手，但会提供技术上（比如木工）的帮助。"

Q&A：VA 学生都认为大量的时间投入换不回等价的回报，对此有什么学习 VA 的建议吗？

除非是真的很喜欢美术或者未来会从事艺术方面的职业，不然不建议选，因为事实就是这样的。我一直坚信既然无论如何都会受到"折磨"，不如选自己喜欢的，至少过程中还会感到快乐与收获，每一门学科都是这样。而学美术的最大快乐，就是最后大家聚在展板前看你的作品，甚至有人问你创作意图和表现内容的时候。我的建议是可以提早筹备作品集，以及务必保管好自己的 Sketchbook（素描本）。

（二）活动指导

学校通过设置班导组体系，明确 CAS 导师的职责，开展对 CAS 导师的培训，加强对所负责学生的指导咨询，去更好地支持学生学会如何选择 CAS 活动项目，如何策划和组织 CAS 活动项目，如何进行 CAS 活动项目的反思与重建，以及通过与学生不断沟通，指导学生学会解决与自律、自控、情感意识相关的问题。这些软技能都是现代工作场所十分看重的技能。与激发使命感直接相关的更多是内在动机，而不是成绩和考试分数等外在激励因素，虽然外在因素也很重要，但并不能帮助学生们发现使命感。高中阶段的学生面对学业、活动、交往、情感等各种压力，班级导师常常是他们的第一道防线，导师可以通过更健康的应对压力和情绪的管理方法来帮助学生。

案例 4-5

由戏剧引领的升学之路

个人信息：2020 届院舍 D 毕业生小顾同学

CAS：学生会、学生大使、校女子足球队、主办 QD 电影节、鹿特丹 IB 世界学生大会、China Thinks Big 创新研究挑战赛（高中生面对外来商品引入应如何在消费观上提升民族自信）

录取：韦尔斯利女子学院、斯克里普特学院、曼荷莲学院、凯尼恩学院、欧柏林学院、巴德学院、多伦多大学、阿姆斯特丹大学

来自 2020 届院舍 D 的小顾同学，在当年的申请季一口气收获了 6 所美国顶尖文理学院的 offer。她热爱戏剧，喜欢踢足球，加入了学生会，还是学生大使，究竟是什么使她脱颖而出，被申请难度堪比藤校的韦尔斯利女子学院录取呢？

与七德的故事

小顾同学说："我期待在高中三年里能找到属于自己的声音，不被束缚地呐喊（to find a voice of my own, and a voice that is beyond frequences），

能追寻自己的热情，同时接触不同的文化。"

大多数人对小顾同学的第一印象是：自信阳光，英文标准流利。这得益于父母从小为她创造的双语语言环境。她告诉我们："父母一直鼓励我阅读英语书籍、收听英语故事和新闻，每年寒暑假也会让我去不同的国家参加夏令营。"

而小顾同学与七德的缘分始于初中，她当时就读于同属七宝中学教育集团的文来中学（初中）。由于在新加坡、美国、加拿大等国家的游学经历，她爱上了在课堂上可以与老师随时交流观点、求同存异的学习方式，也青睐IB课程可以选择自己喜爱并擅长的领域进行深入学习。通过对七德网站的了解，她发现德怀特的全球校区能让她与世界各地的年轻人交流，听到不同的声音，IB课程的设置也可以平衡好自己的优势和劣势，扬长避短，那么空余的时间就可以去开展自己感兴趣的活动。最终，她选择了七德。

在七德的三年里，她过得有声有色、多姿多彩。她是学生会秘书长，在紧张备考SAT的同时，挑灯夜战策划新生大会；她是学生大使，穿上正装，戴上学生大使徽章，和招生官一次次握手、交谈，从容面对报考学生家长的"刁钻"问题（如：你们学校有马术课吗？为什么今年录取的常春藤那么少？）；她还是校女足队的干将，平时最期待的就是每周二下午的训练时间，穿上战服便觉得全身充满了力量。慢慢地，从青涩、尴尬，蜕变为责任、担当。

提到在高中生涯中印象最深的人和事，小顾同学说是十年级期末的选课和戏剧老师，这两者彻底改变了她在七德的生活。出于对戏剧的热爱，她产生了选择戏剧HL的想法，但当时年级中还没有其他人选择这门课，再加上听说戏剧HL学得非常"痛苦"，她心中产生了动摇。"我期待在Black Box Theater（黑匣子剧院）里创作出代表我声音的作品，从而探索自己，但我害怕一对一的戏剧课会尴尬，也担心自己的能力不能负荷上千字的论文。"戏剧老师考尔斯（Cowles）在了解她的担忧之后鼓励她："It's normal and important to have fears and hope when you are making decisions. What most intrigues me about hope and fear together is that you know, somewhere deep in your heart, that you can be great, that you can create many things and expand and grow in ways that perhaps you can't quite imagine yet.（做决定时产生希望与恐惧是很正常的，也很重要，但这两者令我着迷之处正在于它们说明你的内心知道,你可以创造和成就一些超越你目前想象的东西。)"

于是,她开始了戏剧 HL 的学习探索。小班教学的轻松氛围让同学们彼此熟知了解;课后,小顾同学还可以经常和考尔斯老师互相分享喜欢的电影、探讨社会热点问题,渐渐成为知心好友。当她情绪有些波动时,考尔斯老师总会第一时间发现,与她谈心。"她是我在学校遇到困难时,会主动寻求帮助的人。"小顾同学这样说。

与戏剧的故事

"戏剧将我领入了一个无与伦比的世界,我可以推翻外界对我的所有定义,成为任何我想成为的人。我在戏剧里找到了'避难所',在那儿无需披上沉重的、符合社会期待的、压抑自我意识的完美外衣,仿佛感到生命都被照亮了。"——小顾同学的《大学申请文书》选段

毫无疑问,戏剧是小顾同学在高中期间投入精力最多、赋予热情最多的学科。三年里,她一共参与了四部戏剧作品的创作和演出。"人生如戏,戏如人生"正是戏剧最吸引她的地方——当剧场的大灯缓缓熄灭,聚光灯聚焦在她身上,演出开始,一段新的人生体验也随之开始。

"跃起,落下,我向着空旷的屋顶大喊,声音在剧场中回荡。当我进入角色的世界时,我的心随之牵动。她挣扎时我会哭泣,她无法承受时我也会失控尖叫。那一刻,我忘记了现实生活中他人的目光与评判。每当我完全沉浸地感知角色时,现实的束缚就会被完全释放,我似乎被一股强大的力量激发着前行。"

正如她在申请文书中写的:Theater has invited me into a unique world, an arena in which I can overturn all external definitions to become whatever I want. I found a refuge here, where I no longer feel the burden of impossible perfection. Shedding the uniform of societal expectations and what so often feels like a maddening cloak of self-consciousness is a luxury that illuminates me. (戏剧把我带进了一个独特的世界,一个我能够颠覆所有外在定义、成为任何我想成为的人的领域。在这里,我找到了一处避风港,在这儿我不再感受到那种追求无法企及的完美所带来的负担。抛开社会期望的统一标准,还有那种常常让人感到疯狂的、自我意识的束缚,这是

一种能让我焕发生机的难得体验。）

聊到未来，小顾同学表示她想要继续追寻对戏剧的热爱。与此同时，她对亚裔美国人研究和国际关系也很感兴趣。她的 EE 拓展论文就探讨了美籍华裔在成长过程中作为少数族裔遇到的认同感危机，比如为了融入主流文化而抵触家人的语言甚至生活方式等。而每天早晨听新闻的习惯和家庭餐桌上关于国际热点的讨论，加上八年级时在纽约联合国总部参加模拟联合国峰会的经历，更使她内心萌生了当外交官的梦想。

（三）升学指导

在申请国外大学背景下，升学指导是至关重要的，学生们需要通过一系列材料来申请大学，包括在校成绩单、标准化考试成绩、个人主文书、小文书、教师推荐信＋升导推荐信，针对不同国家/大学进行非常个性化的申请。升学指导需要老师协助学生掌握重要的截止日期和三年学业/活动准备的过程导向，引导学生完成从找到自我的独特性，到匹配适合的大学/专业方向，到准备申请文书整个申请流程。此外，升学指导过程中一个至关重要的指导，是帮助学生学习如何与现实生活对接，学会设定任务目标落实到行动中，学习如何适应大学学习，学习如何求真向善这些长远的目标。这个阶段的重要指导工作可以帮助学生思考他们希望寻求怎样的人生，并指导他们去拥有一种超越自我的使命感视野。

根据观察，许多学生上了高中以后依然习惯于别人为他们安排好一切、为他们做出决定、填写表格等。然而，特别是对于以接受国际高等教育为目标的学生来说，任务无论大小都要由学生自己承担，这一点非常重要。他们仍然需要指导，但这种指导指向的是如何支持学生学会独立、学会思考、学会选择。

案例 4-6

申请季的失落与成长

——2018 届院舍 B 毕业生　小刘同学

申请季伊始，小刘同学就目标明确地报考了多所顶尖的建筑类学校和开设建筑专业的名校，并把康奈尔大学与莱斯大学视为自己的梦校。遗憾的是，ED 康奈尔并没有成功，对此她也做出了深刻的自我反思："一定要早点准备文书，也一定把它当回事。"她强调，这是对进入申请季的学弟学妹们最恳切的建议。

在 ED 全部放榜后的那些天，可以想象得出小刘同学的失落。但是老师们都给了她不同程度上的鼓励——升学指导卡茨和她谈了一次话，并教会她不少写 Deferral Letter（延期信）的注意事项；时任美方校长 Ms. Turner（龙梅）和 IBDP 协调员 Mr. Chadsey（查西）在当天下午召集 ED 发榜的同学，宽慰没有拿到心仪录取通知的同学："学校给你延期录取不是因为你不优秀，而是在犹豫，想让你和更多人比较。"在那之后，小刘同学重拾信心，相信龙梅校长的那句"你能申请到更好的"。

在后来的申请阶段，小刘同学依旧会找卡茨老师做模拟面试，又因为卡茨在艺术方面有很高的造诣，对于如何向招生官讲解作品集，他也给出了不少建议；同时卡茨还经常和她妈妈沟通。整个申请过程中，小刘同学想感谢的另一个人就是妈妈，她说妈妈会和她一起查询学校资料、调查学校等，而且妈妈为了克服查询全英文网站的困难，还特意努力学习英语。

就这样，自己的反思和修正、老师的鼓励和指导、家人的支持和帮助让她在 RD（Regular Decision，常规录取）中一往直前。在获得密歇根大学的录取通知后，她总结取胜的关键是她对生活化事物的热爱。申请过程中，除了提交作品集外，还要完成一道挑战题：①画出你的 Community（社区）；②设计一个车站。仔细斟酌后，她决定将两者联系起来，变成一个特定案例下"Problem-Solving"（问题解决）的成果，着眼于功能和需求，而不是一味追求高端。目标的明确、问题的深入、见解的独到，三者的互相作用让她立马抓住了招生官的眼球。

三年最大的收获是效率变高了，性格变好了

2018 年，七德学术季的开幕仪式是小刘同学作为学生会学术长的最后一项工作，在那之后，她就正式把接力棒交给下一届的学术长了。学生会的经历让她在办事能力与性格上都有了较大的转变。在学术季中，她和另一位学术长小章同学主要负责前期策划以及 English Day（英语节）这一传统的

延续；在 2017 年 QD Rush 中，她也担任了核心策划和主负责人之一。

她承认，进入学生会后事情变多了，但效率其实也变高了，为了平衡工作和学习，她学会了"当天的事情当天解决"。此外，她还发现自己在公众演讲时也不会过于紧张了，一方面是到了十一年级，"学姐"的身份给了她更大的自信；另一方面是因为在学生会获得了许多锻炼的机会——这种转变是快速而又潜移默化的。性格上，她一改以前的"急性子"、纠结拖沓、完美主义，成了班里的"门面担当"，逐渐培养了自己的责任意识。

（四）生活指导

如果一个人了解自己的使命感，并以此看待自己正在做的事情，他们就不会躺平或没有动力难以前行。每个人都需要花时间去思考他在意的、感兴趣的是什么，他希望花时间和精力去达成的是什么。有时很难明白像"使命感"和"激情"这样大的课题，但如果你不断前进并挑战你自己，愿意跨出舒适区，你就有更大的机会来实现有意义的目标。因为毕竟，如果对你来说是毫无意义和价值的东西，你很难有动力经受住必定会遇到的艰难迷茫时期。

访谈 4 - 2[1]（T1）：当我第一次给美国学生上中文课的时候，他们中很多人都对我说，你一定很聪明，不然为什么你能够学习如此难学的语言呢？他们在开始上课之前就已心生挫败感！我会告诉他们，我发现学习汉语有多难，并与他们分享学习经验。在我第一次来北京的一年之后，我有机会再次回到北京语言大学入读暑期课程。我在布朗大学学过中文，但成绩不太理想，因为我觉得普通话真的很难学。在那次旅行中，我遇到了一位我父亲在纽约时的北京同事，他的英语讲得非常棒。在那次旅行时，我问他是怎么学会说这样一口流利英语的，因为我发现中文这么难学，我觉得我永远也学不会。他告诉我，在他开始阅读罗伯特·弗罗斯特的诗歌之前，他也不喜欢学习英语。我小时候就学过罗伯特·弗罗斯特，我发现非常有趣和鼓舞人心。通过语言了解一种文化特别有意义的层面，这一认识成为我前进的指导原则。就我个人来说，正是因为对中国历史的兴趣，我有了学好普通话的动

---

① 龙梅. 教育意义的探索：如何帮助学生找到自己的使命感[N]. 解放日报,2017.

力。正如罗伯特·弗罗斯特所写到的,"23年前在北京的那个雨天里,我发现'人迹罕至的路'为我带来了意义,但使我发现自己使命感的是一路上积累的经历和成长道路上他人给予的指导"。

案例4-7

找到自己,找到热爱

个人信息:2023届House D毕业生小陈同学

CAS:学生会、同伴导师、啦啦操、年册、生物社社长、汉服社、抑郁心理研究项目、温室可持续创新项目

录取:加州大学洛杉矶分校、加州大学伯克利分校、南加利福尼亚大学、香港大学、伦敦大学学院、多伦多大学

接连斩获知名院校的Offer,在2023年的申请季,小陈同学可谓是收获满满。这个从山东远道而来的女孩儿,在七德纷繁忙碌的学习与生活中,找寻到了真正的热爱:公共卫生(Public Health)。当问到"成功的秘诀是什么?"时,小陈同学思索了几秒说:"做自己,一切迷雾都将在开拓和探索中散去。"

在迷雾中,探索自我

"站在高中的起点,我并不知道自己真正喜欢什么。也曾和父母、老师一起列出过自己的性格特点,也做过未来职业测试,但这些都无法成为支撑我做某些事情的动力。"这种迷茫相信许多同学都深有共鸣,因而小陈同学的选课和活动在开始一直处于探索的阶段,从经济、生物、环境科学到传媒、电影,她大胆尝试每一种可能的爱好,并不考虑它们的机会成本。

她的CAS活动更多专注于校内,且完全专注于自己的兴趣:尝试过啦啦操比赛、做过晨会的主持人、编撰过年册、担任过学生会秘书长、创办过生物社、展示过汉服,还参与学校团委为庆祝建党百年拍摄的《七德新青年》微视频……"由衷感谢七德提供了如此丰富多彩的实践体验场。"小陈同学这样说。

小陈同学与她的升学指导谢尔德斯老师(Mr. Shields)不下十次讨论过大学申请策略。但几乎每次得到的答案都是同一个:Be Yourself(做自己),

做自己热爱的事，一切的谜底都会在未来某个时刻突然揭开。

她说："很多时候当你站在未来的某个维度看过去发生的事情，它们会以某种奇妙的方式串联起来，让你看到从中诞生的美好的、堂堂正正度过每一天的、不会放弃做真实自己的你。而事实是，我确实找到了真正的热爱，至少当下是。"

拨云见日，柳暗花明

"听到'公共卫生'，很多人的第一反应都是健康的饮食习惯和生活方式，但其实它的涉猎范围非常广泛，从宏观到微观的各个层次解决社会中的健康问题。它不仅是一门需要运用建模和数据分析的'科学'，更是一门与人紧密相关的'艺术'。"谈起自己向往的专业，小陈同学好像进入了另一种模式，坚定的语调、清晰的思维、对未来清楚的规划，给人一种温柔的力量感。她的生物 IA 探讨的是"COVID 病毒传播跟温度之间的关联"，她发现每个地方的政策、社会制度等问题导致了病毒传播的不可控因素，比如在印度贫民窟，人和人很难保持社会距离。

在另一个科研项目中，起初由于亲人因胆管癌去世，她执着地想要探究《耐药性相关的 miRNA 和凋亡相关的 miRNA 在胆管癌治疗中的有效性研究》(*The Effectiveness of Drug Resistance-related miRNA and Apoptosis-related miRNA in Cholangiocarcinoma Therapies*)。在 IB 批判性思维的潜移默化下，她尝试从另一个维度去探索这类癌症的机制和防治。

单以胆管癌举例，病因之一是寄生虫，而适宜寄生虫存活与繁殖的环境反映出该地的环境污染以及卫生状况，又牵扯到了经济发展、医疗条件、国家政策，甚至与居民的心理状态、社会地位等。为了解决这一问题，就需要运用多部门的力量：要想改善结构性资源不平等，就需要金融部门和国家发展部门等的协助；要想解决经济适用房和卫生检验问题，就需要住房开发商的协助；要想改善城市环境、公共教育系统，就需要城市规划者等多领域的合作；要想最高效地落实公共卫生政策，还需要减少信息差、破除谣言。

出于对新媒体的兴趣，她曾研究"谣言的传播"情况，发现错误信息更容易在低网络、低教育水平、低健康水平的群体中流传，而老年人以及缺乏科学背景知识的人群最容易受到影响。

生物、经济学、新闻传媒、学生会……小陈同学在迷雾中探索出的兴趣爱好与公共卫生的跨学科性巧妙地吻合上了，宛如拨云见日、柳暗花明。而学生会就像是一个微缩版的政府，需要各个层级、各个部门的对接与合作，大大锻炼了她的沟通和统筹能力。

责任担当，破除污名

"污名化"是小陈同学经常提到的一个词，如何运用公共卫生的力量去帮助那些社会边缘化群体，成为她的课题。在 HOSA 全国健康社团的小组活动和调研中，她与队友关注到肥胖症这一特殊的病症。他们发现很多公共卫生部门会将大量资源，用于已然罹患肥胖症的成年人身上。一方面，这确实是改善公共卫生状况最直接的方式，但从另一方面来看，这并没有改善药物带来的物理伤害，以及肥胖症患者的耻辱感。社会对肥胖症的成因存在广泛的片面理解，比如归咎于患者缺乏自律、暴饮暴食等不健康的生活方式，但从根源上来看，生产高热量食物的食品产业、缺乏饮食教育的学校、滞后的公共卫生政策，都是造成肥胖症的原因。

小陈同学满腔的正义感和社会责任感与"正直"与"善良"的七德精神不谋而合。她曾惋惜地提到自家资助的优秀贫困生突然辍学的事，那一刻，她意识到很多贫困地区的父母更多是把教育视作一张彩票，而不是一种有保证的投资。她想做的，不仅仅是经济上的支持，而是从内心最深处了解社会的真正需求，去产生些不一样的结果。在她创建的 Me To We 公众号里，每周会分析一个可持续发展目标，探讨它的可能性成因、对于整个社会的影响，以及作为个人该如何为解决这一全球性问题出力。

她告诉我们，之所以选择 IB 电影是为了利用艺术来弥合大众与公共卫生之间的距离。"艺术媒介对于塑造大众的健康观有着很大作用，进入大学以后，我想探索如何利用艺术，让公共卫生的信息更容易被大众理解。"比如在小学里讲述涉及面更广的健康故事，或是提供健康教育的绘本书籍。而电影，作为一种即时性和动态性的多感官艺术体验方式，很适合表达她对公共健康的理解，以此来揭露生活中可能被忽略到的问题。

允许一切可能

作为一名成功征服了 IB 的十二年级学生，当问到对学弟学妹们有什么建议时,出乎意料的,小陈同学告诉大家"既来之,则安之"。

当完成一个个任务、勾掉计划表上的待办事项却依旧很压抑的时候,班助牛老师点醒她:"当自己设定了目标后也就成了目标的一部分,成了我们对自己未来的期待。"太过害怕事与愿违,才总是不满于现状。但事实是,当那个有局限性和不完美的你来临的时候,我们能做的少之又少,那为什么不在尽自己最大的努力去追求的同时,尽情享受过程,也接受事与愿违带来的崭新的可能性呢?

除此之外,当铺天盖地的任务来临的时候,除了保持开放松弛的心态,允许一切可能的发生,也一定要利用好身边和网络的资源,不要吝啬询问你的老师。如果压力真的很大的话,可以去做一些调节自己情绪的事,比如说去爬山、去运动,或是和同学、老师倾诉,找到一个适合自己的情绪宣泄的出口很重要。最后,虽然很难,但请屏蔽掉那些负面的、让你怀疑自我的声音,减少对他人意见的过度重视。

"说到大学申请,有一个很有趣的现象,我身边许多人的气质都和录取的大学非常相配。在没有收到满意的录取通知之前,我一直纠结于自己的文书是不是写得有点过于'普通'。但普通人的故事不一定是无趣的。而申请的随机性往往大于我们认为可以定义我们价值的一个个分数。"小陈同学希望大家不要太过于追求完美的结果和目标,不要害怕遗憾的发生,不要担忧自己当初的选择是否正确,只要我们正走在正确的道路上。

(五) 交互性指导

1. 成长在学习中

访谈 4-3(S2):我一开始不太适应,一度遇到很大的困难。因为时间节奏非常紧凑,而我在初中没有在这方面有足够的锻炼。因为不清楚制度规则,因为生病没有完成作业却没有提前与老师申请,这一类问题造成了很多麻烦。在进入七德后一个月左右,我基本能适应了,无论是生活节奏还是学业情况开始变得自如。所以第一个月对我来说是一个略有摩擦的适应过程。

在这样一个环境中的好处是,可以从其他同学那里学习到很多东西,从别人身上可以看到很多令人佩服的品质与能力。就比如,我在 Yearbook 选修课通过观察学长的管理方式，对于怎样成为一个高效领导者有了更深的理解。

2. 成长在院舍中

访谈 4-4(S3)：我觉得我非常适应七德的学校生活，但我的自我时间管理能力还有待提高。对我个人影响最深的还是七德的校民乐队。

十年级时，我的重中之重是确保自己专业技巧的准确性，以及对整个团队的管理、演出准备、宣传准备等；在这一年中，我的团队意识得到了显著提升，我在每做一个关于民乐队的决定之前，首先考虑的不再是个人或小部分群体的利益，而是对整个团队可能造成的潜在影响。在之前卡内基演出的排练中，我也领会到了指挥的不易之处，这也使得我在之后的排练过程中更加尊重指挥，遵从指挥的安排。

到了十一年级，随着老成员的退出，新成员的加入，我更需要做到的是培养新生的团队意识，帮助他们更快更有效地提升个人专业技巧，尽可能地把我在七德所学到的都传递给他们。在这半年的过程中，我从最初的不耐烦、急躁，渐渐地有了耐心和方法，我学会了如何和他人更好地沟通，才能让对方更好地接受自己的意见与见解。

五、小结

一是课程理念趋同带来课程统整的可能。

从国家提出的核心素养，IB 课程的十大素养，到七德价值观，以及六大元素概念的提出，在课程所追求的育人目标上面，国际课程和国家课程改革所追求的理念具有一致性。这表明，IB 课程向本土开放一定的空间，而国家课程改革理念也在借鉴 IB 教育理念的成分。随着国际视野、本土情怀、终身学习、全人教育等理念已经作为普遍课程理念被接受，在学校层面的课程统整至少在理念和价值的认识上降低了达成共识的成本，而主要集中于如何落实和具体实施路径上。

二是精细化的课程组织和个性化的学习指导。

IB 国际课程的实施，其突出的特征是精细化和个性化。在课程实施过程中，借助于开发完整的搜集信息资料课程管理系统和交流通信系统，能够实现整个过程的资料记录和上传。此外，对于经过工业化时代，凡事都强调量化表达、具体明晰、过程共享的外方人员来说,每项活动从目标、要求、职责、过程到反思的全过程的明确清晰,是精细化课程和个性化指导实施到位的文化基础。

三是学生在参与中得到自治能力的提升。

让学生参与课程、活动的全过程,是七德课程理念落地的一个基本原则。基于访谈的材料归类整理可以发现,七德的学生及其成长体验表现在多方面、多层面,而最主要的是学校给予了学生选择的自由和个性发展的空间,给予了学生主动发展自治自理自律能力的机会和时间。

案例 4-8

在七德,探索自己的无限可能

个人信息:2017 届院舍 C 毕业生 小李同学

CAS:学生会主席、微志愿创始人、篮球校队成员、模拟联合国成员、校辩论队辩手

录取:布朗大学、南加州大学、加州大学洛杉矶分校、圣塔芭芭拉分校、欧文分校、杜兰大学、伊利诺伊香槟分校、东北大学

被常春藤名校布朗大学录取,还收获了许多美国顶尖学府的录取通知,小李同学无疑是七德的风云人物。

他身上总有数不清的标签,而他却说自己并非学校里最聪明的学生。升学指导评价他:take initiative(积极主动),be confident(自信),be organized(井井有条),目标明确,擅长与人沟通。2017 年,藤校在上海的录取率创下新低,那么小李同学究竟是如何爬藤成功的呢?

十年商科梦

从小学时倒卖玩偶,把家里的藏书编号出借以收取同学的"月租费"赚零花钱,到进入高中后,创立高中生公益组织"微志愿"——小李同学通过多年的探索与尝试,逐渐明确了自己对商科的兴趣,并在实践中慢慢积累了创业、营销、人事管理的经验。

"在成立微志愿之后,一度发现运营效率不高,对成员的了解也不够深入。"在发现人力资源问题后,小李同学与另两位合伙人马上做出反应,针对

团队成员积极性和执行力欠佳的问题，开始了三步骤的人力资源整改。首先，他们构建出了一套独属于微志愿的面试问题集和评分系统；随后，他们搜集了各类学习资料并打包发给每一位成员，减轻成员的IB学习压力，使得他们有更多时间投入微志愿工作，组织的核心驱动力也越来越强；最后，他们尝试定期举办派对沙龙，以进一步提高团队的凝聚力和集体观念，将公益理念与微志愿的企业文化一以贯之。

然而，微志愿的工作还面临时间限制。在十一年级最忙的时段，作为学生会主席和微志愿CEO，小李同学为了高效完成两边的工作，把每天下午三点半放学之后的时间分割成一个又一个"半小时"，然后填充所有任务。当旁人震惊地问他如何做到"超长待机"时，他说："我经常觉得自己是一个心理极限大于生理极限的人，所以那段时间从未想过放弃，只是想着再撑一下就过去了。"

两年辩论赛

在七德，小李同学留给每一位老师、同学的印象都是"极有表现力的人"。在布朗大学的校友面试中，他的自信与见地让他与校友面试官一拍即合，从专业到三观，前后聊了四个多小时。

不过这份自信也并非与生俱来。与许多普通的高中生一样，小李同学也曾经陷入过自信和自卑的矛盾。曾经的他，羞涩腼腆，甚至有一点轻微的口吃。十年级暑假，在哈佛大学辩论委员会夏令营第一次接触美式辩论，他就一下子就爱上了辩论中那种必须在短时间内飞速思考的压力和快感。

为了研究辩题、寻找论据，他尝试更换各种关键词，把谷歌搜索页翻到15甚至20页以后，同时点开十多个页面窗口，生怕落下一条线索。这样高强度的调查研究，使他的知识广度在极短时间内得到了飞速提高。遇到疑点时，习惯性地从多个角度思考、攻击自己赞同的观点成了家常便饭。系统的辩论训练使小李同学从一个怯场的男孩，慢慢走上了自信外向的道路。

然而时至今日，自信与自卑仍并存于他的内心："以前觉得自信和自卑是单向的，非此即彼，但现在我更愿意把它当作一个复合体去理解，其实每个人都两者兼具。"

未来

聊到未来的打算和期待时，小李同学认为当今社会，掌握多领域技能已经从"锦上添花"变成了不可或缺的属性。所以在大学生活中，他希望能在布朗大学的开放课程中探索自己多方面的兴趣，试着将应用数学（Applied Math）、教育学（Education）、计算机科学（Computer Science）、经济学（Economics）融会贯通，增加自己的技能点。

当谈论到"天分与后天努力哪个更重要"这一话题时，小李同学不否认"不要和天才比"的观点，但他更加相信外部环境对人的影响，而这个影响是好是坏，也是由一个人的主观能动性所把控的。他坦言，在朋友圈里，他永远不是那个最聪明的人，但他永远在尽自己所能，做一个越来越智慧的人。他会珍惜发现弱点的每一个机会，然后正视它们、改变它们，不断地向更优秀的人学习，秉持着"Fake it until you make it"（假装直到成功）的信念一步步优化自己的人生。

对小李同学来说，成长之路并不是顺风顺水，但他对于每一个困难都抱有迎难直上的态度和魄力，对于每一次机会都付诸百分百的努力，通过反复的打磨锤炼不断蜕变，最后成为一名紧紧抓住自己梦想的常春藤新生。

他说："生活中的确会发生许多随机的事。但一件事发生到你的身上，它可以成为你的挫折，也可以成为你的跳板。"自律、创新、毅力，在他的故事中：nurture（后天努力）＞nature（天分）。

四是不同教学风格的差异有利于优势互补，互相学习。

中外教师的教学风格大多不同，甚至差异很大，教师教学之间的不平衡和差距，学生是否能够接受，是否有偏好，这是中外合作办学在教学实践中所遇到的最主要的问题之一。兼采众长，优势互补，是合作办学的初衷，也是促进不同教学风格自然融合的一种方式。"强扭的瓜不甜"，更何况教师教学风格上的差异，而不是能力上的差异，对学生的学习就一定会有差距性的影响。本着"静待花开"的心态，经历从理解到认同到互相学习的这样一个教学价值观、方法、内容等的融合过程。从学生的访谈反馈来看，七德对于跨文化教学管理的思路和策略是比较符合实际并有助于实施的。

第五章

模式的兼容：基于院舍制的学生管理

中外合作办学的一个最大优势，就是能够原汁原味地看到和体验到西方的一些教育模式，比如"走班制"教学、"院舍制"住宿。但是，对习惯于中国传统学校的以班级为单位的教学、生活管理的学生和家长来说，如果一味地强硬移植西方教育模式，就有可能带来学生的不适应和不认同问题，亦有可能造成学生认为西方教学、生活管理模式就是一种先进的管理模式，而对中国传统的学生工作和班级管理方式产生抵触的潜在影响，也容易造成对国内教育方式的否定。以走融合之路为办学追求的七德，不仅在课程教学，也在学生管理方式上进行了探索，并最终形成了以年级为单位的横向常规管理与以院舍为单位的纵向跨年级活动模式相结合的学生管理体系。

一、院舍制的缘起及实施特点

（一）院舍制的缘起

"院舍制"（House System）是指把一所学校分成若干院舍（House）对学生进行管理的制度①，也是英语系国家（尤其是英联邦国家）学校的一种传统管理模式，产生于公元六世纪末的英格兰和威尔士地区②。在历史上，院舍制的产生与英国寄宿制的中学和大学的出现有密切的关系。House 原是指

---

① 邓志伟．世界教育大系：中等教育［M］．长春：吉林教育出版社，2000：311.

② Marland M. From 'Form Teacher' to 'Tutor': The Development from the Fifties to the Seventies [J]. Pastoral Care in Education, 2002(4):3-11.

学生寄宿的建筑，中世纪学校的学生往往并不居住在学校的主校区，通常寄居在学校周围的私人住宅内，由学校的毕业生校友来管理这些房子。随着时间的推移，这些学生所居住的建筑也受到教育机构的管理，从而逐渐形成了院舍的制度和文化。

由于"院舍制"的管理氛围渗透了对学生个体的人文关怀，且具有独特的组织模式，从而被更多新兴的学校采用。在现代，院舍也可以单指一组学生，他们不必共同居住于某一特定的建筑物内。在 20 世纪中期，随着英国综合中学（Comprehensive School）的扩张，学生数量急剧扩大，学生管理成为众多学校面临的难题。英国教育部和学者开始注意到"院舍制"是组织寄宿制中学和走读制中学的学生接受课后教育的有效途径，且便于组织校内的各项文体比赛。于是，一些学校以"院舍"为单位对学生进行分组，每个学生在入学时被分配到一个"院舍"里面，"院舍"通常是一个高年级与低年级混合的组织。

（二）院舍制的实施特点

虽然西方不同学校的院舍制实施起来存在一定的差异，但是这一学生管理模式仍旧有众多极具代表性的特点，如分组方式、命名特点和日常活动的组织等。

1. 院舍的分组

在男女同校的寄宿学校，可能有单独的男生和女生的院舍，如美国劳伦斯维尔中学（Lawrenceville School）与英国拉格比公学（Ruguby School）都有男生和女生专门的院舍。如果学校有寄宿生和走读生，则有可能根据寄宿和走读的身份，分配到不同的院舍。有的学校会根据学生的宗教信仰，将其分配到不同的院舍，如英国切尔滕纳姆学院（Cheltenham College）。还有的学校为了平衡院舍之间学生的整体实力，以保证竞争的可能性，学生通常被随机分配到不同的院舍。也有的学校是基于学生的社会和情感需要来分配院舍，确保学生能够获得适当的学长辅导。

2. 院舍的命名

院舍通常以历史名人、该校著名校友或有特色的地区主题命名，当然如动物名或颜色名也经常被采用。院舍制有时也会以所在建筑物的原始名称或由掌管院舍的教师的姓名或缩写命名，如温切斯特中学的院舍多数是第一任舍监的姓。每个院舍通常都会有自己的徽章、标志、吉祥物，以及不同于学校主色调的代表颜色，而这些标志会出现在该院舍的建筑物内，学生的制服上，以及院舍间体育比赛时的标志物上等。

3. 院舍的活动

在日常文体竞赛活动中，不同的院舍之间可能会互相竞争，从而培养学生的团队精神与集体荣誉感。例如，学校体育活动、辩论比赛和慈善活动通常都是院舍之间的比赛，学生的学业成绩和行为表现也可以在院舍之间进行比较。有些学校还有年度的院舍评比活动，每个院舍轮流负责主办校内所有院舍之间的竞赛活动，年末的时候根据整年的院舍得分评比学院杯（House Cup）的得主。

二、七德院舍管理体系建设

走融合创新之路，在七德的办学实践中表现在各个方面，从办学前的合作谈判，到办学过程中的中外沟通、学校组织建设以及其他各个环节。七德在学生管理组织架构及校园活动生活方面，借鉴西方的"院舍制"，融入中国的"班级"学生组织形式，以多样化载体为抓手，拓展时空，纵横延伸，构建了促进学生在生活、学习、活动等方面的多元文化体验和合作交往环境，在学生的自治能力、团队能力、交往能力、家文化归属感等方面进行了学生培养体系的中西融合探索。

（一）七德院舍体系：学生自组织管理能力的培养

院舍的英文 House，有家庭的意思。七德把院舍定位于像"家"一样的地方，在"家"中，每一位成员都可以与老师、同学共享和分享不同的思想观点、经验优势、志趣爱好……在"家"中，每一位成员都是彼此成长道路上的人生导师和合作伙伴。寄宿制学校，学生全天候在学校生活和学习的管理模式，使得学校需要将学习和生活有机整合，整体设计，让学生在学校的学习、生活和活动等有机统一起来，使其都成为促进学生成长的载体和抓手。七德充分吸收了院舍制跨年级寄宿制学生管理的风格，又充分尊重中国学校的学生班级管理的教育传统和习惯，融入或嵌入进班级的学生组织模式，探索出纵向的打通十到十二年级跨年级的学生组织和横向的同年级的学生组织,两种学生管理传统相融合的学生管理模式,系统地构建了学生管理的院舍体系和运行机制。

1. 七德院舍体系创建

七德通过院舍来形成对学生和班级的横向与纵向管理。七德一共有六个院舍,分别是:Aristotle,亚里士多德;Buck,赛珍珠;Cai Yuanpei,蔡元培;Da Vinci,达·芬奇;Emerson,爱默生;Fan Zhongyan,范仲淹。每个院舍都有自己的名称、颜色、属性、精神、歌曲和吉祥物。每一个院舍由十到十二年级三个年级的行政班学生共同构成。每一年新生入学,都会根据其学术成绩、特长能力、男女比例、生源地等均匀分配到各个院舍中。除了学术课(走班上课,以教学班级开展)以外,学生的课后活动、住宿生活、集体活动等,都会以院舍为单位进行开展。院舍就像一个大家庭,是学生和老师心灵的归属。

院舍体系的建构,突破了中国传统学校以年级、班级为单位的横向管理模式,实现班级与班级之间的横向年级生活以及纵向的跨年级之间的同学交往,促进学生交往的上下纵横,既突出班级组织在学生自治能力培养上的功能,也突破班级、年级的行政组织阻隔,通过日常交往、社团活动、班级活动以及参与学校活动的方式,构建起有利于学生自治能力培养的学生管理体系建设。

2. 七德院舍活动类型

院舍体系建设离不开丰富的活动设计和展开,七德每一年的四季(体育季、艺术季、学术季、世界教室季)主题活动,包括每周一的晨会,都以院舍为单位来策划与开展。如:体育季 QD Rush、各项运动赛事,艺术季的"门绘""涂鸦""粉笔画",学术季的六大学科组活动、春日/冬日项目的组织策划和校内分享等。通常会要求每一项目/活动的人员构成,或必须由同一院舍跨年级构成,或必须由同一院舍男生女生组合,或必须由同一院舍跨年级不同分工等,促进学生在项目/活动中以不同的方式进行跨年级、跨班级的团队合作,进而促使学生在参与中接受各种挑战,自然形成跨年级传帮带,提高方案策划、信息沟通、团队合作与反思重建的能力。而春日/冬日项目,更是将选修课、职业体验与学术研究、CAS 活动、经费预算等有机整合,充分挖掘每一活动及过程中蕴含的育人价值和载体,拓展学生的探究学习、合作沟通,甚至活动经费的预算与执行能力。每一项目/活动,都会要求学生提交方案,且注重系统规范,要求:详细设计活动流程、目标明确、过程清晰、评价具体、职责清晰等,使得所有人都明确自己的责任和所需要参与的活动,进而引导大家充分地准备,有效地交流,积极地合作。

3. 七德院舍文化凝聚

为了不断推动院舍学生管理体系的优化和完善,学校利用周一晨会、大型的学校集会以及各类活动搭建平台,将学校所提倡的"七德价值观"与院舍精神有机关联,让每个院舍师生群策群力,讨论碰撞,各显神通,以丰富多样的形式和内容,来展示每一个院舍独有的院舍精神。如:亚里士多德院舍(Aristotle House)的"博雅、理性";赛珍珠院舍(Buck House)的"青春、活力";蔡元培院舍(Cai Yuanpei House)的"包容、善良";达·芬奇院舍(Da Vinci House)的"蜕变、绽放";爱默生院舍(Emerson House)的"融合、进取";范仲淹院舍(Fan Zhongyan House)的"坚毅、勇敢"。通过精神与精神的交流与碰撞,达成思想与行动的共识,营造学校整体的积极向上展现"七德"精神的个人与团队的归属文化。

4. 七德院舍建设思路与评价

七德的院舍建设,比较多的是:学校提出想法,班导组/院舍基于各自的特点去尝试,一个阶段在班导会/学校大型集会上进行交流分享(会以班导组/院舍成员合作的方式呈现,比如画一张海报,融入"目标、为什么、怎么做、独特性"的思考),获得反馈建议后各自再去完善,最终逐步形成每一个院舍的独特性。

这种按照"愿景提出—实践尝试—经验分享—反馈评价—再实践"的推进原则,有效地促进大家的互动交流,进而以这样的思维方式去思考和改进院舍的各项工作。团队智慧以及中西方文化的碰撞,诞生出诸如:House meeting(院舍会),House meal & tea(院舍茶话会),House competition(院舍竞赛),Teacher orientation(教师规划)等多种形式,内容涉及体育运动、学业指导、住宿生活、生涯规划等多方面。针对各个年级的不同特性,又有进行侧重培养。如:十年级,规则意识,团队合作;十一年级,目标明晰,时间管理;十二年级,大学申请,感恩传承等。注重团队合作分享,注重行动反思改进,注重主动参与突破等价值导向,都有效地引导了师生深度参与院舍的多方面活动。学校为了激励学生的集体荣誉感，增强院舍的凝聚力，还设立了"House Point"积分制度，作为对学生、班级、院舍的嘉奖，每学期统计院舍积分情况，每学年颁发"House Cup"荣誉奖杯。

（二）班导组：院舍体系的教师管理组织建设

基于院舍的纵横交错的联通与管理需求，以及如何张扬和发挥中外教在育人和班级建设中的优势和合力，包括如何将每年新进来的中外教迅速卷入和融入到学校整体文化氛围中，学校在教师管理组织建设中，逐步摸索出跨年级的班级导师组（简称班导组）这种体系化的组织建设与运作模式。具体表现为：

1. 班导组的人员构成

七德构建了班导组的组织管理新模式，以每个院舍跨十到十二年级三个行政班级，每个班级配置班导组（班导主任、班导师和班导助理）的构成方式，实现了中外结合、主副结合的班级导师组的建设。组建"中外主副结合"班导组的出发点，一是希望让外教都参与到学校班级建设中，融入国外学生管理的方式，发挥外教在育人过程中的影响力；二是学校创办初期，每年会有一批新教师（中外教）进入，如何更快地了解和融入学校中，班导组是一个重要的联结载体；三是班导助理的做法，某种意义上是借鉴国内学校的"师徒带教"做法；四是强调团队合作和碰撞之后的智慧创新。

学校对班级活动进行了细分，强化了班级管理和指导工作，并且对班级中学生成长的组织活动进行了详细的分工，在分工基础上，突出了合作的作用。一个班级由一个班导组负责管理，通常4人一组：1位班导主任（类似班主任），2位班导师（两位外教或一中一外），1位班导助理（年轻的中方教师）。班导组的任务包括：班级日常事务、CAS活动指导、生涯规划指导、学生心理沟通等。班导组的每个成员均需承担一定的导师工作职责，负责给班级的学生提供有针对性的个性化指导。

2. 班导组的职责定位

"中外主副结合"的班导组对学生的指导力度、深度、广度，包括个性化的指导和辅导都能够大大加强。每个班导组，在营造愿景即在"想成为什么样子"的问题的引领下，突出院舍精神的凝练和行为转化，在引领学生成长过程中发挥导师的功能和作用。班导组在分工的基础上，形成人员的分工与合作机制，其职能组成结构化，如：班导主任主要负责家校联系、班级建设和学生成长关注；外教主要负责活动组织、升学指导和多元文化分享；班导助理则主要协助班导主任处理班级日常具体事务等。同时，又对每位成员的主要职责进行了具体规定，比如说：外教导师每学期负责组织两次院舍会议；每周两次晨读时间与学生进行多元文化分享；每周与一两位学生谈心沟通并做好记录；每学期至少三次与 CAS 小组学生的会谈指导等。

3. 班导组的运行载体设计和质量保证

班导组的职能定位明确，同时又借助运行机制作为保障，通过多种载体的设计，促使各位成员各司其职，发挥各项岗位职能效力。如：纵向的以院舍为单位的班导组，包括每学期的院舍餐会，每月一次的跨年级学生院舍会议，每学期一次的晨会主题分享和班导组经验分享。横向的以班级为单位的班导组，包括每学期初的班导组成员会议，每周五下午的班会，每天早自习的值日导师进班级，每周与负责指导的学生的面谈，每月一次的年级大会等。

作为一种新型的班级管理模式，如何保证班导组的指导效力，发挥班导组的育人功能最大化，七德开发了 KPI 关键绩效指标，在质量保障上以"如何评价完成结果"为核心问题，通过家长反馈、班级宿舍卫生、学生行规、学术成绩、活动竞赛评比等多样数据采集，形成了比较完整的评价保障机制。

三、在经验分享中凝聚共识达成文化领导

两种不同的学生管理传统在一所学校同时存在，有机结合，就需要改变各自的习惯，既要在中外领导层达成共识，也要在中外教师以及不同管理部门之间形成共识，化解冲突，改变认知习惯，达于妥协，在妥协中共同前进，走向新的融合状态，是七德坚持将班导组也就是将班级管理嵌入院舍管理，形成纵向管理的一种探索和尝试。

由于这样一种班导组和院舍文化的设计和运行本身对于一所新学校来说也是一种新尝试，能否将这样两种不同的组织文化有机结合，形成共识，本身也是一种探索。因此，在班导组的组建和职责明确定位完善的过程中，也始终以一种开放、研讨、不断更新完善，同时，也是借助于日常交流与阶段

性的学期班导主任的研讨会形式，不断明确和强化自己的职责，达到对这样一种学生生活学习活动组织方式的逐渐自觉认同。

每学期一次的班导主任研讨会是七德院舍体系建设的特色活动，旨在提供一个班导主任共同探讨、互相借鉴的学习契机，并通过团队建设活动增强各院舍班导主任间的纽带作用和凝聚力。因此，学校每次都会充分而精心地设计交流会议的流程和精心选择交流的主题。通过讨论框架的设计，诸如"愿景—方法—评价"的讨论流程的设计，以及团队思维导图、头脑风暴法的运用，大家群策群力，在充分的交流碰撞中激发智慧火花，分享思想和认识，共同探讨问题和解决的方法，提升了班导主任团队的凝聚力，也促进了班导主任之间的交流和信任。

如：通过研讨，各班导主任在"班导组职能分配和定位"上达到了高度统一，即：班导主任负责学生的学情监督、家校联系、心理管理；班导助理负责教室卫生、活动执行、日常收发；外教老师负责课程指导和升学协助。在日常班导工作中，班导组内会议（学期初、末）、不定期碰头会、非正式咖啡会谈等都是班导组交流的重要载体。学校给予班导组活动经费的支持，以丰富多样的形式进行班导组团队建设活动。

在院舍体系建设方面，现已实行的"前辈带教""经验分享"和"院舍活动"等做法获得了大家的一致肯定，纵向院舍活动中不断加强经验传授的形式、载体和频次。院舍建设也将随着十二年级优秀班导再次回到十年级带班，得到更好的传承与延展。

应该说，这种高整合的有系统指导地将班级、年级整合进院舍学生管理体系是一种初步的尝试。对于一个缺少院舍经验的中国学生而言，如何保留自己在义务教育段的班级教育经验，发挥班级教育经验中诸如集体精神等，缩短进入院舍新生活管理模式的适应期，将两种学生管理模式的优势发挥出来，七德已经走出了探索的一步。其根本追求在于以立德育人为出发点，通过纵横交错的网络化学生发展工作体系的建立，发挥不同学生管理模式的优势，让中外教以不同的习惯方式共同地进入院舍中，增进理解，凝聚共识，促进团队合作的院舍大家庭文化的建设。既各美其美，又美美与共，建设"齐心协力、包容奉献、血脉相连、荣辱与共"的七德"家"文化，体现出中国"家和万事兴"的治理理念，通过不同组织方式的嫁接、联系、沟通，发挥和融合中西方学生教育方式和办法,发挥中外教、中外文化合力育人的功能(见图5-1)。

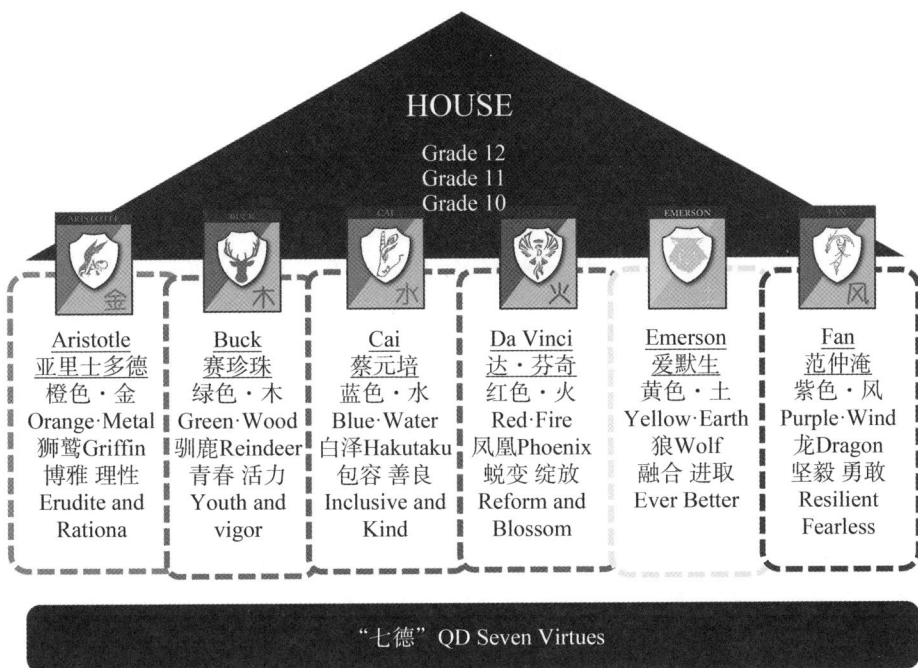

图5-1 House体系

案例5-1

院舍班导组关于"坚毅力"的讨论

每学期一次的班导组研讨会是七德院舍体系建设的特色传统活动,旨在提供班导组一个共同探讨、互相借鉴的学习契机,并通过团队建设活动增强各院舍班级间的纽带作用和凝聚力。今年是以"如何培养学生的坚毅品质"为主题。

A院舍的三位班导主任经过深入的思考、充分的讨论和互相激发,最终形成了共识:无论哪种品质的形成,都不是一朝一夕能成就的,必须经过长时间、潜移默化的引导和坚持,而坚毅品质的培养尤其如此。对学生的引导与坚持也不是空中楼阁,而应该是具体可行、行之有效的一些计划、方法。基于这样的认识,一起归纳出了以下几条建议:

其一，父母、师生等高频接触人群作为外在环境所起到的积极影响。正所谓身教胜于言传，父母是孩子最初的启蒙教师，具有坚持和毅力品质的父母是孩子最好的效仿对象；而教师的严格要求、学生对具有自律、坚持品质的朋友的选择，也将会对学生起到积极的促进作用。其二，为自己制定具体可行的小目标。千里之行始于足下，小目标的确立不仅激发了学生坚持的意志力，而且目标的实现更增强了自信心，是培养坚毅精神的好方法。其三，家校可以推荐符合学生年龄层次和接受程度的励志类文学作品或影视片。而同龄人，甚至身边人凭借坚定的毅力而取得成功的事例也会对学生起到极大的激励作用。

C院舍的三位班导主任，通过讨论则认为坚毅力的内涵体现在：其一，社会、家庭及学校三方合力营造正能量的氛围。比如11C麦爸爸在烈日酷暑之际带领孩子到"七德菜园"锄地、撒种等。在学习干农活的过程中，孩子体会了收获的艰辛和不易；又如南加州大学以"fight on"（战斗）作为学校邮件的标志鼓励学生效仿特洛伊人，即使落入暂时的失败依然坚持战斗到最后一刻从而赢得胜利的转机。其二，同伴的支持和榜样的示范激发内在的成长动机。每个漫漫的学习长夜，因为有小伙伴们的同行便不再寂寞；篮球、足球等赛场上，因为有啦啦队的呐喊助威，场上队友的不懈努力便有了再一次面对困难的勇气。集体的力量帮助青春期的学生实现由脆弱到坚强的蜕变。其三，信念的积极转化超越忍耐困境的痛苦铸就坚毅的品格。很多学生之所以在困难面前失去力量逃避退缩，大多数时候仅仅在于信念上的偏差。如果他认定没有解决不了的问题，只有尚未被找到的道路，这个一念的转变便能帮助他调动一切的资源竭力尝试寻求出路。而这个忍耐的过程便能促成毅力的生长。其四，温情的滋养带来坚毅的韧度和舒展的心性。成长必然有低谷，总会有困难，但是如果有来自社会、家庭、学校和同伴的陪伴和关怀，即便是一句温柔的问候，学生的内心都会因爱而舒展，看见云上的彩虹。

四、小结

1. "家"文化成为融合中西学生管理模式的基点

"家"作为一种隐喻，可以说是中国学校举办者的一种追求，甚至是一种理想境界。在七德的院舍中，由于学生大多是寄宿制，且学生来源于全国各地，自然，营造家的氛围对于学生的思乡情绪有所减缓，对于离家求学的学生无疑是一种心灵的安慰；另外由于中外合作办学中的很多外方老师也是离家、离开自己的国家来到异国一所合作办学的学校中，自然，家对于他们来说似乎也显得更有意味。同时，家文化是中国的传统文化，情感浓于理性，人情在这样的组织文化中所起到的作用是非常重要的。

2. 纵向贯通式的学生管理模式提高了学生交往能力

利用院舍的学生管理模式，将学校层面和班级层面的各种活动整合进院舍。同时，打破年级隔层，实现学生交往范围的横向和纵向的扩展，扩展学生自我组织和自我管理能力，扩大校内学生交往的半径，最大限度地发挥学生群体的同伴学习作用，增强学生的自组织能力，这方面的做法得到了学生的肯定。尤其是对于经历了初中比较封闭的学习状态之后，开启同伴的精神交往之门显得特别重要，在这个意义上，对于优秀学生群体而言，同伴无疑是最好的教育资源和学习资源。

3. 丰富多彩的活动提供了学生成长的多种可能

七德的课程体系设置和学生培养取向是以衔接大学和为进入大学做好准备，因此，在学生管理方面，也与西方的寄宿制学院非常相似，突出了学生的自我管理能力的培养。同时，提供了丰富的各种各样的活动平台和机会，在各种活动中锻炼学生的组织和管理能力。通过对学生访谈的材料进行梳理，可以从一个侧面呈现出学生的成长状态和学习体验。

访谈 5-1：

S4：成长在挑战中。进入七德是一个挑战自我的机会，能够遇到很多优秀的同学。这三年来我感觉自己无论在学业能力还是待人处事方面都真正成长了许多。

S5：成长在自由选择中。七德给予了我很多的自由度，选课、活动、业余时间。我相信这些点我会与其他同学说的比较类似，就不详细叙述了。另外，学习 IB 能给我提供很多将自己的兴趣融入学业当中的机会。比如说，我会因为对于商业的兴趣而去选商业管理，我会因为对于嘻哈文化的热爱而在拓展论文中对这个话题进行深度研究。外教老师相比之下会给予我们更多的自由度，他们不会太注重一个学生的成绩，而是在乎进步的过程。另外在作业的形式上会更加多样化。外教的存在会对于我们创造力的提升有很大的帮助。

S6：成长在友善的师生关系中。我的数学和语文老师是中国人，作业量都比较大（刷题、做笔记、提纲），在课后对同学的关心也很多，与初中老师的教学方法是有一定类似程度的。而且因为是中国人的缘故，我感到平时与这些老师交流起来不会有太多的障碍，也更容易成为朋友。

S7：成长在独特的经历中。最令我印象深刻之一的应该是足球队里的经历。我从十年级时的不自信，到十一年级成为中流砥柱，到十二年级成为大哥一样的人物。这样的转变对于我的领导力、自信心的培养都有着十分大的帮助，也教会了我机会都是自己争取而来的。如果没有出众的天赋也不要紧，努力训练会让自己的梦想成真。两次夺冠的经历是难以置信的。特别是第二次当我们差点连上场阵容都凑不齐的时候，我意识到了一支团结、热爱彼此的七德球队可以达到什么样的高度。

S8：成长在跨文化交流中。每年的冬末，是德怀特各个校区的盛会，大家都会准备富有民族特色或地域特色的表演带到卡内基的舞台，同时校区之间也会集合起来共同排练交响乐队及合唱的节目。在此之前我去过很多国家，但是与各个国家的年龄相仿的同学坐在一起互相交流，排练节目，到纽约的学校上课、参观，还是第一次。在这短时间内，我不仅交到了许多朋友，了解了各个国家的部分文化，更从热情开朗的外国伙伴身上学到了在事务繁忙而时间紧迫的情况下有条不紊、合理安排时间、事情的能力，许多与人交往的技巧，以及对突发事件更好的应对和处理能力，当然还有许多音乐知识。在世界顶级舞台上表演的经历以及 4 个校区合在一起排练的日常都变成了我非常怀念的、珍贵的记忆。

S9：成长在不同教学风格中。总体来说中教普遍更加认真负责，具体体现在能够提供许多帮助学生消化整理知识点的学习资料，且更加强调应题技巧。在课堂授课方式上，中教更倾向于亲自教授知识点，但是也不乏能够调动学生创造力与积极性的高质量课堂活动。而我个人认为外教虽不乏许多高质量的老师，但在某些学科（如科学组）存在着一定的短板，这导致学生们的成绩在很大程度上取决于老师的授课以及课后辅导帮助的质量。

S10：成长在各种活动中。学生也有更多时间与机会参与各式各样丰富的活动，例如社团、体育，对领导力的提升也有很大帮助，比如学生可以自己策划活动，例如歌唱比赛等。卡内基音乐厅的民乐队演出令我印象深刻，能去到纽约、在世界著名的音乐厅表演真的是件非常荣幸的事情。学校有各种特色活动，NSN 歌唱比赛、New Year Party（新年晚会）等，全权由学生组织策划，非常厉害。即使你不是其中的参与者，依旧可以一饱眼福。在七德的学习环境非常好，我们有很多课程，并且有很多大学来访。而就是一次酒店管理大学的来访改变了我，让我发现了我对泛酒店管理行业的热爱，并且当时升学指导老师告诉我，想要进 EHL 也就是最好的酒店管理大学实习的经历不能少，于是我前前后后做了三份实习，我做过餐厅服务员、前台工作人员、总厨秘书、卫生员等工作，最终拿到了自己心心念念的录取通知。其实在这过程中，还是很艰辛的，也受到了很多质疑与否定，我多次失去理智想放弃，但是每次回到学校看到大家无论 IB 给他们多大的打击，大家依旧保持乐观默默吸取经验，这给了我坚持自己热爱的也渴望达到的目标的动力。我觉得如果不是我当初选择了七德我不会有这样的经历。在七德的学习生活，总体上的感受就是这是一个培养学生自我意识并鼓励学生坚持自己所爱的学校。"QD bazaar"是给我印象最深的活动。这是我进入七德以来第一次全校的大型活动，更是一个促进同学关系的契机。在同学的帮助下，我第一次尝试做甜点，并且成功了！能够把自己用心做的东西卖出去，让我感觉十分自豪。还有一个令我印象深刻的就是圣诞 GaLa，第一次尝试了用调音设备，体会到了后台人员虽然不如舞台上的演员光彩夺目，却也十分的重要。

第六章

专业的保障：培养跨文化、跨课程、
跨学科的教师队伍

育人模式浸润和体现在育人活动的各个环节，但最终需要聚焦到教师身上，对于学校而言则是教师队伍建设问题。对于中外合作办学，则更多的集中于学校理念的认同，教师团队合作机制的培育，跨课程体系的互鉴和融通，中外教师群体之间、个体之间的文化理解，包括教学理念、教学方式、工作习惯、生活习惯、理解方式、表达方式、思维方式等方面的沟通交流，以及作为教师专业本身所需要的课程实施能力的提高与发展，对待中国学生的学习基础、学习方式理解与调适，与中国家长的交流与互信等问题。没有教师质量的保障，育人质量很难保障，没有教师队伍的质量保障，学校整体上的育人质量很难保障。七德通过平台的搭建，活动的设计，主题的探讨，日常生活节日的渗透以及专业发展的各种培训机制的整体建设，汇聚合力促进教师团队的共同愿景、文化融合和专业发展。

一、理念的认同

应该说，进入七德的教师对于 IB 课程的"全人教育、学会学习"理念是认同和向往的，但从认同和向往到理解和明晰到自觉在教育教学实践中进行转化实施需要一个过程。此外，除了 IB 课程理念，对于学校的教育理念、办学目标和育人目标的认同亦需要有一个由浅入深的过程，是在不断的开放式研讨交流过程中，有目标有指向地推动团队合作的活动过程中，不断清晰化、内化和逐渐转化为具体行为。

七德的大部分教师是伴随着学校开办一同走来的。作为创业者，有着和学校一起成长的愿景和情结，有着和学校领导一起共同思考学校应该朝着哪走的诉求和探索。为了形成共同的认识，达成理念的认同，除了日常的理念渗透外，更多的是借助于活动策划、专题讨论、重要事件，将理念渗透于日常教育教学和学校生活之中。如何让理念落地，让育人目标深入人心，七德通常会借助一些大型的讨论活动来逐步推进。

案例6-1

七德人形象大讨论

周五下午，学校全体同学和老师聚集于学校报告厅和体育馆，分年级开展关于七德人形象的大讨论。我们一进入报告厅，就发现有所不同：墙壁上贴了六张白纸，在第一排的位置上放了很多的纸和彩笔。有些同学看到这些笔和纸，脱口而出就说今天肯定要画海报做游戏。同学们都议论纷纷，讨论着今天要干什么，但是大家都没有猜到今天的主题。

伴随着同学的讨论声，校长走上台简要介绍了七德精神的由来，艰难创新的提议之路，繁琐漫长的收集工作，坚定果断的决定过程，无一不倾注着老师们以及学长学姐们的智慧。同学们在感动之余，对于七德精神又有了新的一层理解。然后校长提出了今天要讨论的话题：围绕七德人在学校、社会、家庭中所要扮演的角色形象展开讨论，包括"跨文化交流中的七德人""住宿生活中的七德人""课堂生活中的七德人""家庭生活中的七德人""课外活动中的七德人"和"网络时代的七德人"等。

首先是小组讨论，同学们根据报数随机划分成了不同小组，每组不超过4个人。然后由抽签决定讨论议题。同学们各抒己见，优秀的提议一个又一个地在同学们的脑海中火花乍现。为了更好地完善自己的海报。有的组采用了思维导图的形式，有的组则是发挥了画画的才能，将自己的想法呈现在海报上。不仅仅是呈现的方式不同，各个组的姿势也是千奇百态的。有的小组直接豪放地趴在地上，有的小组则是优雅地选了一堵墙，将画报倚在墙壁上画画。无论是呈现的方式不同还是画画的形式不同，总而言之，每一位同学都积极地参与其中，为他们小组的海报尽自己一分力量。

30分钟后，所有商讨同一议题的小组合并成为一个大组，同一个话题的同学聚集到了同一张海报的下面。每一张海报下都有3～4个小组，大家围成一个圈子,将海报放在中间你一言我一句地发表自己的意见。最后,每一大组要求就原先各小组讨论出的形象特色,择取精华加以语言提炼,以最生动易懂的方式向全体同学和老师展示本话题最为核心和重要的概念。

　　每一个同学都积极地参与这一次的活动。无论是出主意的同学,还是画画的或者是写字的同学,甚至是最后自己主动上去演讲的同学,每一个人,每一分钟都参与到了这个活动中。所以我相信,马上我们就能在七德人的形象中看到自己的观点和想法。相信到时候的我们一定会为我们现在的想法而骄傲。也很感谢学校提供让我们学生自己参与七德人形象大讨论的活动,我们每一个人都很享受这样的一个过程。这个讨论过程其实就是体现了我们七德人的形象,不是吗?

案例 6-2

七德校训大讨论

　　从2022年暑期仇忠海理事长提出七德学校精神/文化这个问题,这一年来我一直在思考,也请全校师生共同参与讨论,包括听取校外学者专家意见。作为创校校长,我不得不思考,我必须回答这个问题。从2022年9月到2023年2月再到2023年9月,我用三次开学典礼致辞,来回答这个问题。

　　2022年9月开学典礼,我提出了"七德是一所什么样的学校? 她的文化/精神内核是什么? 七德是否可以开展七德精神大讨论? 我们的学校精神? 我们的教师精神? 我们的学生精神?"这个话题。我期待,就像建校元年时我们开展的"七德价值观"大讨论,通过师生的共同讨论,包括家长、社区的积极参与,提炼出:七德已然存在的,达成共识的,为外人所感知的,凸现七德特质的,引领七德继续发展的学校精神/文化内核(即学校的精、气、神;内化于心,为精神;外化于行,为文化)。大家不约而同想到了"关爱/Caring、包容性/Inclusive、多元性/Diversity、个性化/Personalized、合作/Cooperation、归属感/Community、反思性/Reflective、勤勉/Hard Working、韧性/Tenacity、高标准/High Standard、雄心/Ambition、先锋/Pioneer、成就感/Achievement、社会责任感/Social Responsibility"等关键词。

　　2023年2月开学典礼,我汇报了作为学校精神/文化重要载体的校歌创作，催燃了对七德精神/文化内核深入思考和提炼升华的全过程。

2021年底，我们创意提出"大海"作为七德校歌的意向表达，把七德比喻成大海。兴奋之余，我们亦对大海的深厚博大宽广感到无措。因为大海太大，无所不包气象万千。记得仇校长还半开玩笑地说："大海太大，小海太小，我看就中海吧！"如何"弱水三千只取一瓢"，找到"七德大海"的灵魂，建立"大海"与七德精神的内在关联？

从师生们对学校精神的关键词描述中，从对大海描述的古今诗词名句中，从参与创建七德的独特经历中，我们逐步聚焦提炼出七德精神的内涵："海纳百川包容多元的开明睿智；勇立潮头敢于探索的开拓先锋；承载梦想追求卓越的雄心壮志；无问西东追随激情的青春飞扬；德行沧海拥抱世界的初心使命"。

作为学校精神/文化的表征，如何更有文化意蕴和厚重精炼的表达？于是，头脑激荡，众里寻她，从"纳百川　载千帆　惟万众　共济沧海还"，到智慧碰撞诞生出"道知精微　德行沧海"以及最终定稿"道知情怀　德行沧海"，并立为七德校训。从"大海"的具体意象表达，到融入中国的哲学智慧，到七德的人文精神追求，愈来愈清晰，愈来愈坚定，这个讨论提炼过程是对七德近十年办学的积淀和追求，是对七德未来坚定的长期主义价值的共同回答。她指引我们走向更广阔的世界、更长远的人生，建立我们与万物大道、人间正道的知行合一，建立我们与自己、与他人、与社会，与"修身齐家治国平天下"中国文化的内在联结，是对"人之为人"终极关怀的七德回答！

道，不仅是指宇宙万物的客观规律，更是指引"人之为人"的人间正道。当我们把人间正道纳入我们的内心，指引我们去践行，去知行合一，心中不仅有我，也有家和国，就是情怀。德行沧海，就是遵循客观规律，践行人间正道，就是知行合一，就是把我与我的人生沧海联结起来，就是把我与社会的发展进步联结起来，做我应该做的事，做对社会有用的人。

"道知情怀　德行沧海"与"七德价值观"并不违和，而是不断自我超越！"七德价值观"指引我们从"修身立己、待人达人、立业成事"三个维度攀登人生的"第一座山"，"道知情怀　德行沧海"则指引我们不断自我超越，追寻"人之为人"的内在价值和生命意义，我不只是"得"，我更信仰"舍"；我不只是"成功"，我更追求"奉献"；我不只是"我"，我更是"我们"；我们要成为社会进步的动力,我们要投身于与国家、时代同频共振的人生沧海,我们要勇于攀登人生的"第二座山"!

我们亦把此思考融入校歌创作,历经多稿,即将绽放!

校歌《我们是大海》经过广泛讨论,为避免大而不当、泛而无魂,顾只取能指恢宏、情境深远的那"一瓢"——海纳百川。"海纳百川"四字分寸适宜、收放自如而又意味深长,既是自然规律又是人文理想,恰是我们可以握住的那"一瓢"。

志合者不以山海远

逶迤奔腾到眼前

江河际会

心手相连

纵横天地间

值你我汇聚成海

交融了万千期待

激荡出智慧火花

心远安澜

志高澎湃

向善向美向未来　　大海

副歌

纳百川　汇波澜

载千帆　渡雄关

惟万众　赴彼岸

共济沧海还

Embrace all rivers

Carry all ships

Care for all being

We are the sea

道知情怀

德行沧海

大海

大海是江河的梦想，每一条江河（每个七德人）都是自带荣耀光环的生命英雄，为了梦想而江河际会，不惧山高水远，心手相连，纵横天地间。一如晋代古语："志合者，不以山海为远"，借此彰显七德人的胆识与志向。

七德是中国第一所独立设置的中美合作高中，融合中西、勇于探索的先锋气质缔造了独树一帜的情怀表达，多元、异质化的师生就好似不同的江河，七德就有如大海，敞开着欣然接纳和包容差异的浩荡胸怀，江河交融激荡出智慧的火花。

心远安澜、志高澎湃，则是对七德人修炼心志、行走人生沧海的愿景表达。

归属感、认同感和集体荣誉感是一首校歌的使命之一，最后一句口号"向善向美向未来"是对七德精神进行情境表达的升华，亦是对七德人"行走在路上"的美好祝愿。

七德"道知情怀　德行沧海"校训和校歌，历经两年有余，从问题／意象提出，到行政团队率先讨论，再到全体中外教师头脑激荡，再到学生、家长、学者共同参与讨论提炼解读，上上下下，反反复复，内内外外，最终形成共识。这个过程有些漫长，达成共识花费了更多气力，但非常好地凝聚了群体的智慧，相互进行了诠释与理解，也由此化为每个七德人的文化烙印。

二、团队的合作

中外合作办学过程中，如何打破文化隔阂或陌生，加强中外教师之间的交流、沟通和认同，达到文化理解、理念认同和行动共识，是教师队伍建设必须要考虑的核心问题。

就教师队伍建设而言，学科素养、专业技能、课程标准的培训很重要，但合作办学过程中，更具领导艺术的是能否发现中外教师文化、理念、行动指南之间的异同、隔阂和理解障碍，寻找到跨文化沟通的载体和平台。西方教师往往喜欢个人主导、尊重个体、意见表达、表扬鼓励的工作方式，中方教师则习惯于服从安排、集体至上、默默付出的工作方式。因此，找到教师相互认同、相互学习的连接点就显得非常重要。

首先，形成"七德"价值观共识，强调"齐心协力，包容奉献，血脉相连，荣辱与共，家和万事兴"的"家文化"，具体表现为："我是七德一员，我与七德休戚相关；我的发展与七德发展双向奔赴、同频共振；我以七德为荣，七德以我为荣。"倡导和培育教师与学校之间的团结感、归属感和荣誉感。

其次，构建"专业学习社区"（Professional Learning Community，PLC）平台，全力支持教师专业发展，鼓励教师努力实现自己的目标，并为学校的教学发展作出贡献。"专业学习社区"围绕学生发展需求以及教学要求构建而成，由有经验的老师自主申报，每学期主题不同，包括：评估学习、课程纲要、教学常规、教学技术和可视化思维策略等。2020学年开始，又启动了"教育学实践"（Pedagogy into Practice，简称PIP）建设目标，侧重于ATL（approaches to learning）技能、AI（artificial intelligence）技能、ToK融入学科教学等策略，如：在课堂上开发学习培养目标、基于概念的教学、批判性思维技能、ATL教学方法的应用、在教学中有效应用AI等。每个教师从不同主题选项中确定自己参与的主题，并在自己的课堂进行实施，也进入同一主题的其他教师课堂进行观摩和交流。2024学年提出"学科组的成熟度"建设目标（见图6-1），学科组的成熟度可以从四个维度建设，引导学科组关注"学术成绩、竞赛、骨干教师、团队文化"等方面。

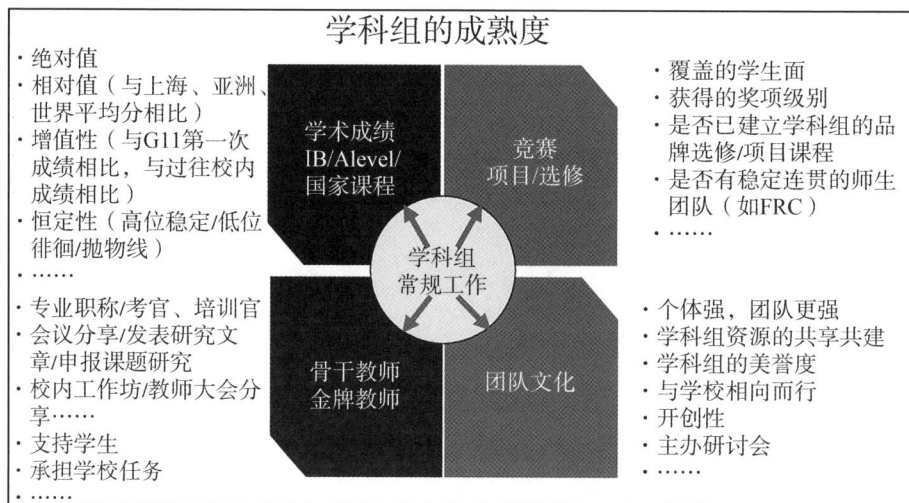

图6-1　学科组的成熟度

"专业学习社区"建设的核心就是开放共享、相互学习、终身学习。对于来自不同地区，不同专业领域，带有不同文化烙印的各种类型的教师来说，来到七德大家庭中，首先需要营造的就是一个相互学习的意识和心态，开放共享的环境和文化，不断自我超越的价值追求。只有始终保持学习状态、不断自我超越、愿意合作分享的人，才可能是谦虚的、愿意倾听的、追求进步的，才有可能构建起真正的专业社群，在促进和成就学生/他人的进步中实现自身的成长进步。

最后，构建合作共享校园文化。

访谈 6-1：

有老师关于教学实施作如下反思。

T2：教学中的最大挑战是需要打破传统禁锢，通过开阔思维和不断创新来满足不同学生的需求。关于如何激发学生对学科的兴趣，其实在教学中，如果是以学生为中心，以学生需求及发展为出发点，许多困难都会迎刃而解。一是与带教老师的及时有效沟通，多听课、多总结、多讨论、多反思，将优秀教师的经验应用到自身的教学中。二是同伴互助，纵向与横向的互学互助，每个人的思维不同、角度不同，但如果能在共事过程中，学习别人的优点，反思自我需要提升的地方，是快速成长的方式。

T3：最初的挑战是从过去的中英混合教学转为全英文教学，从过去的大班授课教师中心式的教学方式转变为以学生为中心，使学生能更好地适应跨文化交流环境，培养批判性思维能力。克服方式有个人做出努力的地方，包括多阅读教学理论、多参考教学内容的书籍，但更多还是同事和学校提供的资源帮助，比如学校的 TTP，让我很快适应了学校教学风格，同时，将我理解到的东西加入教学活动的设计，与学科组成员讨论，思维碰撞，产生了很理想的教学效果。

也有老师关于活动策划组织作如下反思。

T4：体育季运动比赛的组织、艺术季的迎新庆典、自助晚会，这些类似"春晚"的场合和方式，对外教来说，真的是不多见的。甚至很多时候，外教老师可以在课堂上挥洒自如，也不排斥个人才艺秀，却在高度组织化的整齐划一表演性的教师节目中非常不自在。这可以说是非常大的差异了。之前在组织学校大型活动的时候碰过壁，因为无论如何解释，外教组织排练的节目都很难达到我们"上台表演"的要求，所以在七德办学的第二年，我们索性改良了很多的活动。如体育季，我们没有传统意义上的运动会了，而是改为"校园冲刺"，在校内各场地设置任务点，让学生和老师全员参与，各自选择喜爱的项目参加。又如艺术季的迎新会演，我们会尊重西方的习俗，开展礼物交换、圣诞树布置等活动，但也同时保留文艺汇演，让学生将之前在外教艺术课堂上学到的东西进行展示，邀请中外教一起来观摩。这样也能让外教开始理解我们做这些活动的意义，并愿意参与一起合作。

三、专业的发展

七德的教师队伍，文化背景多元、IB 教学经验丰富、热爱生活、勇于探索。2024 学年 112 名教职员工中，有中教 75 名，外教 37 名，中教、外教比例为 67％和 33％；专职教师 80 人，中教 48 人，外教 32 人，中教、外教比例为 57％和 43％。中层管理团队 23 人（校级、部门、学科、年级主任），中教 16 人，外教 7 人，中教、外教比例为 70％和 30％。整体看，中教、外教比例在比较合适的生态比范围（外教占比在 35％～40％）。绝大多数教师工作年限在 5～25 年之间，20 多位教师是 IB 考官，2 位是 IB 工作坊培训官，69％获得硕士及以上学位。应该说七德的教师队伍是一支精挑细选的高学历教师队伍，因此，除了系统化地构建教师专业发展的培训体系之外，对于如何组建一支高效的多样化的团队是提高学校办学核心竞争力的保证。

学校针对教师的培训，主要包括：①IB 组织的学科教学培训，通常包括三个层阶工作坊。IB 组织负责发布，学校自主报名参加。②学校聘请的不同学科顶级 IB 学术顾问，每学期开展为期一周的课堂观察反馈，召开学科组会议培训 IB 课程纲要，撰写工作指导报告。③纽约德怀特学校校长、课程主管和学科顾问每学期 2～3 次的培训和质量监管。④有 IB 教学经验的优秀教师开展的校内培训。⑤外聘专业机构开展的每学期一次的跨文化团队培训。

应该说，七德的教师培训是系统而又开放的。基于 IB 课程实施培训的框架体系比较完善，理念方法比较新，培训体系非常成熟而又有长效，从专业性上有保障。因此，学校更多从营造一种组织学习文化，促进教师之间的沟通和理解，满足不同阶段的教师成长需求等层面来进行组织策划活动。

1. 借助于 IB 教师工作坊的培训保障

IB 培训。课程部负责教师培训安排，根据 IB 工作坊的年度安排，分期分批派送教师进行针对性"了解 IB/cat1—推广 IB/cat2—胜任 IB/cat3"三个梯度培训。

"了解 IB/cat1"阶段，了解 IB 的理念与实践。包括：使命与哲学；主要学习经验和内容；项目与课程；学生需求与评估要求；学分认证、大学认可和升学优势；接受学科指导；形成自己的认识和学科之间的联系等。

"推广 IB/cat2"阶段，项目实践反思和传递。包括：项目框架与实践之间的联系；评价的理解；分析标准；教学技术和资源使用；深度探讨评价以及质量和国际理解意识等。此阶段主要集中于评估的理解和实践经验和做法。

"胜任 IB/cat3"阶段，为有经验的教育者建立专业发展支持。包括：学习理论、教育学、评价及专家学者的了解以及相关方面的内容等。此阶段聚焦三大核心课程的实施与评价以及六个学科群的具体学科指导课程。

IB 每 5 年会更新课程大纲，所有学科教师又会开始新一轮课程培训。针对教授国家课程的教师，除了参加上海市、闵行区组织的学科培训，学校也会提供相关学科的 IB 培训机会，以帮助老师了解 IB 教育理念和 ATL 教学技能，目前所有教授国家课程（政治、历史、地理）的教师均已参加过 IB cat 1 培训。

此外，七德是东亚地区国际学校联盟（EARCOS）成员。EARCOS 会提供很多在亚洲地区的专业发展会议，学校一直鼓励相关教师积极参与和分享议题。针对一些特别好的教师专业发展项目，比如：美国莫兰大学（Moreland University）的"TEACH-NOW ® 教师资格证项目"经过美国"教师培养认证委员会"CAEP 和"远程教育认证委员会"DEAC 的认证，是全球独特且卓有成效的在线教师培养项目，学校还特地组织 10 名教师一起组成学习小组，参与这个为期一年每周都有学习任务极具挑战度的教师资格证项目。此外，七德还积极加入美国商会和上海图书管理员网络等相关网络，主动创造上海周边的专业学习社群机会。为支持教师专业发展，七德还给予每个教师每年最多可申请 4 万元的专业发展补贴，适用于国际文凭组织 1—3 类研讨会、中蒙国际学校协会会议、东亚海外学校联合会会议等以及和硕士学位、语言课程等个人专业发展相关的项目。

案例 6-3

成为 IB 考官/培训官，不只是角色升级、视角转换这么简单

打开 IBO 网站，轻易就能搜索到有关成为 IB 考官/工作坊培训官的信息。然而走到这一步，却需要多年教学实践与育人经验的深厚绸缪；而成为真正的 IB 考官/培训官，更需经过专业、能力、恒心等多重考验。

数学组主任张老师：

作为一名 IB 学科教师，我在夯实教学的同时，更需要深刻理解 IB 的教学理念，以成长心态，了解评估的流程，积累经验，帮助学生学习和学校发展。虽然申请成为考官/培训官周期较长，过程艰辛，但路虽远行则必至，主动走出第一步至关重要。

提交申请表、推荐信、接受培训等，如同大学申请，申请的过程也是自己反思总结、完成学科教师 IB 自画像的机会。作为 IB 工作坊培训官，培训中遇到最多的问题便是评估标准，因而，对评估标准的把握至关重要。这就像足球教练一样，教会球员战术很重要，了解比赛规则并灵活应用取得胜利更为重要。

IB 考官的主要任务是批改学生大考试卷和内部评估。一般而言，申请成为学科考官需要（不限于下述条件）：

- 申请人在申请学科（或相关学科）方面有学位或同等学力；
- 申请人在该学科有至少一年教学经验；
- 不再从事教学工作的申请人必须在过去三年内有教学或考试经历；
- 申请 IBDP 数学学科的申请人必须能够使用 IB 认可的计算器；

……

与此同时，考官职位需要申请人有专业教育背景、学科教学经验、熟悉 IB 的教育理念（尤其是评估标准）、沟通能力、合作精神；通过考核后，考官会等候 IB 分配相关批改任务。

IB 工作坊培训官的角色是为参加 IB 工作坊的参与者提供高质量的专业发展。培训官使用当下的 IB 文件、理念、标准和实践，确保工作坊参与者接受到最高质量的培训。申请成为工作坊培训官需要（不限于下述条件）：

- 深刻理解 IB 的使命和理念；

- 拥有作为 IB 学校教师或管理的经验,以及拥有任何专业学科/领域的经验;

- 具有丰富的课程知识,并熟悉相关的课程文件;

- 具有对成人教育中多样化学习方法的了解;

- 拥有对 IB 官方文件、系统和网站、最新知识的了解;

……

同时,申请人需熟悉应用下述技能:沟通、信息和媒体应用、合作、组织、共情、反思、批判性思维、创造性思维以及迁移。在提交申请以及视频资料后,IB 会邮件通知相关申请结果,成功入选的申请人进入培训和考核环节,并等候 IB 分配工作坊培训任务,详细信息可查看 MyIB。

近些年,体制内教育提倡素质教育、考核评价多样化,正在展现积极的变化。而对于 IB 学科,根据时代的发展,教学大纲会定期更新、与时俱进,这更要求 IB 老师要保持成长心态,不断学习、更新迭代、完善自我的同时,帮助学生提高学习能力,促进学校学科发展。

在我成长的过程中,七德的领导和同事们给予我极大的支持,在七德大家庭里,幸福满屋。记得 2022 年国庆假期,DPC(IB 文凭课程协调员)老师分享培训信息,我思考之余就准备去做书面申请,录制视频材料,同时联系校长帮助写推荐信。在大家的支持下,一切都进行得很顺利,两个月的高强度培训中,阅读材料,积极准备,很多个夜晚交给了工作坊的培训。晚自习期间,在我们学科办公室的阳光会议室和德怀特学校纽约校区的老师讨论 IB 的理念,参加工作坊培训并进行在线展示,同事们都很支持,深受感动!过程虽然辛苦,但收获丰富。依然清晰记得在工作坊的最后一天,大家推选我代表小组发表总结,有兴奋、有紧张,办公室同事们和小组给了我莫大的支持,总结顺利进行,最终我成为一名 IB 培训官。申请培训官的过程,充分体现了七德社区家庭般的温暖和支持,处处可见的善良、尊重、合作、毅力,促进我的成长,感恩七德的培养!

在担任考官和培训官之后,我对学科评估标准更加明晰,同时也对 IB 教育有了进一步的理解,在视野和理念上有了更新。在批改内容评估(IA)之余,我熟悉并理解各项评估标准,遇到问题时,及时向主考官反馈,并讨论解决方案。我把收获的经验分享到学科组,融入我们的学科教学,合理安排时间,把 IA 的写作进行流程化管理,指导学生完成高质量的文章。这些经历为后期的工作坊培训打下坚实的基础。

2023 年 10 月,我在印度尼西亚雅加达开展了我的第一次 IB 工作坊培训工作。准备好资料后,提前与其他培训官取得联系、寻求建议,培训官们都很热情,向我分享自己的经验。而此行中,我还遇到了 2015 年曾在七德工作过的老师,世界那么大,我们碰巧遇上了! 或许理念相同的人,终会相遇。与老同事的重逢,让我对工作坊的培训充满期待。两天半的培训,我与来自亚太地区学校的老师们进行了深入的交流和沟通,也让我有机会换个角度审视 IB 的理念。参与会议的老师们积极热情、乐于分享、善于交流,大家相互分享了跨文化的教学、创新、成功案例以及跨学科活动开展情况等,IB 的教育理念在不同国家虽呈现方式略有不同,但殊途同归,每个 IB 教育人都在努力达成 IB 的使命。

对数学学科来说,我的收获之一便是学会如何在数学教学过程中体现ToK 的特质,与会老师们分享了不同的实践方案,也让我深思目前国内的国际课程开展中遇到的问题。中国国家课程标准对数学情境化设计提出要求,中高考也开始进行试题情境创新,比如 2023 年上海中考数学第 22 题加油卡问题,这与 IB 学科培养考生转化和解决未知情境下问题的能力不谋而合。如何帮助学生把所学知识应用到生活中是颇具挑战的课题,这需要老师和学生的持续投入,用发现的眼光看身边的人和事,而这会帮助学生认识学科的美,积累素材,提升文化自信。

经验的积累,视角的不同,让我对 IB 教育的各方面有了全新的认识和了解。从一名 IB 教师,到 IB 考官,再到 IB 工作坊培训官,虽然角色不同,但每个角色都在用不同的方式践行 IB 的使命:致力于培养具有探究精神、知识渊博和富有爱心的年轻人,并通过对跨文化的理解和尊重,为创造一个更加美好与和平的世界作出贡献。在七德,我深信在学校领导的带领、学科老师的努力下,我们一定会有越来越多的 IB 考官、主考官、培训官等。他们促进学生成长,推动学校发展,为自己和他人塑造美好人生。

中文组主任俞老师:

如果有执教 IB 的经验,并且渴望通过阅卷提升对评估的理解和洞察,就可以申请成为 IB 考官。前提是,本学科考官职位出现空缺。IB 官网会持续更新这些信息,但仅接受被列为空缺的申请。如果申请通过,在完成线上培训后,即可获得考官资格,在每年 5 月或 11 月考季,参与评估批阅或审核工作。

一般情况下,一位考官会专判一项评估,这有利于对该项评估标准的精确把握。特殊情况下,主考也会发出调剂邀请。例如,在新冠疫情期间,由于内部评估(口头评论)改为外部评审,阅卷量激增,我便获邀参与了语言与文学内部评估的评审。而在此之前,我的专判领域是文学的卷二(比较论文)。因此,多课程经验和全评估理解有助于更好地履行考官职责。也就是说,相比传统体制内教育,IB 对复合型素养的要求会高一点。

同时,IB 需要考官在评卷结束后提交书面报告,总结和批判性反思评审中的观察,为后续的评估和教学提出建设性意见。可见,IB 非常期待每一位教育者都能发出自己的声音,成为建构 IB 社区的参与者。因此,教育者的独立性和主动性更被关注。

我是在七德建校的第三年,加入了这一焕发着勃勃生机的多元社区,很幸运。无论是教学,还是德育,学校都给予每一位老师很大的空间,并且鼓励老师们去探索,去创造。

由教授文学到转向语言与文学,我收获的不单是多课程教学的经验,也是对中文学科整全的理解。学校的专业学习社区项目大大促进了各学科教师间的交流,我们不但针对课堂教学的难点进行"头脑风暴",而且彼此理解,寻求融合,成为七德社区的共创者。项目课程的开发引领我思考并主动实践教学与真实世界的多样链接,以及学科中体验式学习的创新模式。

可以这么说,是七德尊重多元、鼓励创新的社区文化,是 IB 对考官的要求,支持了我的首创精神,推动了我一次又一次走出舒适圈,真正践行 IB 理念,努力成为终身学习者。于是在教书育人方面,我也敢于突破一些经验性的观念、程式,主动开拓新的道路。对于拥有近 20 年教龄的我,是珍贵的礼物。

例如,教授古典作品《诗经》时,采用"时空剧场"的项目式学习,通过跨学科课程设计,帮助学生穿越时空和文化的表象发现经典的当下意义,进而强化个体对民族文化的认同。

在教学过程中,一方面,推动学生利用主题探究,从当代读者的立场重新思考《诗经》篇目中呈现的先秦时代的社会文化习俗，进而建构超时空的认知视角和诠释立场；另一方面，在戏剧编创和排演的过程中，帮助学生走进和体验先民的生活经验尝试与之建立共情，进而弥合文化体验的疏离和隔阂。

我欣喜地看到，学生们不仅在当时全情投入，甚至为了创意理念的差异激烈交锋，更有同学毕业后，仍对之怀念不已。2022届杨同学告诉我，她在UC伯克利，得到教授盛赞的环境戏剧原创作品便是受到了《诗经》时空剧场的启发。听闻此言，感到很欣慰。没想到，一颗小小的芥菜种，成了树。

2. 借助于校内教师工作坊的社区共享

第一，制定学年教师专业发展目标。每年学校课程部都会向教师进行问卷调查，了解老师们对教师专业发展工作的反馈和建议，带到行政务虚会上进行讨论和达成共识，然后基于教师发展需求制定校级目标和行动计划。在校级目标的基础上，各部门和学科组再来制定部门目标、教师制定个人发展目标，从而形成目标的自下而上和自上而下的交融。

第二，日常课堂教学监管。校长、课程部和学科主任每年9—10月对所有新入职教师进行考察，学科主任或直线管理人（Line Manager）负责课前指导和课后反馈，并将其纳入单元计划的变更和每日教学实践监管中，以达到更高效的教学效果。直线管理人负责在12月和次年6月两次对其负责成员进行课堂教学考察，并针对教师个人目标给予反馈。

案例 6-4

以教师为中心，学校充分给予探索空间与专业支持，帮助老师实现自我赋能

多元，带来挑战，也带来机遇——对于许多敢于突破挑战的教师来说，转型、创新、跨界成了他们赋能自我的必由之路。

跨界教学的难点、痛点是什么？如何结合不同的学科境况开展跨界教学？这样的课堂与传统相比有何优势？成为跨界教师又需要具备何种个人特质，以及哪些资源机会的加成？以下是七德三位跨学科/跨课程体系教师的蜕变故事。

中国国家课程历史＋ToK跨界教师矫老师：
寻找现实情景，建立学科间的联系与融合

中国国家课程历史和ToK两个学科的性质、概念、逻辑性、知识主体有差异性，历史学科注重时间空间中的事件分析、因果关系、变化和连续性以及对一手资料的研究，而ToK则更关注知识的本质、知识的来源、知识的建构和演进过程、不同知识领域的知识之间的比较以及如何相互作用和影响。因此在跨学科间建立直接的联系，尤其是找到一个真实的现实情景建立学科之间的联系和融合着实不易。

"跨"不是简单的学科之间的并列组合，更多的是通过一系列的方法找到学科差异背后的共同本质和规律，需要教师对历史和ToK两个学科都有深度的理解和踏实的教学经验，才能够真正做到"跨"。将两者融合需要教师既具备深厚的历史学专业背景，又要能够从ToK的角度引导学生反思什么是历史，历史知识是如何构建、验证及应用的。这对教师的专业素养有较高的要求。

课程设计需要兼顾两个学科的教学内容和目标，既保证历史叙事的连贯，又要融入ToK的问题探讨和批判性思维训练，在有限的课时内平衡学科的内容深度与广度，实现知识的有效整合，是实际操作中的困难之一。

目前，中方历史学科的考核方式较单一，校内外考试仍趋于简单传统，难以衡量跨学科学习成果，难于评估学生是否能够在历史与ToK的共同学习过程中获得深层的理解和比较全面的认知。

学生对于跨学科的兴趣表现、理解程度、学习能力有差异，也是教师需要面对的挑战之一。

然而，跨学科教学的独特优势也是不容忽视的。跨学科教学力图培养学生的综合能力、批判性思维以及多学科交叉交融的视角，对教师"一专多能"的能力培养与提升也卓有成效。以一堂结合历史学科的工业革命单元和ToK学科的知识与技术主题课的教学为例：

首先作为教师，在课堂设计环节需要针对该主题，预先整合历史、自然科学、社会学等多学科内容，如工业革命时期的科技创新史实、科技伦理问题的考量及社会影响、不同文化背景对科技进步的不同认知和影响等，进而

准备跨学科的学习资源，包括文献资料、多媒体材料等。

那么在真实的教学场域中，传统课堂与跨学科课堂的区别到底在哪里？传统历史课是教授和探究第一次和第二次工业革命时期科技发展的时间线、历史背景和相关史实。融合 ToK 的教学内容后，即需通过问询式引导学生深度思考：什么是科学知识？科学和非科学和伪科学的区别是什么？科学知识是如何构建的？不同学科如何相互作用和交叉验证这些知识？历史视角对于理解现代科技发展的独特贡献是什么？科学知识是否是中立的？应用科学知识是否应该有限制？为什么？

在 ToK 课堂中，常常还会进行分组研讨和分享，每组代表一个学科视角或学生进行角色扮演。比如在这堂课中，各小组需要从各自角度谈论科技的产生和发展、科学知识的演变，并从问题中探讨科技进步给社会带来的机会与挑战。教师的角色也不同了：师生作为学习共同体，由老师关注学生的观点表达、逻辑推理、批判思考能力等，鼓励和引导学生运用 ToK 元素来反思自己所构建的知识，并对他人的见解做出适当的理解、合理的评估与回应。

课后的作业和考核环节亦求新求变：如写一份基于跨学科视角的历史科技研究报告，其中必须体现历史分析与 ToK 元素的融合，或者从创新角度提交跨学科的作品，如制作 Padlet 时间轴、编写历史剧本、制作 Vlog 等。

如此教学，学生能够从多角度理解历史现象和社会问题，加深学生对历史复杂性和多元性的认识，同时在分析和表达过程中，在多角度融合和沟通思考中，增强他们的全面理解和分析问题的能力；促进他们在新的思考空间内提出原创性的见解，力图以充分的证据和清晰的逻辑表达自己的观点，以包容理解的态度去倾听和理解他人的观点。

历史知识不再只是简单的历史事件和人物的记忆及还原，分析历史知识的本质，验证知识的可靠性，当学生将历史事件放在更广阔的知识框架下考量时，有助于形成更为开阔的世界观和价值观。

在成为跨学科教师的过程中，七德为我提供了宝贵的教授 ToK 课程的尝试机会。与此同时，学校也尽可能在校内外创设了帮助我提升专业素养与技能的资源平台，比如参加 IB ToK 工作坊（Workshop）（Cat 1－3），让我有机会与其他 IB 学校不同文化背景的 ToK 教师分享经验，共同学习、共享教学资源；又如，学校本身也拥有一支优秀而庞大的 ToK 教学团队，大家平时一同协作备课、听课、反馈、评估的标准化研习，不断齐头并进。

中国国家课程地理＋环境科学教师梁老师：
由个人到团队，渗透跨学科的全面教育体验

我从 2023 年开始尝试中国国家课程地理＋环境科学（Environmental Management，以下简称 EM）的跨学科教学。深刻感受到，跨学科课程的设计和实施是当今教育领域面临的重要挑战之一。这种课程的确能够提供更加综合全面的教育体验，但也面临一些难点和痛点。

第一，课程整合难度大。将不同学科的知识和概念整合到一起是一项具有挑战性的任务。每个学科有其独特的教学方法、理论框架和术语，将它们有效地融合在一起需要耗费大量的时间和精力，但我的个人感受是：事半功倍，非常值得！针对地理＋EM 而言，两个学科的知识和概念重合度较高，但侧重点不同。地理侧重知识点背后的原理，EM 侧重在实际生活中的运用。整合后形成的材料会形成两个版本，相辅相成、互相呼应，如双语术语表、教学活动设计、思维导图等，这对学生的理解和成绩的提高具有非常明显的效果。学生经常反馈说，课程整合后，他们对知识的理解变深入了。

第二，教师专业知识需求高。跨学科课程通常要求教师具备多学科的专业知识，并在教学中注重思考与整合，这对教师的专业发展提出了更高的要求。教师需要不断学习、更新各个领域的知识，以便能够有效地教授跨学科课程。对此，我不仅专注于地理教学和 IGCSE（International General Certificate of Secondary Education，国际中学教育普通证书）的 EM 课程本身，而是利用碎片化时间及互联网平台，将 AP 课程中的环境科学一并吸收进来。同时，IB ESS（Environmental Systems and Societies，环境科学与社会）的教材也是极好的辅助材料，对知识点的理解更加深入，对概念之间的联系，以及案例分析的了解提供了帮助。此外，也要时时关注《科学》和《自然》这样的国际科学顶刊，以提高对科学前沿的敏锐度，给学生以最新的滋养。

第三，评估方法挑战。跨学科课程的评估方法也是一个全新的挑战。传统的评估方法可能无法全面地评价学生在各个学科的学习成果，因此需

要设计出创新的评估方法来评价学生的综合能力和跨学科学习成果。针对地理＋EM的情况，我们设计了不同的作业来满足要求，并且精心设计了作业布置的时间。例如，IA(Internal Assessment，内部评估)作业很适合启发学生对于生活中具体问题的探索。因此地理IA可以布置在EM的IA之前，让学生从原理角度掌握概念，并发现生活中的问题；到EM的IA阶段时，就可以沿着问题进行深入探索。这样的作业布置让两个学科的学习"如虎添翼"，减少了学生的内耗，反而让他们对两个学科的关系和学科本质有更深入的了解。

第四，学生学习兴趣和动机如何持久。跨学科课程可能会引起学生的学习兴趣和动机问题。有些学生"三分钟热度"，时间长了可能会觉得跨学科课程内容过于复杂，难以理解和掌握，从而影响到他们的学习积极性和学习成效。因此前文所提到的跨学科材料会是他们重要的帮手。

对跨学科教师来说，做好充分的课前课后设计准备是非常重要的。首先，在开展跨学科教学前，需要明确目标和关键概念，以便在不同学科之间建立联系。比如，涉及人口学知识时，地理和EM都会强调出生率、死亡率、自然增长率三大统计概念，双方对概念的理解是一致的。但从三大概念延伸出的"如何提高生育率"，两者的观点不同，也存在不同文化间的差异。因此，师生互动会呈现不同的形式。在地理教学中，"综合思维"和"区域认识"作为核心素养，具有极高的位置，因此会侧重从不同地域和产业的角度提高生育率；而EM学科在答题过程中侧重经济学，因此学生在学习EM的时候，教学和讨论要对基本的经济学原理有所渗透。其次，跨学科教师要善于运用ATL技能(IB项目五大技能)整合课程内容。设计课程时，要将不同学科的内容整合到一起，让学生在学习过程中掌握多个学科的知识和技能。ATL技能在跨学科教学中可以发挥独特的优势。比如针对大气污染，地理学科可以从原理角度对风的形成、全球风带的分布有透彻的讲解，将"逆温"现象讲透，到治理大气污染的EM学科的内容时，就会得心应手。学生可以从全球寻找成功解决大气污染的案例，在彼此的交流过程中，针对中国华东地区(例如上海)进行迁移运用。在这一过程中，批判性思维的技能也在无形中得到了锻炼，这对学生的思维发展是非常好的训练。再次，跨学科教师需要积极采用PBL(项目式学习)为导向的教学形式。比如，我依托学校的冬日项目和 ESS 学科的马来西亚婆罗洲（Borneo）项目，让学生参与 PBL 的学习。这种活动可以横跨不同学科，并鼓励学生将所学知识应用到实际问题中去，例如，在本学年的冬日项目中，不同地区的地貌对当地的自然环境有何影响？

2024 年 1 月，我和另一位同事带着 15 位十一、十二年级学生前往马来西亚婆罗洲进行野外实践。在这一项目中，学生通过观察和实践，探究了丹浓谷（Danum Valley）自然保护区的工作人员如何贯彻国家公园对稀有品种的保护，以及实行过程中的弊端。学生可以在当地环境里带着问题思考和探索，并结合感性认识得出自己的答案——教学在真实的情景中得到极大的增益。

最后，越来越多跨学科教师的出现，也为优质引领的跨学科团队的建设以及更好的课堂合作融合创造了条件。多年来，七德一直十分重视"地理＋EM 跨学科教学团队"的构建，老师们可以共同规划课程内容，以确保跨学科整合的有效性。来自 ESS 教学的沃格老师（Mr. Woolgar）和来自地理学科的我能够在 EM 教学这一平台上，依托 EM 学科这一抓手推进跨学科教学与合作。

例如当我们讲到人口学知识时，我可以提供来自中国的案例，将 EM 教学中的独生子女政策（One-child Policy）进行更深入的讲解；学生也可以从自己亲身经历的中国人口政策的变化，来理解两个学科角度的知识。而当我们讲到生态系统（Ecosystem）时，沃格老师将来自加拿大的案例融入教学，也让我们更加了解，加拿大的环境政策及其背后的含义。因此，跨学科教学对于拓展学生的国际视野，同时更深入地了解自己的国家和文化，有着不可替代的作用。

成为跨学科教师是需要经历"阵痛"的，也需要借助许多资源平台，对多学科知识、教学理论与方法等进行"充电"。对我来说，以下由学校支持提供的资源是十分必要的：①EM 教学。依托 IGCSE 环境科学的学科设计，我可以深入思考何谓"跨学科"，何谓 ATL 技能与 PBL。如果没有教学，思考抽象的概念无异于缘木求鱼。②IB ESS 工作坊。工作坊是一个很好的平台，通过和全球 ESS 教师的交流，我可以更加了解 IB 教育的侧重点及发展方向。③莫兰大学（Moreland University）教师培训项目。参加这一教师培训项目是一次非常宝贵的经历，在这过程中，我学到了许多教学技巧和方法，更深入理解了当代欧美教育理论和实践。可以说，这次培训不仅提升了我的教学水平，也增强了我的专业信心。④全球创新马拉松挑战赛及上海制汇嘉年华活动。环境科学与地理学均属于涉及实际生活的学科领域，两者皆以问题导向学习为核心特征，项目式的学习方式可以激励学生发现生活中的实际问题，并提出解决方案。更重要的是，它鼓励学生走出校园，与社区中的人互动交流。面对社会复杂的环境问题，学生能够从不同角度审视，锻炼了他们的交流技能。

我很感谢学校给予的机会与平台，我相信这些经历将在我的教学生涯中发挥重要作用，让我能够更好地与学生相处，促进他们的学习和成长。

中国国家课程历史＋IBDP历史教师戴老师：
融合不同课程体系的优势，拓阔师生教育视野

我与七德一同走过了九年时间，可以说这所学校见证了我从国家课程体系转向IBDP课程的全过程。其间，我在教学内容、教学方式以及教学思想上，都产生了很大的变化。这些都归功于学校给予我的机会，让我能够接触到不同的课程体系，让我能够拓阔教育视野，融合中外教育体系的优势，逐渐成长。

2015年，我开始在七德教授历史课程。对于历史课程，我并不陌生，特别是课程中的知识点、叙述思路，都是我从小学到大、熟门熟路的内容。因此在最初上课的过程中，我"一板一眼"去教授这门课程。但是，很快我发现学生们在课堂中缺乏注意力，记笔记也不积极。这让我很沮丧，但也意识到，这样"老师讲、学生记"的课堂模式并不适合七德这样一所中外合作高中。

因为身处IB学校，我逐渐开始了解IBDP历史的教学模式，试图从中找到课堂变革的契机。在了解的过程中，我非常喜欢IBDP历史中的"主题式教学"，这可以让学生更为深入探究历史主题，并且能够在探究的过程中，培养学生的各项学科技能。因此，我开始尝试调整课堂的教学结构，把一些历史内容按照主题进行重新组织，引入更多的历史材料，让学生能够在课堂中进行讨论。比如，我以"玄武门事变"为核心，引入了"史料评估"的方法，将

关于玄武门事变的不同说法进行汇总并展示给学生，让学生进行讨论。在这个过程中，我自然而然地开始阅读很多历史教学相关的书籍，也参考了很多和教学设计有关的内容，这些对于刚刚进入教育行业的年轻教师来讲，是非常宝贵的提升。

这一过程为我后来设计十年级社会科学（Social Studies）校本课程打下了坚实的基础。根据我此前积累的教学案例，我以"南北战争""丝绸之路"为核心主题，帮助学生掌握历史学科的核心概念与技能。这些核心主题的基础内容都是我在教授历史课程时所积累的，同时在重新设计的时候，我更多参考了 IBDP 历史学科的内容，让整体设计可以更好地让学生在十一年级阶段更适应 IBDP 历史学科的学习。可以说，这个设计过程让我尝试融合两种课程体系的内容、概念与技能，让我更好理解了不同课程体系中的教学理念。

同时在项目课程中，我参与设计的"南京历史考察项目"也是将 IBDP 的教学理念与国家课程历史学科的核心素养进行了融合，希望既能培养学生的"探究意识"，同时也能培养学生的"家国情怀"，让学生在人文精神和科学认知两方面齐头并进。

能够教授 IBDP 历史学科，可以说是学校对于我的一次非常重要的鼓励，也是对一名年轻教师成长上的重要推动。虽然都是历史课程，但是 IBDP 历史课程中所强调的研究是国内课程体系中比较薄弱的环节。因此，开设这门课程，不仅是对学生的挑战，也是对我的挑战。为了胜任角色的转型，我开始研究 IBDP 历史的教学模式，参加各类培训，并撰写了相关论文。非常感谢学校在看到我的努力后，最终给予我一个宝贵的机会，让我开设这门课程。

我开设 IBDP 历史课程已有多年，从 SL 课程到 HL 课程的开设，一路以来我都感到巨大的挑战与压力。特别是我意识到跨课程体系教学涉及的知识内容非常多，单靠老师来讲授，几乎是不可能完成的内容，这也不符合 IB 教学的要求，因此我逐步尝试激发学生的兴趣，布置更多元的任务，让学生自主学习。当然，在这个过程中，我也意识到传统国内教学中的"充分讲解"对于学生是非常重要的，因此我也会尽量提高课堂讲解效率，让学生能够在开展自主学习之前，对主题、任务、要求有清晰的认识，然后及时给予学生指导。这个过程虽然艰难，但也让我和学生能够产生更为紧密的联系，形成教学共同体。

在国家课程、校本课程、项目课程、IBDP 课程数个课程体系间游走，让我逐渐了解到不同的教育理念，也让我不断融合不同体系之间的优势，这个过程带给我很多的挑战，但也带给了我更多思考和改变的机会。九年来，我在七德这片大海中，在教育的海洋中不断探索，尽管不时会遇到各种风浪，但也正是这些风浪促人成长，使我明晰了教育真正的价值所在。

第三，针对不同层面需求的教师工作坊。

案例 6-5

T2T 和 TTP

七德从创建始，就希望培养一批热爱教育事业，愿意不断挑战自我，能够进行 IB 双语教学的优秀教师队伍。其原因在于：一是外教流动性不可避免的存在，能够在一所学校工作 4 年以上的外教非常少；二是能够胜任 IBDP 教学的外教非常少，尤其在科学、数学学科领域；三是 IB 等国际课程在中国尚属新生事物，有 IB 教学经验的中方教师属于稀缺资源。

因此七德进行了一系列尝试：率先在科学学科（物理、化学、生物、环境科学等）招聘应届高校毕业生作为助教，通常是重点高校或海外留学回来的硕士博士，学科素养好，英文也不错，愿意尝试 IB 双语教学。但缺点是缺乏学科教学经验、双语教学经验、IB 教学经验和跨学科学习经验。目前学校初步形成了"五步走"培养计划，即第一步，熟悉科学实验室，协助外教进行教学。包括：①协助外教采购实验教学所需要的实验器材和实验药品；②清理实验器具，整理实验器材，登记造册，做好实验室安全管理；③协助外教开展实验教学，做好实验用品准备、课堂演示、指导学生做实验等。第二步，开设选修课、学生辅导工作坊，积累课堂教学经验，熟悉学生学业情况。第三步，跨学科实验室轮岗，熟悉其他学科实验室，了解不同学科教学要求，观摩不同学科教师授课。为确保每一学科正常教学，通常会同一学科的 2 名助教，一名在其他学科实验室轮岗，另外一名在本学科实验室协助教学。第四步，由一名富有 IB 教学经验的外教开设教学工作坊，围绕课堂教学管理、课堂教学策略、不同学习风格的有效教学、单元教案设计、课堂教学合作等8个主题开展互动、浸入式研修。第五步，指定一位学科带教老师，进入课堂实战教学。从一节课教学到一周教学再到一个单元教学，学科带教老师负责给出课堂教学反馈建议，进行教学指导。最后进行工作坊结业答辩。每个助教要准备好整个学习过程资料，以海报、PPT、视频等不同方式来汇报学习结果，并回答导师团队的问题。

第一轮从助教到教师 T2T(Teacher Assistant to Teacher)的培养工作坊结束后，又进入从教师到 IB 课堂教学 TTP(Teacher Training Program)培养的工作坊。青年教师从 TTP 项目受益匪浅，一位科学助教就写道：我非常感谢温迪(Wendy)老师为这个项目的投入和付出，她对于我个人的教学方式的改进、思考方式的提升有很大的帮助。培训形式是每周五下午放学后，老师们就一个主题进行讨论，比如课堂管理、教学策略、评语书写等发表自己的见解，模拟课堂，从而讨论改良方法，温迪也会给予非常有价值的建议。

校内工作坊分享了很多实用的技能和工具，也让老师们对七德的教育理念在理解的基础上有方法去实践。有教师反馈：比如之前写评语的工作坊，就让我了解到了如何从积极的一面来评价学生，同时给予学生个性化的指导意见，也让我明白了有问题需要及时沟通，不能等到最后才反映在评语中，以及评语对于学生的重要性。

案例 6-6

新教师在 T2T 中的成长

"新教师虽然学历高，但没有教学经验，直接让他们进课堂，会走很多弯路。那怎么样帮助他们实现从'小白'到'新教师'的跨越？我就设计了一个教师培养项目。"来自新西兰的华裔温迪是 IB 化学课程的专家，结合自己的教学经验，温迪为科学组老师设计了 T2T 教师发展项目。

温迪在新西兰工作时，认清了几件事——

一是在教学前要首先学会"管理课堂、管理学生"，让学生有心情和意愿来上课。

二是不要灌输知识，而要进行探索式学习。

"不是学生问的问题都要有答案，不会不代表不是好老师。"温迪强调，要让学生和老师都了解到，师生要共同学习，教学相长。这两条"原则"也成了 T2T 项目重要的"哲学观"。

张老师是当时 T2T 项目受益者，如今她从一个"菜鸟"教师升级成为科学部主任。她回忆，温迪设计培训课程时，首先主张"站在巨人肩膀上"，研读先进教育教学理论，从理论中获取经验。另外，课程设计上循序渐进，每节课有目标。比如，第一节课重点是"课堂管理"，第二节课关注在课堂中"设计互动游戏"，第三节课学习如何给学生课堂即时评价。

当时让张老师眼前一亮的是"模拟课堂"。一位老师上讲台，其他老师扮演学生，表现出一系列"不良行为"。比如"上课迟到、睡觉、玩手机、顶撞老师"等。处理这些问题的关键原则是，不做预设。不首先认为，学生是故意不尊重老师、不尊重课堂或其他同学，要关注学生行为背后的原因。张老师回想说，当时在培训上经历了"课堂最令人崩溃的情况"，到后面真正教学时，确实自信从容许多。

前期准备充分，接下来就是"实战环节"，包括导师带领、互相听课、进课堂。导师带领就是常说的"老带新"，导师不仅传授经验，也长期跟踪新老师成长，给他们反馈。"听课"是"取经"最有效的方法之一。张老师说，当时来自不同国家的老师，课堂非常多元。

"我在听课时，会想一想我喜欢的课堂是什么样的，有哪些教学点子我可以用在自己的课堂上等。如果在实践中遇到困难或者同样的教学方法在自己的课堂上失败了，就可以和导师有针对性地交流。"

最后，新老师开始和外教搭班上课，共同设计课程。先试水一周，再尝试一个月，最后带一整个单元课……循序渐进，一个新教师在迈向课堂时，其实有了至少半学期的"教学经验"，这给了老师很大的"底气"。T2T 培训项目为期一年，课程培训基本是在老师课后完成，内容强度较大。在前期逐步成长了两年后，张老师到第三年才正式进入课堂带班教学。

高效成长秘诀："专业学习社区"项目

T2T 项目大获成功后，从中又进一步衍化出"专业学习社区"（PLC）项目。PLC 在实施前，会对老师的发展需求和兴趣进行详细调查，从中确定 10

个主题。一旦主题确定,就邀请有相关专业知识和经验的教师来领导这些会议,确保 PLC 项目不但是信息丰富的,而且是同伴驱动的。PLC 是一个协作式论坛,鼓励教师将日常实践进行交流分享,促进同伴互助的学习氛围,将共享学习转化为切实的课堂应用。

PLC 是教师专业发展(Professional Development,PD)的重要一环。协调员介绍,PD 项目满足两个不同群体的需求:新加入学校的教师和有经验的老教师。PD 之旅始于战略目标的设定,新教师与他们的导师合作,以确定发展领域,并为即将到来的学年建立 SMART 目标。相反,有经验的教师要对前一年的评估反馈进行反思,并与他们的导师协商,还根据他们的职业轨迹制定发展目标。

为了促进这些目标的实现,七德提供了一个强大的支持系统,包括导师计划(Mentorship)、参与专业学习社区(PLC)、实践教学法(PIP)和学习行走,并辅以内部和外部的 PD 工作坊。这种全面的方法通过一年两次与学科带头人的建设性反馈会议进一步加强,以评估和支持进展,确保教师在专业成长和成功的道路上保持清醒。

教师专业发展是学校"永动机",但如何有实效是关键问题。教学协调员孔达(Mr. Konda)强调,发挥实效少不了"效率""接地气""系统化"这三大核心要素。

效率:每一项 PD 项目或培训工作坊都要通过问卷调查、访谈、课堂观察等方式对教师的需求进行彻底分析,确保 PD 的针对性和相关性,以及为此花费的每项资源都要产生最大的作用。并且,要结合使用现场和在线会议,让老师能够最大限度地利用时间,并允许教师按照自己的节奏学习。

接地气:确保 PD 培训与教学实践日常息息相关。设计基于课堂实践的PD 活动,例如课程研究或行动研究,教师可以直接应用他们所学到的知识。重点关注每次 PD 课程的实际收获,确保教师在离开时获得可以立即实施的策略和工具。通过为教师提供时间和结构方法鼓励反思性实践。将教师的个人发展与学生的收获直接联系起来,将教师个人发展的最终目标与提高学生的学习体验和学习成绩联系起来。

系统化:这是一种结构化、有组织的、一致性且可持续的方法。制订多年的绩效发展计划,其中包括活动、成果和评估方法,并确保每位教师都了解流程。维护所有员工都可以访问的 PD 日历，不仅包括日期和时间，还包括目标、所需材料和其他相关细节。使用系统方法来监测和评估 PD 活动的有效性，包括反馈机制和数据驱动的决策。完整记录产品开发活动、参与、反馈和结果，以确保连续性并为未来的规划提供信息。

只有确保这些要素落地，才能让 PD 项目变得更具有影响力，为教师提供在课堂上取得成功所需的技能和知识，同时确保资源得到可持续利用。

打造教师发展良好氛围："积极动态""终身学习者"

学校的 PD 项目是一套完整的教师发展项目，这是一个外部机制，而如何让这样一套机制能够长期推动老师们在日常烦琐的教学中坚定不移地执行？这就离不开学校教师专业发展氛围的构建。

T2T 项目的创始人温迪用四个词概括了自己的教育理念——

爱（love），有热情让周围和世界变得更好；

正直（integrity），学生和老师都要是正直的，不投机取巧，那么老师和学生一定会突破自己；

技巧（skill），教学的技巧在实践和反思中不断精进；

合作（collaboration），通过合作的方式提升自身和周围群体的教学能力。

在温迪的课堂上，学生们神采飞扬，在讲台上大方演讲和提问，一个以学生为主导的课堂感染了很多七德的老师们。温迪始终强调，真正开始教学前，要首先赢得对方的心，实现这一点的关键方式就是"公平"，教师以身作则。"我要求你做的我一定做，我要你早到我比你更早到；我让你做功课，我一定改你的功课。换句话说，我不会让你做了很多，自己却不做事。"温迪说。

张老师自进校后就成了温迪的"徒弟"，在耳濡目染下，她始终坚持这样的"公平"原则——不能因学生的成绩差异而区别对待。比如，在迟交作业上，有的成绩优秀的学生也会迟交作业。那么规则是，第一次提醒，第二次就要写反思，这是一视同仁的。

同时，张老师自己坚持做到日常备课充分。由于高级水平的 IB 化学部分内容与大学课程接轨，而她的专业背景是生物化学。每次备课时，张老师会查很多资料，多问自己几个为什么，真正厘清课本背后的知识以及可应用性。希望学生能感觉到自己不是为了知识而学习，而是可以应用在社会改变上。

另外，张老师还经常鼓励学生多提问。有些问题如果难倒了她，她会课后做"功课"，下节课给予学生反馈，并在课件里附上资料链接鼓励大家继续探索和了解。如果学生提出的问题是值得探讨的有价值问题，张老师会立即组织学生在课堂上展开讨论。逐渐的，举手提问的学生越来越多。这种"主动思考"的氛围在班级里流动起来了。

毕业时，张老师让学生们说说课堂中最令他们享受的瞬间是什么。很多学生都指出，喜欢课堂上的提问氛围，同学们的提问帮助自己打开了思路。对于一些跨学科的议题，张老师会找来其他学科的老师一起合作上课，给学生讲得更透彻。而不是当学生们有问题时，敷衍地回复不知道，让同学们自己去问其他学科老师。

在采访中，老师们多次提到"积极动态"一词。在张老师看来，"积极"就好比IB课程里提到的"终身学习者"的概念，把学习、把教学成长变成学生和老师自己的事情。而"动态"是一种流动性，比如有的学生很优秀，但可能在某些方面有短板；有的学会可能在这个章节学习得不好，但是在另一个章节有可能是班上学习速度最快的学生。所以，"动态"意味着，能够发现学生的闪光点和不同性。每一位学生都是在动态发展的，老师要给学生不同的平台展现。另外，小组的活动也是动态的，同学们经常通过抽签等方式重新分组，这样学生之间可以交换思维，课堂氛围也能够活跃起来，始终拥抱变化。

生物组备课组长宋老师也是T2T项目"受惠者"，教师群体里的"流动"、课堂上的"流动"都如同"活水"带给她滋养。她从教师发展项目里看到了更多可能，尤其是真正看到了什么是"启发式课堂"。后来，宋老师在学校的鼓励支持下，与其他10位老师一起坚持了为期一年的线上学习，完成了莫兰大学的"美国教师资格证"培训。

"就个人经验而言，教师培养项目可能前期看不到明显的成效，但是在后期可以帮助老师快速成长。在一轮一轮实践下来后，就可以通过学生的理解度、课堂氛围来自我反思这节课到底好不好，好在哪里，需要改进的地方在哪里。外部机制就逐渐转化成了内部驱动。"

3. 借助于德怀特全球学术团队的专业指导

纽约德怀特学校是美国最早的 IB 学校，拥有 20 多位在 IB 领域享有知名度的培训官。在合作办学过程中，七德作为德怀特全球网络的一个校区，充分利用了德怀特全球学术团队的资源，受益于合作双方提供的专业发展机会，获得了好的发展。德怀特全球领导团队会根据七德的需要，通过线上和线下的方式与各部门合作。

德怀特全球教育总监、全球课程总监和全球项目总监，每年会多次前往上海，关注关键增长领域，与相关的学科组开会探讨课程计划、评估标准等，也会就跨文化合作、教学思维、IB 教学最新变化等多方面对教师进行培训。此外，他们还会进入学科组教师的课堂，给予教学理念、教学内容设计和教学方法的指导。

此外，德怀特还会提供 IB 数学、经济学和协调方面的专家，他们在 2016 年至 2019 年期间每年前来与各部门进行长达一周的合作，2020 年转为在线支持，疫情后逐步恢复为线下项目。该项工作主要侧重于部门的需求，尤其是完善课程地图和单元、内部评估协议、有效的教学策略、标准化和提供反馈。同时，德怀特还邀请兰斯·金（Lance King）、莎利尼·夏尔马（Shalini Sharma）等知名专家驻校多日，与学生和教师合作，开发关键教学技能，为学校教师的专业发展提供学术支持。

案例 6 - 7

理念的碰撞，不打不相识

在七德工作的四年，让我接触到国外教学理念，了解到 IBDP 课程，学习到更多样的课堂组织形式。四年间，有过手足无措的迷茫，有过破茧蜕变的痛苦，但更多的是，反思转变后的喜悦。

七德不仅"为每一位学生的美好人生奠基"，也关注每一位七德人的职业发展。一方面七德在教师的职业培训有专项资金投入，无论是 IB 老师，或是中方核心课程老师，只要专业需要，都可申请 IB 网络或面对面培训。除此之外，七德会邀请各方面的专家，对老师进行文化融合、课程开发、活动设计等方面的指导。我要感谢德怀特学校的专家老师，尤其是南希·库老师

(Ms. Nancy Ku)对我的指导和帮助。

南希是一位资深的 IB 历史老师。和南希的交流，可以用"不打不相识"来形容。这个"打"，是中方教学理念和西方教学方式的冲撞；也是因为这个"打"，才促使了我授课方式的转变和提升。

我们的第一次"冲突"，是南希听完我所教授的"季风气候"。当时，按照以往的教学。进度，在 40 分钟的课堂时间里，我教授了东亚、南亚地区冬、夏季季风的成因，以及冬、夏季风对当地气候的影响。教授期间，有景观图片对比、气温降水图判读、季风成因的动态展示，学生活动也包括个别回答、同桌协作、小组讨论等形式。当时我觉得，结合我这些年的教学积累，这节课即便算不上是创新拓展，但至少也是一节思路清晰、知识技能落实到位、师生有效互动的随堂课。南希听完我的课，直率的她，所给的建议与意见，没有一条是正面评价的。其中的一条质疑，"这堂课中，没有一个可以让学生真正放手去思考的问题"，让我感受到钻心的痛。

南希第二次来，听了我所教授的"工业区位"。当时的我，其实心里也是铆着一股劲儿，想着：不就是开展活动吗？不就是让课堂热闹点吗？这次教学，我设计了为工厂选址布局的活动。同学们，抽签抽到不同类型的工厂，通过小组合作的方式（其间鼓励学生利用网络搜索相关信息），以海报的形式呈现选址时需要考虑的问题，并确定权重最大的问题；最后，通过交流分享，介绍工业区位中市场主导型、原料主导型、劳动力主导型、技术主导型、能源主导型五类工业区位的特点。

原本 15 分钟的授课内容，却花了两节课才完成教学。但在后来的相关测试中，我发现这块内容，同学们的正确率高于历届同学；而且每次讨论这类问题，同学们的参与意向都特别高。或许，这就是"我听过了，但可能忘记了；我看见了，就可能记住了；我做过了，便真正理解了"。

如何在完成教学要求的同时，让学生有深度地思考，成为我教学方式转变的反思重点。通过校本学案的开发，以全员参与为原则，我在课堂教学上有了一定的尝试。通过组内异质、组间同质的小组构建，利用抢答卡鼓励全员参与的活动规则，结合梯度挑战的难度设计，鼓励同学们主动投入合作探究，凸现学生为主体的课堂氛围。这些尝试，无论在课堂参与度、学生好评度、会考通过率方面，都有不错的反馈和收获。

四、小结

1. 在求同存异中进行融合

相比早期的中外合作办学,七德在创建中对文化理解以及文化差异和冲突有着比较充分的估计和准备,可借鉴的资源以及学校环境本身的开放度已经与以往不同了,无论家长还是学生,包括教师都能够相对理性地对待多元文化背景下的合作共事的原则和心理准备。因此,学校在教师队伍建设上坚持在求同存异中进行融合。由于教师工作的课程载体是融合性的课程架构,以及从办学体制、办学理念到课程文化上都呈现出一种融合的追求,求同存异在合作十年中得以坚持贯彻,特别大的冲突和不适的问题没有发生过。

合作取向一致,融合度高。 一是政府支持,学校管理有自主权,做事以及对外沟通,都是以学校利益出发,也比较有话语权和底气。二是中外方团队及合作学校都是抱着办好学校的心态在合作,无论在课程、活动还是学校管理方面都并非追求纯中方或者纯西方的模式,而是希望真正将中西方的优势特色融合到一起,寻找最适合七德的具体做法。这种融合追求,无论是对管理人员、老师,还是学生家长,都会带来很多启发,促使大家思考教育对学生的影响。

求同存异,尊重包容不同的思维方式和习惯。 差异源于理念文化、语言理解的不同,在交流过程中,大多的矛盾发生在对具体事务的处理办法上。比如,外方教师管理学生时经常先"立规则",然后按制度办事。而中方教师在学生犯错时,比较"讲情面"。又如外教对于时间管理非常细致,需要占用私人时间的工作,必须提前很久沟通或在校历上显示。而中教擅于灵活接受时间调整,对于放学后和周末的工作任务,更易沟通。

在与外教就具体工作进行交流时,更多需要就工作背景、大环境作出解释,帮助外教理解这件工作的出发点和意义。比如关于听课,课程部与外教做了很多沟通,将听课写进合同,作为教师评估的一部分;与IB培训挂钩,将听课作为提升教师教学质量的检验方式;开展中外教课堂跨学科互听,让老师们在这过程中互相吸取经验,通过观察中西方不同的教学方式来启发老师改良自己的教学。此外,学科组内一同备课,也是帮助中外教互通,理解彼此教学方式的最快途径。

在中外教融合的问题上,一是开放思想很重要,二是顺畅的沟通。双语是基础,对文化的尊重是根本。做事的时候,往往不能"就事论事",而要多背景铺垫,听取彼此意见和想法,也要善于变通,不守旧,愿意改变自己的想法和做法。所以,学校将中外教师放在同一个部门共事,本身就是一种融合。

2. 依托活动构建沟通载体,增进相互了解

开展多种活动是促进中外教师之间交流沟通和认同理解的主要载体。学校送教师出去参加外部的专业培训和会议是最有帮助的。比如:各种升学培训、大学会议,不但是专业发展上的强化,也认识了一批其他学校的同仁,可以经常交流经验,获得支持。另外,学校营造的各种文化氛围,例如校外艺术展、艺术表演、校内学生艺术表演观摩、专题讲座等,因为都是开放给老师的,所以也给老师们提供了很好的文化生活。最后,学校开展的班导家庭日活动、青年教师交流会、行政团队暑期团建、感恩节聚餐等,以及一些教师的校外活动,都给了老师们很多机会增进同事之间的了解,让大家的相处更融洽。

3. 多层面教师发展支持平台,助力教师融入学校

系列化的教师专业发展支持性的平台培训和交流机会是实现融合的基本保障。这对于不同岗位的教师来说,体会可能是不一样的。

访谈 6-1(T5):

第一,改变传统习惯认识模式。"相比国外强调老师的个体工作习惯"这一点,目前我的感受是,国外老师也很强调团队合作,或者可以说,很强调个体对于团队的付出,在尊重个体工作习惯有不同的同时,认可个人对于团队的价值,并非常乐于给团队成员提供指导帮助。不同团队间也有合作,比如每周二的晨读是学术英语的阅读时间,学术英语组会沟通不同学科组,比如科学、艺术、数学等提供一篇他们觉得不错的文章,由学科英语组制作成阅读题目,提供给学生们周二早上阅读练习,从而提高学生接受英语作为源语言提供的信息的能力。以上操作办法在我看来,都属于比较稳定、融合的集体会有的做法。

第二,冲突成了杯温开水。更多的冲突来自沟通时不同的习惯,有的时

候外教在交流时会比较直接，尽管没有恶意，但是在当时当刻听完，会觉得态度不太友好。但是长期接触下来之后，了解了对方的交流习惯之后，也慢慢开始比较直接表达自己的想法。目前尚未觉得有合作办学的冲突，但是可以看到学校在文化融合上做的努力。每学期学校会聘请行业专家作者开设讲座，主题包括跨文化中的项目理解、中国历史讲座、中西文学作品等。所有这些都是中外老师共同参与的，不管是在专业能力还是跨文化沟通能力上，都让人受益匪浅。

访谈 6-2：融入七德第十年，走过一段珍贵的人生

1. 作为最早加入七德的成员，当时为什么选择这所特殊的中外合作高中？

王老师：2014 年我已经在一所 IB 国际学校工作 8 年，换工作一是为了孩子的初升高能有一些助力，另一方面也是为能拓展视野，在国际中文教育教学领域有所突破。值此思变之时，我了解到七德选择的也是 IB 课程，且教师有很多自主教学空间，所以欣然应聘。

李老师：在七德之前，我在体制内高中工作了 11 年，进入国际高中原本并不在计划之中。从我高中老师那里听说，七宝中学正在计划和美国中学合办一个国际高中，颇有些心动。理由有二，一是对七宝中学，我有着深深的母校情结，我在七宝中学度过了初中和高中六年时光，对这里的一切都有很深的感情；二是对于国际教育，出于本能的会有好奇心，它与我从小接触的国内教育会有怎样的差异，为什么越来越多的学生会选择出国留学？就这样，我带着欣喜和好奇，成了七德的一员。

郎老师：七德是我毕业后的第一个工作单位、也是唯一的一个单位。我一直记得师姐（七宝中学老师）打我的那个电话。我当时其实已经签好了工作单位。可以想象得出来，在宁波的一所重点高中，我会按部就班地工作着，在父母身边，日子也会很稳定。让我与原单位毁约、来到上海、教授之前从未听过的 IB 课程，对我这种求稳性格的人来说，可以说踏出了巨大的一步。我也在网上搜索了一下七宝德怀特与 IB 课程的相关信息，竟然有点激动和期待，所以就义无反顾地来了。

伍老师：在进入七德前，我在体制内高中工作，对于海外课程与教学学习的方法和实践比较感兴趣，希望有接触学习的机会，能对自己的职业发展

有新的推动。当时对于国际教育的认识并不丰富，但从自身工作和孩子教育方面，对体制内教育会有一些反思。

顾老师：来到七德就像步入一座秘密花园——因神秘而向往，因未知而惶恐。从工作了十余年的学校来到全新的七德，这一体制内到体制外的转变，于我无异于一次"转行"。虽然还是一份教师的职业，但无论是课程设置、教学要求、课堂管理还是工作氛围、思维方式等无一不是全新的。十年来，我在真实的课堂，在真实地学习，在真实的生命里成长。我收获了思维方式、抗压能力、沟通技巧等隐性福利，并且将终身受用。

2. 回顾过往，哪件发生在七德的事令你印象最深刻？

王老师：2022 年 4 月 15 日，是我 2022 届 IB 中文文学 HL 班的最后一节课。

预期中的离别总令人伤感，所以我们说好快快乐乐好好地说"再见"。在欢声笑语和某个人的早餐中，同学们量身定制的"文人杀"的游戏卷起过往点点回忆——课堂上他们不总是讨论热烈的，不总是按时完成作业，甚至不一定按时到校的，但青年人的纯粹和懵懂非常动人。你也会讶异于他们的创意解读，也会欣慰于他们认真的论文修改，感叹于他们低谷中的自嘲和执着。我邀请了教他们第一年 IB 文学的刘老师也来和他们告别。两位女生念了一篇写给我们的信，声声清脆，令人动容。前一天晚上，我有所感念，心血来潮，准备了一首送别诗，顺势也读了一遍。我不善于煽情，不过这次好像做到了一点，我能感受到那一瞬间的沉默和后面的掌声触动着我，带我回到属于我自己的高中时刻，想起我的老师们，想起很多无法阻止的告别。此时此刻，唯留祝福。

学生的纯粹、校园的象牙塔，是选择做老师的主要原因，治愈别人更治愈自己，是印象最深的事。

李老师：七德的面试一直都是很有新意很有挑战的，而我想说的是第一届学生的面试工作。当时虽然我还没有正式入职，但在 4—6 月期间参与了几次学生面试，让我至今难忘！面试是一对二，一个学生对一个中教和一个外教，至少 20 分钟的时间，学生要完成自我介绍和提问互动，面试后两位老师会讨论对学生的看法，最后给出面试评价。这对当时的我有很大的触动，能如此用心选拔学生，关注学生全方位的能力和素养，比仅凭成绩单上的几个数字录取学生，更能体现对学生的尊重和对教育的态度。

郎老师：我比较难忘的是两件事。第一件事发生在 2017 年 4 月 21 日，班导们去西塘外出交流活动。而 4 月 21 日恰好是王校长和我的生日，于是在很多同事的祝福下，过了一个非常难忘的生日。第二件事发生在 2018 年 1 月 25 日，上海下起了大雪，好久没见下雪的同学们激动地下楼堆雪人。这是我带的第一届学生，他们当时是十二年级，在毕业前来这么一场雪太值得纪念了，看他们笑得多开心。

伍老师：学生非常开朗活泼，有自信，活动能力强。在首届学生人数不多的情况下，组织参与各项活动都非常高效。参与集团校啦啦操与集体舞比赛，训练有素、表现抢眼。

顾老师：印象最深刻的是中文组拥有"盆菜"和"披萨"的过程。盆菜是广东和香港的饮食习俗，一盆菜里可荟萃百菜百味，基本原则是"和味"。一个学科组内的共享是"和味"的本意和方言意的结合，即共享的资源是经过调和之后的精华，这才是有实效的共享。

在中文组，我们依托微软云存储 OneDrive 建立了共享资源的浏览库，囊括了学科组的课程内容、培训资源、组内事务等。每一个新加入的老师，第一课就是浏览这个库，而每个中文组老师都在不定时地丰富和调和这个库的内容。

那我们的"披萨"是什么呢？中文组的"披萨"是一份拼盘的披萨，每个人分享不同的口味。我们分享课堂、分享课程，这种分享是组内的，也在逐渐走向校外。尽管口味不同，分享的核心是对语言的钻研和对文学的细读，这是每个中文老师的立身之本，也是教学的根本所在。

3. 在这片特殊的教育土壤中，自身最大的变化是什么？

王老师：入职七德近 10 年，我从单纯的学科教师转变为课程管理的行政人员，我自身最大的变化是在坚守原则的同时能去理解和包容他人。

俗话说"罗马不是一天建成的"，我更想说"罗马不是一个人建成的"，从更高的角度，我看到了人的重要性。

每个人性格不同，做事方法不同，观点意识不同，如何达成基本的共识，用最合适的方法来完成共同的目标，我觉得这是行政人员的一项重要职责。而我自身，虽然急脾气还没改掉，但已经比较能兼容并包，尽量去理解和懂得。

也正因为学校的老师来自不同背景，对同一件事的理解度不同，所以有时难免会"面红耳赤"地争论一些事情，我基本上能坚持原则，尽量去解释，去说服。

变化在潜移默化地发生，我希望自己不要固步自封，坐井观天，而要做一个终身学习者。

李老师：人一定是会变的，但自身往往很难意识到，今天和一位共事很久的同事聊天时，她突然提起，觉得我和以前有一些不同，这让我认真思考了一下我到底有哪些变化。和我上一阶段工作的十年相比，这一个十年好像过得特别快。我认识了很多有才华有个性的同事们，接受了一些很IB很多元的思想，陪伴了不少在IB中奋力成长的学生们，当然也享受着他们的陪伴，我也遇到了一些机遇并且正在不断学习、努力挑战自己的极限。

在这个过程中，我最大的变化就是，我的心态在不知不觉中变得越来越从容自在了。重复性的工作可以用来调整节奏，挑战性的工作可以激发更大潜能；相处融洽的同事可以成为挚友，意见相左的同事让我学会多维思考；日常上课让我和学生保持沟通不至于落伍，工会工作则让我和老师们多多接触加强黏合度。

为人让自己高兴，处事让他人舒服，这就是我目前的生活态度！至于今后还会有怎样的改变，那就只能拭目以待了。

郎老师：我是真心觉得IB课程真的是实用的课程。我自己是一路体制内出来的，我知道高考数学考得很难，可高考只是为了选拔人才，它与大学数学在内容和形式上是有一定脱节的。国内缺乏这种从高中数学到大学数学的过渡。IB课程却是一门很好的大学衔接课程。有非常多的毕业生回来找我聊天的时候都会提到，大学里学的数学很多都是我们学过的，他们觉得高中打下的基础非常有用。对我而言呢，我觉得我现在的数学水平与读书时候相比提升了不少，这正是所谓的"在教中学"。

伍老师：在七德接触到多元的课程和来自不同地区的同事，了解了比以往更广阔的世界。眼界的开阔，也会让我在认识问题时避免狭隘与极端，在生活学习中更宽容积极。

顾老师：七德是个很有意思的家庭，这片森林汇聚了不同文化背景、来自不同地域的我们。有一些 ISTJ（内倾、感觉、思维、判断）人格特征的我往往对于细节有很强的记忆和判断，但是我也在逐渐学习直接表达对他人的欣赏，而不是仅仅保留在内心。我愿意花一些心思将平日里的细节化作一份由衷的赞美献给他们，因为那是有温度、懂情趣、会思考的一群人。

第七章

基于中外合作办学历程的反思与展望

　　通过前述六章,特别是二到五章的系统梳理,本书呈现了七德筹办三年及开办至今的办学全过程。通过对育人模式的办学体制、办学理念、课程设置、学生管理、教师发展几个方面的办学实践过程的介绍及其办学效果的评价,通过问卷、访谈以及笔者以研究者和实践者双重身份亲历全程的深度参与,展现了一所新型学校在新时代背景下中外合作的办学历程,伴随着冲突与差异、冲突与共生、冲突与融合的多重旋律,体现了从理念到行为、从专业到生活、从文化到制度等各个方面的对话、选择与融合。学校开办至今,已有八届毕业生,每年参与 IB 全球统考,办学过程中也接受了国内国外双重评估认证,学校每年也会对在校师生和家长进行感知问卷调查,从这些相关数据中,可以大致看出学校的办学成效。最后,拟结合前六章所呈现的办学历程,聚焦若干问题展开探讨,并对学校未来发展作一展望。

一、若干数据反映的中外合作办学成效

　　七德 2014 年开办至今,这中间的发展变化或产生的社会效应有显性的也有隐性的。比如说开设的课程科目、IB 大考的成绩、大学申请的数据、国际机构的评估认证等,这些都是显性的。隐性的更多的是体现在:国外顶尖大学对七德毕业生的认可,校友的可持续高位发展态势,家庭/社会对七德的赞誉,以及七德的办学方向和实践路径得到政府的认可,并成为教育部规范管理高中国际课程的实践范式。

1. 生源覆盖全国

根据《中外合作办学条例》规定,七德招收学生以中国学生为主,可以招收境外学生(含中国港澳台地区)。2014—2016学年,每年招收150人,其中上海生源100人,非上海生源50人。2017学年起,每年招收200人,其中上海生源120人,非上海生源80人。上海生源,参照上海市实验性示范性高中提前招生录取政策,综合学校测试、中考成绩和素质评价等,择优录取。非上海生源(包括外省市、港澳台和外籍),通过学校的招生综合评价体系择优录取。

七德面向全国招生,但因招收的非上海生源有限,80人/年,所以七德很少通过媒体或到外地进行招生宣传。但现在报考七德的学生遍布全国,新疆、山东、广东、四川、贵州、云南、海南都有,很多学生都是经由家人和亲朋好友的推荐来报考的。七德每年都会做新生入学问卷调查,其中有一个问题是"您是如何知晓七德的?"这些年,每年入学的新生中,有60%~72%的学生是因为亲朋好友的介绍报考七德的,包括不少中外老师也是推荐应聘的。尤其是杭州、宁波等地,家长自己口耳相传,主动要做七德的招生代言人,以自己孩子在七德的感受、成长变化来宣传七德。另有一个现象,就是从七德毕业的学生,他们的弟弟妹妹要报考七德的日益增多,甚至是表亲堂亲或邻居同学相互推荐。

上海生源,尽管报考对英语语言能力和学业成绩要求很高,Duolingo(多邻国)115/160,TOEFL(托福)80/120,IELTS(雅思)6/9,但每年的报考比都高达5∶1,报考学生大多来自优质的民办初中和公办初中。上海16个区中,除了崇明没有学生报考外,其他15个区每年均有学生报考,闵行、浦东、徐汇、静安是上海学生主要来源地。历年来,上海生源录取的中考平均分都在区重点分数线之上,2014—2020年在570分左右(满分630),2021—2024年在660分左右(满分750)。每年200个新生来自全国各地,覆盖180余个初中学校,地域非常广泛,也带来了七德生源的广泛性和多元化。

2. 中外教师留存率高

七德中教、外教留存率是非常稳固的。2024年HR数据统计,中方教师在七德工作5年以上的有73%,外教在七德工作4年以上的有62%,而七德办学也只有短短10年。很多国际学校,教师离职率每年在25%是很正常的现象,外教合同有的甚至是3个月起签。

3. 教学质量稳扎稳打

IB 是全球统一的国际文凭课程体系,全球有 5 400 余所 IB 学校,每年 5 月/11 月(北半球/南半球)进行 IBDP 统一考试,有着全球统一规范的评估体系。IB 学校的开设、每 5 年的评估认证、IB 统考的成绩,都是非常严谨和严苛的。所以,一所 IB 学校能够开设出多少 IB 课程、就读 IB 课程的学生数量、IB 统一考试的学科平均分,是能衡量一所 IB 学校的教师队伍质量和学科教学水准的。

七德 2014 年建校,2015 年 5 月获批成为 IB 国际学校。最初,七德开设的都是 IB 基础课程,之后根据学生需求不断新增课程,比如第一组母语,新增 IB 中国文学 HL/SL、IB 英文 A HL/SL;第二组语言习得,新增 IB 日语 B SL;第三组人文,新增商管 HL/SL、心理学 SL、历史 HL/SL;第四组科学,新增 IB 环境科学 HL/SL、计算机科学 HL/SL;第五组数学,新增 IB 应用数学 SL;第六组艺术、新增 IB 戏剧 HL/SL、电影 HL/SL、设计技术 SL 等。目前,学校开设的 IB 线下课程已达 37 门,是上海 IB 学校中开设课程科目最多的学校。此外,还会给有特殊需求的学生提供 IB Pamoja 在线课程的选择。

从 2017 年有首届毕业生至今,每届毕业生中 80%～85% 是全科文凭学生,100% 获得全科文凭,15%～20% 是单科文凭学生;IB 统一考试平均分呈稳步提升态势,稳定在 35—37 分之间,且每年都有 IB 满分。受新冠疫情影响,2020 届 IB 外部考试取消,以内部评估替代。2021 届 IB 外部考试减少考试内容,IB 分值偏高,有疫情人文关怀因素。2022 届上海和华东地区 IB 外部考试取消,全球其他地区正常进行,整个分值回归至疫情前正常区间段。2023 届全球 IB 考试内容和评估标准回归正常。

自 2017 年以来,历届毕业生 80%～90% 被 US News 和 QS 世界排名前 50 的综合大学及文理学院录取,50%～60% 被 Top 30 院校录取,超过 10% 被 Top 10 院校录取,申请大学覆盖 10 多个国家/地区。如:斯坦福大学、杜克大学、芝加哥大学、西北大学、布朗大学、康奈尔大学、约翰霍普金斯大学、莱斯大学、塔夫茨大学、加州大学伯克利分校、加利福尼亚大学洛杉矶分校、卡内基梅隆大学、斯沃斯莫尔学院、波莫纳学院、韦尔斯利学院、明德学院、维思大学、罗德岛设计学院、帕森斯设计学院、伯克利音乐学院、剑桥大学、牛津大学、帝国理工学院、伦敦政治经济学院、伦敦艺术学院、巴黎政治学院、阿姆斯特丹大学、洛桑酒店管理学院、东京大学、早稻田大学、筑波大学、新加坡国立大学以及中国香港大学……面对受中美关系影响的2023年最难申请季,七德183位毕业生共获得来自全球9个国家和地区的177所大学的798份录取;20份录取来自全美/全球TOP 10大学,111份录取来自全美/全球TOP 30大学,403份录取来自全美/全球Top 50大学;专业覆盖19个领域156个专业。

此外,学生每年都会参加国际国内顶尖赛事。比如:英国物理奥林匹克竞赛、美国物理杯高中物理竞赛、加拿大物理奥赛,英国生物奥林匹克竞赛、美国生物奥林匹克竞赛、加拿大生物奥林匹克竞赛,英国化学奥林匹克竞赛、加拿大化学奥林匹克竞赛,美国数学竞赛(AMC)、美国高中生数学建模竞赛(HiMCM)、国际中学生数学建模竞赛(IMMC),以及美国计算机奥林匹克竞赛(USACO)、中美(国际)机器人挑战赛、全国青少年科技创新大赛、上海市青少年"明日科技之星"活动、东润丘成桐科学奖,全美经济学挑战赛、国际经济学奥林匹克竞赛、美国学术十项全能(USAD)等赛事。近几年,学生光参与科学类的赛事就多达40余项,参与学生多达550多人,奖项超过500项。获奖情况:全球金奖80人次,全球银奖100人次,全球特等奖3人次,全球一等奖5人次,全国金奖23人次,全国银奖40人次,全国一等奖13人次,上海市一等奖1人次,上海市二等奖4人次,发表科学学术论文3篇。2024年首次参加东润丘成桐科学奖赛事,就有同学获全球化学三等奖。

在上海,尤其是当下中国教育背景下,优异的学术成绩和大学录取率对学校而言至关重要。在中国,家长/社会对高分数和高录取率的期望值很高,媒体对相关排名的报道也会渲染家长情绪。学生在七德接受教育,一定会面对巨大挑战和压力,这不仅体现在英语能力和IB课程学习方面,也体现在国外大学申请充满不确定性的过程中。但我们更坚定的是:七德教育,旨在超越排名,以"道知情怀 德行沧海"的校训引领学校前行方向,助力学生全面、主动、健康成长,成为人生更有意义、对社会对国家对家庭有贡献的人。

4. 办学质量评估认证

一所学校的办学质量优劣及改进完善、是否被认可,不仅需要有自身的实践、自省、自我超越的不断追求,也需要接受客观的第三方专业机构的专业、全面、权威认证,通过给出官方或专业机构的资质认证及建设性意见来

促进学校的进一步发展。七德从申请筹建至今,从课程开设、学校管理和社会组织等三个维度均接受第三方评估认证,主要有:

(1) 中外合作办学许可证(2014 年 2 月/2024 年 3 月)。

七德作为一所由上海市七宝中学与美国纽约市德怀特学校合作举办的学校,不同于普通公立高中和私立高中的批准设立。首先需要有中外合作主体达成合作协议;其次要报批所在地教育主管部门批准,再上报至所在地省级教育主管部门进行评估和批准,其中会涉及办学需要具备的方方面面条件;最后要上报至中国教育部国际合作与交流司和基础教育司联合评估和实质性备案。教育部通过后,上海市教委批准设立。同时,作为民办非营利社会组织,也需报市民政局/社会组织管理局批准同意。

2014 年 2 月,七德获上海市教育委员会批准设立(沪教委外〔2014〕16号),教育部核准中外合作办学许可证编号为 PDE31USA04INR20140730N,成为上海第一所独立设置的中外合作高中,也是教育部 2003 年至今在中国批准的唯一一所独立设置的中外合作高中。2014 年 5 月 14 日获上海市民政局批准设立民非社会组织。这个办学资质获得非常不容易,也不简单,代表教育部和上海市教委对七德的认可和赋予七德教育创新试验的使命。

2023 年 12 月接受上海市教育委员会委托的上海市教育评估院联合专家组的中外合作办学到期评估和延期申请,以及闵行区政府教育督导室的教育综合督导,获高度评价,100 分满分,专家组给到 95 的高分;第一次闵行区教育综合督导,专家组概括出七德在"党建引领、多元融合、学生为本、教学研究、师德规范、团队合作"等方面的六大亮点:加强党建引领,探索高中多样发展之路,重视办学依法与规范;推进多元融合,健全学校系列工作标准,注重管理协商与共建;秉持学生为本,构建有利学生管理体系,发挥育人合力与优势;加强教学研究,架构中西融合课程体系,关注教研互学与互鉴;重视师德规范,加强中西融合队伍建设,实现评价导向与激励;强化团队合作,健全学校安全管理制度,推进技术赋能变革与发展。此外,也是 2024 年3 月上海市教委委员会批复 15 个中外合作办学机构和项目延期中唯一一所获批延期 6 年的机构,其他最多 3 年。

(2) IB 世界学校认证(2015 年 6 月)。

七德在获批成立之前,就已经在为 2015 学年能够顺利开设 IBDP 课程准备 IB 世界学校资质的认证。根据 IB 官方发布的标准，申请成为 IB 学校授权的流程非常严格。申请学校要通过认证，在 IB 项目实施方面需要满足两类基本条件，一是 IB 列出的必须做到的要求，二是 IB 需要看到申请学校已经有计划地去达到某些要求。也就是说，学校要在办学使命 & 教育理念、组织架构、师资力量 & 授课技能、学校硬件设施和课程体系上完全符合标准才可获得授权。通常需要 2—4 年的时间完成从申请到授权的整个过程。如果是新学校申请，包括准备期到正式授权，这个周期往往需要 3—5 年时间。而七德仅用 2 年的时间就获得了 IBDP 项目的授权。

（3）美国西部院校联盟（WASC）认证（2019 年 5 月）。

WASC 全名是"西部学校与学院教育联盟"，成立于 1962 年，是美国教育部认可的非营利和非政府组织，为公立和私立学校以及学院和大学进行认证的六大教育联盟之一。WASC 认证被称为"教育界的奥斯卡"。WASC 之于国际学校，有点像"示范校"之于公办校。若某所公办校获得"示范学校"的称号，不光意味着它各个方面都达到某个标准，还意味着它办学的各个维度都更优秀，教学质量也更好，而且办学理念先进，追求过程不断持续改进。WASC 负责认证美国加州和亚太地区的美式大、中、小学，包括著名的斯坦福大学、南加大和加州大学，权威性可见一斑。WASC 认证过程长，而且非常严格，目前，WASC 在中国认证的学校数量有 40 所左右，由此可见其难度和含金量。2019 年 5 月，七德获得了 WASC 的认证。

（4）上海市社会组织评估 4A（2023 年 7 月）。

上海市社会组织评估，是由民政部和上海市民政局根据民政部《社会组织评估管理办法》、上海市民政局《关于进一步加强和规范本市社会组织评估工作的通知》，为规范社会组织内部治理结构完善，提升自建能力，推动社会组织高质量发展，开展的由社会组织自主申报参评的评估。评估内容包括基础条件、内部治理、工作绩效和社会评价，总分值 1 000 分。其中规定，社会组织评估首次申报等级不得高于 3A 等级，评估等级为 3A、4A 且满 3 年的社会团体、民办非企业单位、基金会可以申请更高等级评估。七德 2023 年首次申报，评估分值就高达 945 分，距离 5A 分值 951 分仅一步之遥。从社会组织内部治理的维度，再次体现了七德的规范性和高质量。

此外，七德还于 2018 年 9 月获剑桥教育考试中心授权，2019 年 11 月获东亚地区国际学校联盟（EARCOS）认证。此后，IB 每五年进行一次回顾认证，WASC 每三年进行一次全认证。2021 年 3 月，七德接受了 IB 和 WASC 的联合在线检查。反馈非常好，认可七德是一所以学生为中心，持续不断自我改进的优质学校。接下来，2026 年 3 月，将接受第三轮联合检查。

5. 参与政府决策咨询和相关课题/项目研究

七德在办学实践过程中，始终坚守办学的初心与使命，探索高中阶段中外合作办学的可行模式，开发中西融合的国际化课程体系，改变育人模式，为培养国际化创新型人才奠定基础。

2018 年参与上海市教委国际交流处委托上海市教育评估院开展的"上海开设国际课程的现状、问题与建议"课题研究，负责起草"对国际课程发展的建议"，从政策保障、学校实施、师资队伍建设等方面，对国际课程在实践层面的经验做法问题进行了提炼总结，很多建议被政府采纳已转化为当前政府对高中国际课程规范管理的具体要求了。

2021 年参与中办牵头的涉境外课程专项调研（上海），对高中国际课程管理从三个方面提出建议：允不允许办？ 允许办，如何审批（路径和依据）？如何确保教育生态、教育质量和教育主导权？

2014—2016 年参与上海市教育委员会教育技术装备中心课题"基于学生发展需求的学习环境建设——高中专用教室建设"；

2020—2022 年参与上海市教育委员会教育技术装备中心领衔的上海市教育科学研究重点项目"上海市中小学学习空间重构行动研究"（项目编号：A1914）；

2017 年立项闵行区区级重点课题"中外合作办学背景下的十年级中文校本课程开发与实践研究"；

2017 年立项闵行区区级普通课题"基于 IB 课程理念的高中生批判性思维能力培养的实践研究——以历史政治学科为例"；

2019 年立项闵行区区级重点课题"中外合作办学高中 IB 心理课程实施中培养学生积极心理品质的研究"；

2019 年立项闵行区区级普通课题"基于核心素养培育的中外合作办学学校体育校本课程开发与实施研究"；

2019 年立项闵行区区级普通课题"WASC 认证体系下的国际高中

HOUSE 寄宿管理模型构建研究";

2020 年立项闵行区区级重点课题"数字化学习背景下学生个性化学习支持系统的构建与实践研究"(QZ202061);

2020—2022 年参与中国教育国际交流协会的"高中卓越国际项目评价规范"(团体标准的标准计划号为 T/CEAIE006‐2022)研制;

2024 年参与复旦大学徐冬青教授申报的上海市教育科学研究一般项目"公办中小学治理效能评价指标及推进路径研究"(项目编号:C2024239);

2024 年立项闵行区区级普通课题"多学科融合的高中项目化研学活动设计与实施:以'增强文化自信,厚植家国情怀'主题研学为例"。

此外,还参与了上海师范大学联合国教科文组织教师教育中心牵头的"国际理解教育"基地校项目、华东师范大学教育系基地校建设,以及国际教育领域的会议分享采访报道等。包括接待众多省市教育部门、同行学校的调研参观。

6. 在校师生年度感知问卷数据分析

(1) 对个性化学习效度的问卷调查(2022 年)。

2022 年,基于闵行区区级重点课题"数字化学习背景下学生个性化学习支持系统的构建与实践研究",我们通过问卷调查和访谈的方式,收集学习者对学校个性化学习支持系统的反馈,实证分析该支持系统的有效性。本次问卷调查总共获得了 178 份有效回复,包括 98 位十年级学生和 80 位十二年级学生。我们选取十年级和十二年级两个群体,分别是刚刚进入七德一段时间和即将毕业的年级,旨在能够更清晰直观地获取、对比和分析学生对学校个性化学习支持的初步和长期体验。我们发现,对学校个性化支持的满意度呈现持续高位,学生通过学校的个性化学习支持系统的培养,自主学习能力普遍提升,个性潜能得到激发张扬。

第一,学生个性化学习满意度持续高位。从学生对学校个性化学习支持的满意态度(很好、较好、不太好、较差)来看,整体呈现出持续高位。90%以上的学生都赞成学校的个性化学习支持成效较好,十年级仅有 3%、十二年级没有人认为学校的个性化学习支持较差。这说明无论是刚进入七德,还是即将毕业的学生,都对学校的个性化学习支持有所认识且保持积极的态度。并且,十二年级选择"很好"和"较好"所占的比例高于十年级,呈现出了七德个性化培养在时间维度上的有效性(见图 7-1)。

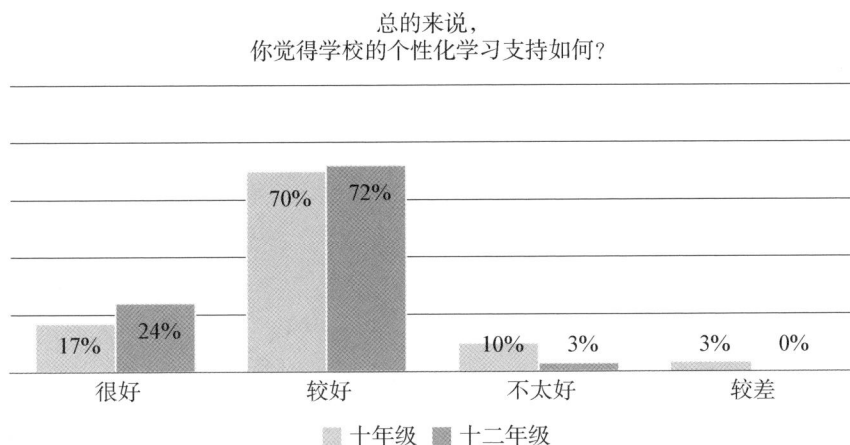

总的来说,
你觉得学校的个性化学习支持如何?

图 7-1　学生对学校个性化学习支持的满意程度

　　我们梳理了八个主要的个性化学习支持实践,并让学生选择哪些是他们认为最有帮助的。从结果来看(见图 7-2),两个年级的学生都认为移动学习和多样的选课方案是他们最认可的个性化学习支持实践,这体现了七德构建的数字化学习环境和丰富的课程体系对学生个性化学习满意度有明显的正向影响。十二年级学生相比十年级,更多学生认为获得了教师个别辅导,这可能主要是由于 IB 课程更加系统化和针对性,学生学习自己感兴趣的学科,有更多的动机和机会向老师寻求个性化的指导。

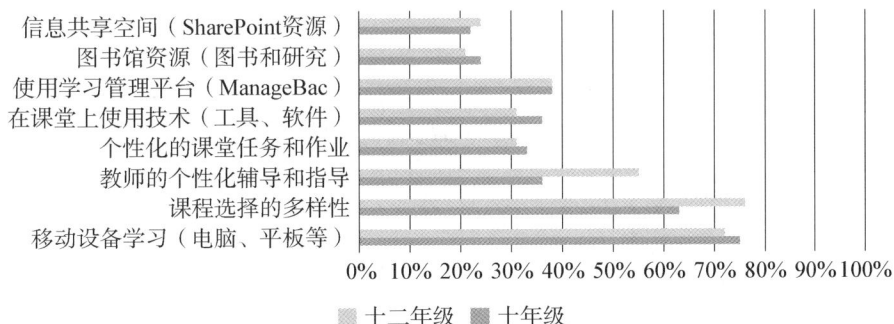

你认为七德在哪些方面的实践对你的个性化学习有帮助?

图 7-2　学生对有效的个性化学习支持实践的选择

第二，学生自主学习能力普遍提升。七德学生一天的学习时长为 10—12 小时，其中一半的时间是在课堂中，以多元的学习方式掌握知识与技能。另外剩余的 4—6 个小时，则需要学生有策略性地安排自主学习时间来完成各科作业，以及定时地为评估做复习。在七德学习的三年中，通过参与以学习者为中心的课堂学习活动，以及日常使用数字化学习平台作为虚拟的学习空间，学生潜移默化地、循序渐进地培养了敏锐的自觉能力，能够自发性地调整学习模式，有效管理好有限的学习时间。在调查问卷中，十二年级的学生被要求从 1（非常不满意）到 5（非常满意）对自己在这三年的时间管理能力评价，平均值结果（见图 7-3），呈现了逐步稳定上升的趋势，体现出了学生对于自主学习，尤其是时间管理能力的掌握更加自信。

十二年级学生对自己三年间的时间管理能力评价的平均值

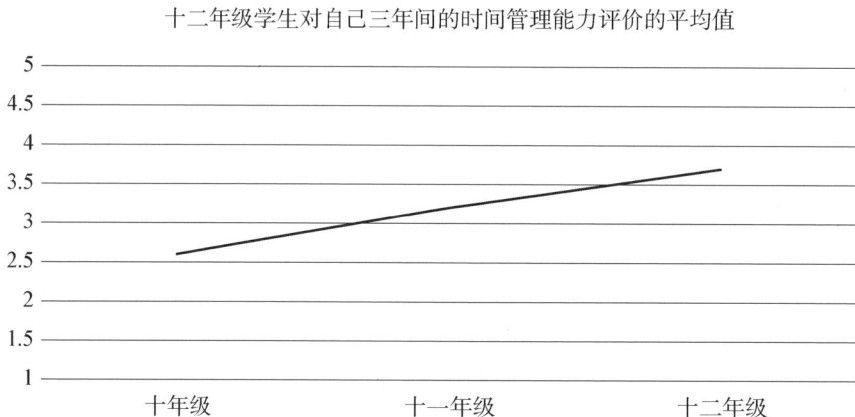

图 7-3　十二年级学生对自己时间管理能力的评价

由于教学管理平台 ManageBac 记录了学生每一次成绩，学生能够一目了然地看到需要立即调整以及下功夫学习的地方，他们自定目标，监测自己的成绩进度，反思并自主安排和制订学习方案。当学生看到自己的进步和变化，就能够获得正面的激励，形成了想要继续保持成绩又或是提升成绩的自我认知，促使他们自发性地寻找可进步的方法，如：查看学习资料、主动找老师提问，或是学生互相帮助的学习方式。这是一个积极的正向循环过程，促使也增强了学习者的自我满足感和产生持续性的自我调整学习方法的动力。伴随着时间管理能力的强化，学生会利用日历的功能自行添加任务事项，进而达到妥善利用时间且自发性地按时完成作业。一位十年级学生分享说："我迫切想要把所有的项目都完成,这样我就能一个个地在平台上勾掉它们。当我勾掉一个完成事项时,那个感觉实在是太棒了。"

第三,学生个性潜能得到激发张扬。从众多优秀毕业生的案例结果来看,学校提供的个性化支持,有效地帮助他们发展自己的兴趣爱好和特长。我们对部分十二年级毕业生开展了访谈,他们都表达了对七德在课程选择、思维和技能培养、兴趣鼓励等方面的感激。例如:来自外省的 L 同学,虽然一开始英语基础相比于上海学生来说比较弱,但是从上课听不懂到 IB 满分,从对营养学和饮食人类学感兴趣,到最终被康奈尔大学酒店管理专业录取,她提到"老师们的鼓励式教学让我的学习更加主动……会最先关心我的兴趣点在什么方面……会无条件支持","七德提供了很多资源和平台……活动、项目、课程……让我探索尝试,兴趣爱好更加广泛了"。又如:C 同学热爱哲思、诗歌和演讲,选择了 IB 心理学的她相信人具有非常大的可塑性,因此她一直向着自己想要成为的样子而努力,勇敢地发出自己的声音,带动他人一起,改变世界。提到学校对她的爱好的支持,她说戏剧老师、班导老师、学校 TED 演讲平台给她提供了非常多的展示机会,"如果我在其他学校,反而不会这么出挑"。在七德对她的个性潜能的不断鼓励和支持下,她收获了布朗大学的录取通知。

总结以上实证调查的结果,学生对学校提供的个性化学习支持感到整体满意。高年级的学生对个性化学习状态更加有信心、自主学习能力更强,也得到了符合自己兴趣和规划需求的大学录取结果,这体现了在学生在校三年培养方案上实施的个性化学习支持系统的有效性。

(2)在校师生感知问卷调查(2024 年)。

"感知"是指学校利益相关者对学校的态度和信念。利益相关者包括:学生、家长、教师和社区成员。负责学校改进的团队成员,需要向利益相关者收集信息,并分析这些感知数据以支持学校发展。因此,每年我们会发送同样的感知调查给学生、家长和教职员工以获得一致的信息,这能让我们更好地思考和比较这些结论。每个问题都采用 1(非常不同意)到 4(非常同意)的量表进行测量。柱状图中的百分比呈现了三组利益相关者(学生、家长和教师)的平均同意倾向。图 7 - 4 将 2024 年数据与 2023 年数据进行比较,以突出一致性和差异，展示取得的成就以及需要改进的空间。2024 年共有 178 位学生、133 位家长、63 位中外教师提交了无记名问卷调查。

关于学校的使命和价值观，家长群体的认同感越来越高，2024 年较 2023 年提高了约 2%（见图 7 - 4）。这反映出学校在加强宣传和家校沟通方面的努力成效显著。关于学生交流，2024 年各利益相关方对学校与家庭沟通的看法较为一致，满意度均超过 80%（见图 7 - 5）。尤其是在学术成绩和选课沟通方面，学生的满意度比 2023 年有了较大提升，显示出课程与教学支持的进步。2024 年学生和教师对学校技术设施和支持的满意度与 2023 年基本持平。学校将继续致力于提升技术设施和资源支持。人工智能时代，师生的技术能力发展更为重要。值得注意的是，教师对自己使用人工智能能力的评价低于学生的自我评价，这表明学校应加强对教师在利用 AI 支持工作方面的培训（见图 7 - 6）。

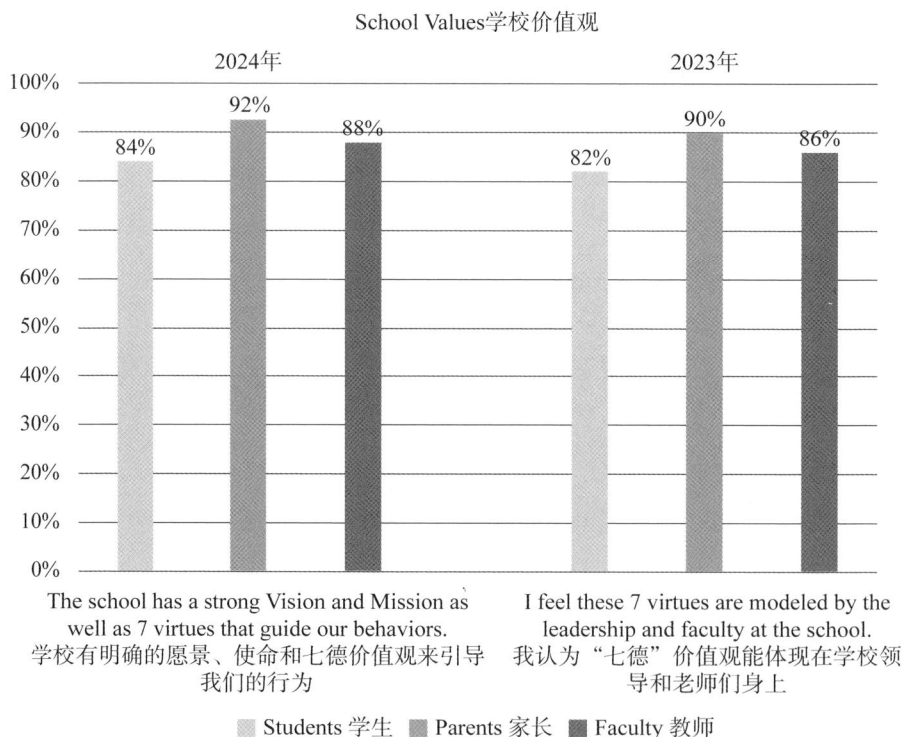

School Values 学校价值观

2024年：84%、92%、88%

2023年：82%、90%、86%

The school has a strong Vision and Mission as well as 7 virtues that guide our behaviors.
学校有明确的愿景、使命和七德价值观来引导我们的行为

I feel these 7 virtues are modeled by the leadership and faculty at the school.
我认为"七德"价值观能体现在学校领导和老师们身上

Students 学生　Parents 家长　Faculty 教师

图 7 - 4　学校价值观认同对比

Student Communication学生交流

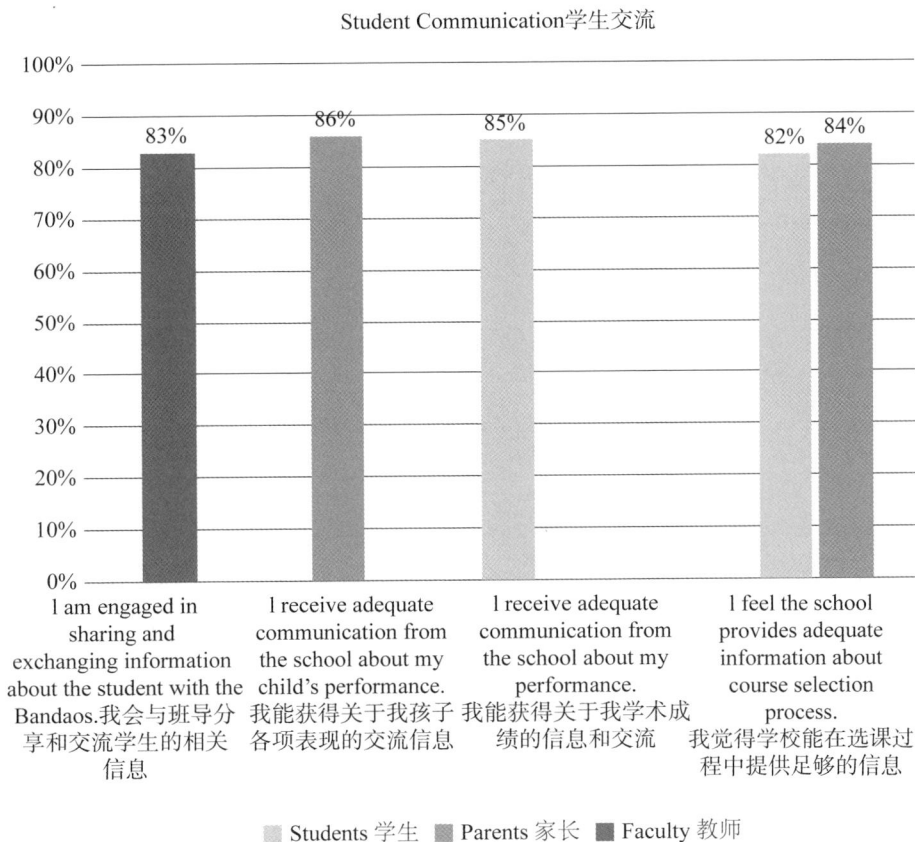

图7-5　学生、家长、教师对"学生交流"的态度

二、基于办学历程的问题反思

回顾反思七德中外合作办学的过程,首先要回到中外合作办学的原点上,究竟"合作"为何意?几乎每一所中外合作办学的过程都诠释了各自对合作内涵的理解。不同于一些机构以及民办学校的合作办学实践,七德通过自己的办学努力实践着自己的合作办学追求,那就是走融合之路。但究竟如何融合?融合的前提是什么?融合的基点与可能是什么?对于走到今天的七德又呈现出了什么样的新环境、新任务和新挑战?以及伴随着政策调整和各地都在不断涌现出来的各种规范与非规范中外合作办学的状态,究竟如何看待这种状态?这里尝试将一些不成熟的思考和问题提出来,供

AI人工智能

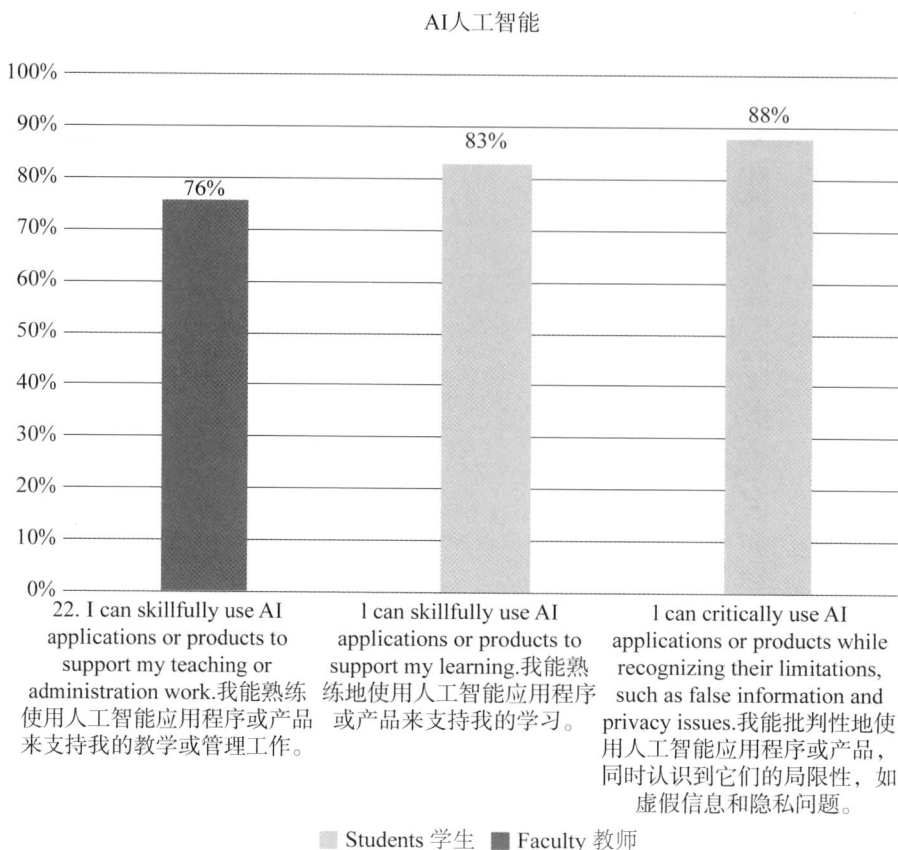

| | 22. I can skillfully use AI applications or products to support my teaching or administration work.我能熟练使用人工智能应用程序或产品来支持我的教学或管理工作。 | l can skillfully use AI applications or products to support my learning.我能熟练地使用人工智能应用程序或产品来支持我的学习。 | l can critically use AI applications or products while recognizing their limitations, such as false information and privacy issues.我能批判性地使用人工智能应用程序或产品,同时认识到它们的局限性,如虚假信息和隐私问题。 |

□ Students 学生   ■ Faculty 教师

图 7-6　学生与教师对人工智能使用情况对比

商榷讨论。

1. 何种合作? 为谁合作?

建立一种合作文化是中外合作办学达到预期成效的关键要素。在大量的磋商、谈判、冲突以及化解冲突过程中,尊重与包容、接纳与妥协、坚持与抗争是贯穿整个合作过程的常态。这个过程考验着校长与中外团队的沟通能力,也锻炼着校长管理、沟通以及营造一种合作文化的价值追求和管理艺术。从体制选择、目标定位到课程构建、学生管理、教师发展,每一领域、每个维度、每个层面和每个阶段,都要经历无数次的对话、协商、尝试、调整和磨合,依据七德的办学实践,大致可以概括为如下一些初步结论:

首先,要有真诚而自信、慎重而从容的合作心态。中外合作办学在新时代应该有所不同,如果仅仅为了营利或利益诉求,并非中外合作办学所需要的真义和真正的价值所在。新时代的中外合作办学,已经完全不同于鸦片战争后开始的"被动接受文化侵略"的"中外合作办学",也完全不同于改革开放后开始的"主动向西方学习"的"中外合作办学"的心态。在主权独立且国际影响力逐渐扩大的状态下的中外合作办学,需要的是从容而又慎重的心态,这不仅是对自己的负责,也是对合作方的负责,更是对世界的负责。因为,在上海这样受到一定国际关注度的地方,任何一个政府的政策举动都会引起反响。因此,新时代举办中外合作办学要有合作的伦理考虑,真诚、慎重、从容的心态是真正负责任的表现。

其次,要有"借石攻玉""借船出海"的合作目标。处于基础教育阶段的高中中外合作办学不同于高等教育中外合作办学,"尝试、探索"是我国政府的政策导向,是主动向国外优质资源学习的积极的发展战略。因此,合作的目标无疑就是要用国际上真正的优质教育资源来促进我们的发展,简单地买来或拿来的方式,或者合作营利和分成转包的办学方式本身是一种利益的直接交换,而不能真正促进我们高中教育的多样化和特色化发展。提供一种正确的合作观、树立一种正确的合作办学范式是关键,面对市场竞争日趋激烈,尽管我们也有很多担心和困惑,但仍须不忘初心,锐意改革,哪怕困难重重,也一定要坚守自己对国家的使命,对社会的承诺,对孩子和家长的责任。

再次,要确立"以我为主""尊重包容"的合作体制。七德进行中外合作办学是严格按照国家法律规定和地方政府给予学校的定位来进行办学的。按照国家法律规定,寻找合作学校、洽谈合作办学章程、开展合作办学,是学校获得合法性和可持续性的前提保证。如何基于法律规定和政府支持来建构合作办学的规则和制度? 就学校与政府关系而言,或许"政府支持,民办运作"是一条明晰政府与学校的职责定位,同时又集聚政府与学校的优势合力,探索和扶持新生事物发展的体制之路。就合作学校关系而言,遵守中国法律规定,遵循国际合作惯例,确定"以我为主"的办学原则,构建相互"尊重与合作"的体制基础,是合作办学顺利开展的有力保障。就学校内部中外团队关系而言,确定理事会中方为主的构成,中方校长的主负责和外方校长的协作机制,部门/学科组成员的职责清晰和相互合作,是团队合作文化建构的制度保障。

最后，要善于协商、学会包容，共建"命运共同体"。合作过程中无疑会遇到诸多矛盾、困惑甚至冲突，因而，要想化解矛盾、解决争端，合作的智慧和技巧也很重要。前提是合作双方有共同的价值追求，坚持合作办学的探索性、开放性和实验性，不墨守成规，勇于尝试，敢于突破，走出一条不同的路来，这才是中外合作办学的价值所在。所以，绝不能简单照搬或拿来运用，不做大杂烩或拼盘式的合作办学。要坚持"沟通、协商"的原则，强调包容不同的想法和做法，学会换位的思考与理解，愿意主动地沟通与合作，遇到问题学会妥协和坚持。此外，不要惧怕矛盾，要用开放的心态去拥抱矛盾，去想办法解决矛盾，没有对与错，只有站在学校、教师、学生的立场上去判断适合与不适合。

引入国外的优质资源开展合作办学，在实践过程中学会比较辨析，国外办学好的理念、传统、经验、做法，要充分研究和消化吸收；同时，对于自己已有的好的理念、传统、经验、做法，不能忽视和放弃，要善于融入和转化。中外合作办学的魅力，就在于有可能也有必要将中西方不同的理念、传统、经验、做法，在同一时空范畴中进行融合创生。所以，合作是为了"我"的合作，合作也是为了"我们"的合作，至少作为校长来说，我与这所学校的命运已经融为一体，我与我的外国合作伙伴已经结成了一种有共识、有差异、有尊重、有欣赏的合作关系。我们也正朝着体验一种不一样的人生而努力合作，彼此信任，互相学习，并努力将这种合作精神贯穿学校办学过程中并传递给每一成员，促进学校成为一种基于团队合作的、愿意挑战自我的、成就每一个体与学校共同成长的"命运共同体"。

2. 何谓融合？何种可能？

按照对融合的一般理解，可以说，就是"你中有我，我中有你"，但就七德的办学实践来看，融合并非出于一种主观愿望就可能达成，而七德之所以能够这么快地进入一种一体化的实施过程，与其办学定位就是要融合有关，与其一系列对融合性的可能性的判断和决策相关。七德的办学和早期有些民办学校走的融合之路是不同的，早期的民办学校中的一些融合实践的尝试，带有极大的尝试性和探索性，从开始的引进、运用、转化到开始有自己的尝试和做法是慢慢转变而成的。但是，在今天信息高度发达，特别是政府的大力支持,以及七德的母体中方学校具有非常强的实力,基于这些前提,七德的中外合作办学应该与其他中外合作办学早期经历的阶段和历程有所不同。从如何判断融合点的可能性来梳理一下,大致可以形成以下一些认识:

第一,纽约德怀特学校的办学传统就是致力于个性化教育的私立学校,尤其在其引入 IB 课程以后,这所学校就不同于美国的本土学校,其国际办学视野和创新元素特别多。因此,七德能够融合的可能性就是这种国际办学视野和创新元素,而非国别课程带有的极大的地方性和保守性。

第二,合作办学的公益性的定位,剔除了不同价值取向的合作伙伴,也免除了营利、市场化办学的压力,使得七德的融合本着一种实验探索性和价值导向性,避免了中外合作办学中的商业功利主义的干扰因素。

第三,外方合作学校与外方领导,本身对中国文化有认同,对中国教育有认同,有着文化理解和合作的愿望是七德能够融合的前提,且会缩短磨合的过程。筹办阶段经历了大量时间的接触和交流沟通过程,这样的时间成本回首看来是非常值得的付出,有助于彼此的情感认同和相互信任的建立。否则,文化隔阂和文化冲突会阻碍融合,甚至导致割裂,而不断换人的办学体制对于新学校来说是折腾不起的,看准学校、看准人是非常重要的。

第四,IB 课程框架有利于两种课程文化的整合。IB 课程致力于通过教育培养具有国际情怀的年轻人,开创一个更美好、更和平的世界,提倡的是一种前瞻、综合、跨学科研究的学习体验,这种课程的价值取向与我国素质教育的取向非常契合,与突出综合实践活动以及核心素养的课程政策走向非常契合,其做法对我国一些学校也已经产生了一定程度的影响。而如果采用国别课程,可能会迫不得已实施课程组装,成为一种拼盘式的课程框架,课程之间缺乏逻辑和关联,实现融合会比较困难。正是合作办学立场中的主权独立意识,使得七德无论是在课程建构过程中强调中方核心课程的重要性,还是日常学校活动中的中国意识形态导向,外教老师一起参与学校周一晨会的升旗仪式唱国歌都已成为共识和共同的行为,融入一种文化本身就是拓展一种视野,在这个意义上,国际理解对于双方都是同样的,是一种双向的合作,双向的理解,七德力图构建的是一种"文化命运的共同体"。

因此,如果用概念性的提炼方式概括融合点的可能性的话,那就是:首先,IB 课程设置本身包容本土课程空间,这给融合提供了条件,课程的框架与本土的课程政策有一定的契合点，国际性合作比国别性合作要相对容易，引入 IB 课程有利于深入融合，避免多种课程的大杂烩和拼盘组装状态。其次，办学体制中的中方为主，外方为辅，同时兼顾外方领导的中文文化理解，办学实践过程中的文化认同理解比专业支持更重要，至少在追求融合的意义上是这样的。最后，不管是合作还是融合，主权独立是根本，是合作与融合的基础，否则只能是依附性的、交易性的、短期性的、投机性的所谓合作。

3. 身在何处？路在何方？

借助 SWOT 分析寻找生长点。从 S（优势）来看：一是政府强有力的支持，无论是教育部，还是上海市教委，以及闵行区各级政府和相关部门，都对七德的办学给予了充分认可和自主办学空间的支持。此外，来自所属区域的七宝镇政府，更是给予校舍资源、办学环境等支持。二是教育部对于中外合作办学的严格审批，是确保办学质量和办学生态环境的前提支持。三是七德合作办学所带来的全球教育资源给学校高起点高质量的发展带来了可能。四是中外合作团队的共同价值取向及学校文化认同使得学校发展方向不会偏离正确的轨道。五是中外教骨干团队的形成为学校可持续发展注入了源源不断的生命力。

从 W（劣势）来看：一是相对于其他开设国际课程的民办学校，七德只有高中没有初中学段，招收进来的学生普遍缺乏 IB 着力培养的研究素养和合作学习的基础，进入 IB 课程体系，学生在英语语言基础和学术研究写作能力方面比较吃力。二是作为一所创办十一年的新学校，社会媒体和国外顶尖大学对七德的了解还不够，尤其是自媒体时代，很多流量是与炒作或经济利益关联。三是七德办学的独特性、品牌项目、影响力虽已初步显露，但尚未成熟化。

从 O（机会）来看：一是教育国际化以及培养大批具有国际视野、通晓国际规则、能够参与国际事务和国际竞争的国际化人才，是国家教育发展与改革的战略规划，必然催生高中阶段的教育面向国际化人才培养的需要，逐步与国际教育接轨；二是社会以及家长对优质的国际化教育的需求依然处于热度状态；三是政府对涉境外课程规范管理政策落地以及高中中外合作办学路径的清晰。

而从 T（威胁）来看：一是全球经济形势和地缘政治对国际教育的外围影

响不容忽视;二是老牌民办国际课程学校的扩招对优质生源产生的虹吸效应;三是培养一批既懂中国教育又懂 IB 教育的名师需要时间;四是如何激发学校不断创新的动力和活力,值得思考。

反观七德的实践,有一件事是肯定的,如果这所学校只由七宝中学或者只由德怀特学校来办,那这所学校的发展一定不会像现在的合作办学这样。正是"合作"的根基让这所学校变得独一无二和特别。而"合作"正是国家与国家、组织与组织、个体与个体,以及不同国家、组织、个体之间,要适应这个变化的世界需要具备的重要能力之一,或者是要在这个全球化世界取得成功的重要因素之一。尽管有时太多的不同会让彼此难以接受,但正是这些不同会碰撞生长出独特,也正是彼此跨出的那一步让合作变得更有力量和更具创新性。

4. 眺望未来:基础教育中的"第三条道路"怎么走

在合作中的融合,在融合中的合作,以合作促融合,以融合促合作,这是七德始终坚持的办学行动准则,要把合作这篇文章做好,做出新意,做出新概念,做深做透。合作需要达成共识,这方面就有理念的共识、价值的共识。尤其是在育人模式的探索中,如何进行融合包括课程实施过程中的融合都是一个领导不断遇到挑战的问题。从升旗仪式的中外教师参加,到使用中英文工作语言,中外教师工作文化的融合,中方课程和国际课程的相互交融,可以说,融合是渗透办学理念和行为的全过程之中,是一种无痕渗透的过程。

与早期的中外合作办学的那种先上车,再买票的状态不同,七德的办学是在充分调查研究的基础上开始的,因此,在合作的体制机制建设上,在领导人员及决策机制的建立等方面是非常慎重的,前提性的准备性的工作做得充分,为合作办学的顺利进行打下了很好的基础。坚持以我为主,坚持法人地位,坚持中方校长具有决定权等,都是为了捍卫教育自主权,保持办学方向不变的基本精神,也是体现中华文化中的"入乡随俗"的一种习惯。

从长远看,高中阶段现存的国际课程班管理转向或参照大学中外合作项目管理办法,更符合《中外合作办学管理条例》的相关规定。此外,有种观点认为,国际化办学就应该给民办学校来办,公办学校不用办。民办固然需要放开,而且政府承担的风险相对较小。但是高中阶段属于基础教育阶段,民办的市场竞争带来的往往是封闭性，将国际化办学放给民办而缺少调节机制，从长远来看，不利于正常的办学市场的形成，可能导致公办高中出现落后或落伍的问题。而如何促进公办学校的中外合作办学，从七德的办学实践中是有可能获得启示的。适度地在公办高中推进中外合作办学可以也可行，只要符合法律，科学论证，体制架构合理，领导人员选择有力，政府财政支持以及自身的能力建设不断加强的话，是可以有一种不同于民办学校的国际化办学风景的。因为，这种合作办学的基因中天然带有了政府的基因和使命。当然，这是否可行？七德将继续前行，愿意做铺路石，愿意做试验田。

回首三年筹建、十一年办学的风风雨雨，每前进一步都是艰辛的付出与痛并快乐的体验，也是一份满满的收获。作为合作办学的实践者，深感中外合作办学的过程中，始终要有坚定的目标、豁达的心态和坚持不懈的毅力。十分乐见这一合作走出了一条"公益性""融合型"的与众不同的"第三条道路"，相信七德将继续在这条道路上砥砺前行，一定会走得更好、走得更远！

附　　录

附录1　七德学生学习适应性研究问卷调查

亲爱的同学：

您好！

为了更好地了解你在七德的学习情况，便于我们更好地改进工作，特请你填写以下问卷。本问卷是无记名问卷，不会对个人隐私产生任何影响。本问卷只作为研究使用，不会用于其他用途，因此请真实作答。

非常感谢你的参与，祝学习和生活愉快！

1. 我的性别是_____（1）男　（2）女

2. 我所在年级_____

3. 我来七德之前是在_____初中学习。

第一部分

	非常不重要	不重要	一般	重要	非常重要
4. 想去国外上大学					
5. 父母要求我来七德上学					
6. 我喜欢国外的文化和想了解国外文化					
7. 七德的水平比其他高中要高					

（续表）

	非常不重要	不重要	一般	重要	非常重要
8. 学习期间我可以到德怀特全球校区学习					
9. 这里可以满足我的兴趣爱好					
10. 亲戚朋友介绍我来此学习					
11. 这所学校的声望很好					

12. 除了以上原因，还有其他你来七德学习的原因吗？

第二部分

	非常困难	困难	一般	容易	非常容易
13. 在学习上有很明确的目标					
14. 知道我为什么上这所学校					
15. 有拿理想成绩的决心					
16. 集中注意力学习					
17. 很好应对我的考试					
18. 在学习时间的安排上很有效率					
19. 自己努力想办法解决学习的困难					
20. 按课程要求上课，不逃学					
21. 按时完成作业					
22. 读懂并完全掌握课文和阅读材料的内容					
23. 听懂并掌握老师上课讲的内容					
24. 习惯外教老师的上课方式					
25. 在课堂发言（如小组讨论、报告等）					
26. 适应七德的学习环境（如图书馆、教室等）					

	非常困难	困难	一般	容易	非常容易
27. 与高年级或低年级同学交朋友					
28. 在我需要时总是能找到老师帮助解决学习上的问题					
29. 通过数据库或者图书馆收集到学习资料(如论文、书等)					
30. 克服想回家的困难					
31. 我经常觉得学业带给我巨大的压力					
32. 老师的评分标准					
33. 课程的教学内容适合我的学习					
34. 当我需要时学校有心理咨询中心来解决我的困惑					
35. 这里不同的价值观和文化对我的学习没有造成困难					
36. 我觉得这所学校的教学水平能达到我的预期					
37. 我对我现在课程的老师感到很满意					
38. 我对学校提供的课程的质量或课程水平感到很满意					
39. 我喜欢在我所在的学校学习					

其他题

40. 影响到我学习的最大的障碍是(请选 3 个选项)(1)_____
(2)_____　(3)_____

  A. 我的英语水平

  B. 我的学术写作水平

  C. 这里的课堂不一样

  D. 学校的学习环境不好(如宿舍、图书馆)

E. 我觉得孤单

其他_____

41. 我适应这所学校的学习大概花了_____个月。

A. 1～3 个月

B. 4～6 个月

C. 7～9 个月

D. 一年以上

E. 现在都还没适应

问卷到此结束,非常感谢你的配合,祝你学习顺利!

附录 2　教师访谈提纲

1. 首先介绍一下你选择来七德工作的原因是什么？为什么会选择七德？与相关选择学校比较而言，最后决定七德的原因？

2. 你觉得在七德，在你的教学中的最大挑战是什么？你是怎样克服的？同伴互助在你的发展中起着哪些作用？

3. 你觉得七德作为中外合作办学机构，其主要特点有哪些？与你知道的一些同类机构的主要区别是什么？

4. 回忆在七德的工作经历，给你留下了哪些深刻印象？

5. 你认为在中外教师交流中主要有哪些冲突？遇到哪些沟通障碍？你是怎样解决的？

6. 你觉得学校组织的哪些教师活动对你产生了影响？能具体描述一下活动情况吗？

7. 你参与过学校的哪些管理决策活动？怎样表达你的意见的？如何得到回馈的？

8. 在与学生交流中，你觉得有哪些困难？又如何解决？

9. 能否概括说说，七德面临哪些中外合作办学中的冲突？七德的哪些做法缓解了冲突？促进了融合？相比国外强调老师的个体工作习惯，你觉得七德在教师专业发展上有些什么有效做法？

附录3　学生访谈提纲

1. 你为什么选择七德？

2. 你觉得与初中生活相比，七德有什么不同吗？

3. 你觉得七德中外教师的教学有什么不同吗？是否和老师发生过冲突？

4. 你是否适应七德的学校生活？什么样的活动或事件及人物给你影响最深？能否描述一下过程吗？

5. 能否总体描述一下你在七德的学习生活经历？总体上的感受是什么？（本题可以学习自传的方式自由表达）

附录 4　Teacher Evaluation Protocol/教师评估计划

Teacher: 教师：	Class & Grade Level： _____ 年级和班级 水平：
Observer/Administrator： 观察员/负责人：	Date： 日期：

Proficiency Level Key/熟练程度

U=Unsatisfactory 较差	B=Basic 一般	P=Proficient 良好	D=Distinguished 优秀	NA=Not Assessed 未评估

附表 4-1　Planning and Preparation/教学计划与教学准备

A	Lesson planning demonstrates strong knowledge of content and resources available and students' needs/教学计划明确展现所授内容知识与学生需求。					
B	All necessary instructional tools and materials are prepared prior to the beginning of class/课前,确保所有必需教学工具和材料准备就绪。					

附表 4-2　Well-Managed Learning Environment/良好的学习环境

A	Creates a physical space conducive to learning, an environment of respect and a passion for learning/创造有益于学习的学习空间,互相尊重以及富有热情的学习氛围。					
B	Creates clear rules and procedures for student behavior and manages such daily behavior, ensuring that rules and consequences are fair, clear, and consistently applied/制定明确的规章制度,管理日常行为,确保其公正、透明、一致。					

（续表）

C	Sets and communicates to students high academic expectations/与学生沟通，对学生的学习寄予较高的期望。				
D	Cultivates academic honesty as an integral part of the classroom culture/培养学术诚信思想，使其成为课堂文化不可或缺的一部分。				

附表 4-3　Effective Instruction/有效教学

A	Communicates clear objectives and/or essential questions and supports students to fulfil learning outcomes/教学计划清晰反映教学目标和/或关键问题，并且能够帮助学生展现学习成果。				
B	Communicates clearly and accurately/课堂用语清晰准确。				
C	Makes connections between subject content, real-life experiences and international mindedness/在教学设计中将课堂内容与实际生活相联系，并体现出国际化思维。				
D	Utilizes a variety of teaching and learning strategies to maximize student challenge and engagement and cultivate in the students the characteristics outlined in the IB Learner Profile & ATLs/使用多种教学方法来最大化地调动和激发学生的潜力，根据 IB Learner Profile& ATLs 要求培养学生。				
E	Instruction includes balanced use of formative and summative assessments which are challenging but attainable for students/教学计划包括形成性评价和终结性评价的设计和均衡安排，对学生而言，有一定挑战性但仍然可以完成。				
F	Provide students with examples of high quality work and ensures that students understand how to work towards achieving such work/为学生提供高效学习的示例，确保学生了解如何才能达到这样的水平。				
G	Utilizes checks for understanding and responds to student needs or misconceptions/开展测验，检测学生对知识点的理解，针对学生需求和对知识点的误解给予对策。				

（续表）

H	Clearly implements ESL strategies and utilizes differentiation to accommodate for other learning differences/准确实施英语作为第二语言学的教学策略，对不同的学习者适当调整学习策略。				
I	Encourages students to speak English as much as possible and challenges them to practice strong academic language/鼓励学生尽可能多讲英语，并挑战练习学术性语言。				

附表 4–4　Student Monitoring and Feedback/学生监督和反馈

A	Grades and returns assessments in a timely manner and maintains accurate records on MabageBac/及时开展学习成果评估。利用 ManageBac 系统进行准确记录。				
B	Frequently provides clear, positive and constructive feedback in classroom instruction/针对课堂教学给出积极、建设性反馈。				
C	Ensures that students understand how their work is being assessed and creates space for reflection and improvement based on teacher feedback/确保学生了解作业评估方式，并提供空间给学生根据教师反馈提升作业质量。				

Additional Comments/附加意见：

Observer/Administrator Signature/观察员签名/负责人签名_____Date/日期_____

Observer/Administrator Signature/观察员签名/负责人签名_____Date/日期_____

I have been provided the opportunity to review and discuss this evaluation and understand possible implications of these results. /我有机会回看此评估，就此评估进行沟通讨论，并理解各项评估结果的涵义。

Teacher Signature/教师签名_____

Date/日期_____

参 考 文 献

（一）中文文献

［1］刘常庆.IB:国际教育的统一度量衡［J］.上海教育,2009(12):40-42.

［2］张义民.IB《知识论》课程评价探析［J］.课程教育研究,2012(23):251.

［3］IB国际教育20年持之以恒［J］.世界教育信息,2012(13):2.

［4］徐鹏,夏惠贤,陈法宝.IB国际课程:理念与行动［J］.外国中小学教育,2015(2):
54-58.

［5］吴建京.IB核心课程"认知论"(ToK)及其实施［J］.化学教学,2015(10):11-16.

［6］徐祖辉,蒋皓,孙灏.IB化学课程概况［J］.化学教学,2014(9):27-30.

［7］王春姣.IB考试及其化学试题评析［J］.化学教育,2016(9):76-80.

［8］蒋皓,刘炼.IB课程发展趋势:更多样更前沿［J］.上海教育,2014(32):22-25.

［9］王清凤.IB课程理念下的中文课程设计［J］.当代教育家,2016(9):20-21.

［10］李学书,陆佳.IB课程体系中探究素养的理论和实践研究［J］.外国中小学教育,
2017(11):21-27.

［11］张红.IB课程在中国［J］.天津市教科院学报,2014(1):56-58.

［12］朱莉华.IB模式下的美国公立学校教育探析:以美国俄亥俄州Boulevard
Elementary School为例［J］.湖南社会科学,2014(2):247-249.

［13］杜娟.IB小学课程模式在对泰汉语教学中的应用:以泰国CIS学校为例［J］.教育教
学论坛,2013(35):89-90.

［14］董梅.被IB国际文凭组织课程专家认可的"PYP"本土实验:基于潍坊高新国际学
校的探索［J］.现代教育,2017(10):27-30.

［15］梁旺.高中生留学:读ALevel、IB还是AP?［J］.留学生,2009(7):40-41.

[16] 刘新.国际 IB 教育简评:基于 IBDP 课程分析[J].兰州教育学院学报,2012(8):
100-101.

[17] 江雷.国际基础课程在中外合作办学中存在的问题及对策:以广西民族大学为例
[J].中国市场,2016(50):186-188.

[18] 梁宇学.高中阶段中外合作办学项目的实践与启示[J].基础教育参考,2010(15):
27-29.

[19] 李永强,金璐.中外合作办学的政策分析[J].现代教育科学,2008(5):26-29.

[20] 杨岭.中外合作办学近十年政策法规分析[J].教学研究,2011(5):10-13.

[21] 李春红.基础教育国际化学校发展历程及特点探析:基于深圳的实证研究[J].世界
教育信息,2017(10):48-53.

[22] 滕珺,胡佳怡,李敏.国际课程在中国:发展现状、认知维度及价值分析[J].比较教
育研究,2016(12):54-60.

[23] 孙广杰,张春玲.基于 IB 理念的跨学科统整:助学生开启创新之门[J].中小学管
理,2016(10):16-19.

[24] 林洛颖,边国霞,周文叶.基于核心素养的课程建构:"第十五届上海国际课程论坛"
综述[J].教育测量与评价,2017(12):50-54+61.

[25] 肖驰,赵玉翠,柯政.基于核心素养的课程政策:第十三届上海国际课程论坛综述
[J].全球教育展望,2016(1):113-120.

[26] 柳绪燕.加拿大高中开设国际课程情况的调研[J].基础教育参考,2012(7):29-30.

[27] 阚维.教师跨学科素养的发展路径和方法:以 IB 课程 MYP 项目中的教师发展为例
[J].人民教育,2017(3):24-28.

[28] 荣郁.进入世界名校的捷径 国际 IB 课程[J].21 世纪,2008(1):14-15.

[29] 黄梅,黄希庭.美国 IB 课程高中化学教材设计特点与启示[J].课程·教材·教法,
2017(37):121-125.

[30] 王丽燕,王星晨.美国中等教育与高等教育衔接的大学先修课程:AP 课程和 IB 课
程的特色与思考[J].考试研究,2016(3):91-96.

[31] 刘世清,陶媛,周恋琦.普通高中国际课程的发展困境与政策取向[J].教育发展研
究,2014(6):30-34.

[32] 徐士强.美、英、加 IB 项目:立法支持 发展迅猛[J].上海教育,2014(32):57-59.

[33] 徐士强.普通高中国际课程的本质与决策要点分析[J].上海教育科研,2015
(6):5-8.

[34] 徐士强.普通高中国际课程决策要素分析和政策模型构想[J].教育发展研究,2014

（6）：24 - 29.

[35] 徐士强，高光. 普通高中面向境内学生开设国际课程的现状、问题与建议：以上海为例[J]. 教育发展研究，2012（6）：11 - 15.

[36] 徐士强. 日韩新三国实施 IB 课程述析[J]. 外国中小学教育，2015（5）：58 - 61.

[37] 翁燕文. 全球化背景下的国际高中课程述评：以 IB 课程、AP 课程为例[J]. 宁波教育学院学报，2008（4）：30 - 33.

[38] 徐星. 上海交大附中试水 IB 国际课程[J]. 上海教育，2011（12）：50.

[39] 王芳. 上海市高中国际课程发展述评[J]. 基础教育，2012（4）：66 - 71.

[40] 宋佳佳，王丽燕. 试析美国 AP 课程和 IB 课程的学分认定——以夏威夷州的大学为例[J]. 新余学院学报，2015（5）：139 - 141.

[41] 张久久. 我国高中实施国际课程的原因、问题及对策[J]. 教育观察（上旬刊），2014（1）：28 - 30＋37.

[42] 唐盛昌. 我国高中引入国际课程应关注的几个问题[J]. 教育发展研究，2010（22）：12 - 19.

[43] 徐星. 五国校长谈 IB[J]. 上海教育，2013（14）：36 - 38.

[44] 详细三大国际课程：IB、A-LEVEL、AP[J]. 留学生，2015（5）：38 - 41.

[45] 王宇博. 新形势下 IB 国际学校资产管理的模式与方法创新[J]. 智库时代，2017（9）：62 - 63.

[46] 李德元. 以 IB 国际课程评价为参照，建构学校课程评价体系[J]. 上海教育，2015（Z1）：24 - 25.

[47] 程丽. 中美项目国际课程本土化研究[J]. 北京教育（普教），2014（5）：60 - 61.

[48] 董泽芳，沈百福. 高中办学模式的国民意向研究[J]. 教育与经济，1998（4）：52 - 55.

[49] 周敬山. 关于创新普通高中育人模式的思考[J]. 创新人才教育，2016（1）：19 - 23.

[50] 王伦信. 关于普通高中大众化发展阶段的任务与办学模式的思考[J]. 教育理论与实践，2009（10）：29 - 32.

[51] 胡大白，杨雪梅，张锡侯，等. 民办本科高校培养目标定位与育人模式改革的研究与实践[J]. 黄河科技大学学报，2009（6）：1 - 36.

[52] 徐磊. 普通高中办学模式多元化的现实思考[J]. 教书育人，2010（8）：59 - 60.

[53] 臧铁军. 普通高中办学模式研究[J]. 中国社会科学，1991（3）：207 - 223.

[54] 伏海燕. 浅析"2＋1"综合高中办学模式的特色优势[J]. 新课程（中学），2010（10）：9.

[55] 黄水宁，刘正华. 浅议新时期示范性普通高中办学模式的理论与实践[J]. 当代教育

论坛,2006(14):34 - 35.

[56] 廖大海.上海普通高中办学模式改革若干思考[J].上海教育科研,1998(10):8 - 11.

[57] 孔凡琴.试论英国高中办学模式选择的特色与经验[J].外国教育研究,2010(11):23 - 28.

[58] 鞠瑞利.谈普通高中办学特色创建与育人模式创新:以上海市七宝中学为例[J].上海教育科研,2014(1):55 - 58.

[59] 顾叶斌.探索必修分层走班　构建新型育人模式:嘉善高级中学必修课分层走班教学的探索[J].教学月刊·中学版(教学管理),2015(Z1):6 - 8.

[60] 韩照祥,朱惠娟,李强.探索多元化实践育人模式　培育创新创业人才[J].实验室研究与探索,2011(1):82 - 84+95.

[61] 喻小琴.英、美、瑞三国普通高中办学模式的比较及其启示[J].上海教育科研,2012(12):55 - 57.

[62] 桑青松.综合高中:我国高中办学模式的理性选择[J].湖南师范大学教育科学学报,2004(3):86 - 88.

[63] 周满生.对基础教育国际化的理性思考和路径探讨[J].中小学管理,2017(5):5 - 8.

[64] 胡国胜.广州市英东中学基础教育国际化实践与探索[J].课程教育研究,2017(15):27 - 29.

[65] 柯志骋.基础教育国际化中的国际伙伴关系:基于广州基础教育国际交流与合作试验区(基地)学校的分析[J].世界教育信息,2017(16):58 - 64.

[66] 张绍武,崔佳佳.高中中外合作办学课程建设的思考[J].北京教育学院学报,2012(S1):95 - 97.

[67] 张绍武,崔佳佳.高中阶段中外合作办学课程建设初探[J].中小学校长,2011(7):4 - 6.

[68] 沈融融.从"IB热"谈国际课程选择[N].文汇报,2014 - 11 - 14(006).

[69] 邓志伟.世界教育大系:中等教育[M].长春:吉林教育出版社,2000.

[70] 徐鹏.IB国际课程研究[D].上海:上海师范大学,2015.

[71] 张蓉蓉.美澳加英四国高等教育课程国际化比较研究[D].武汉:湖北大学,2014.

[72] 徐士强.面向境内学生的普通高中国际课程政策研究[D].上海:华东师范大学,2015.

[73] 孟丹.浅探美国波特兰国际学校IB课程PYP项目与中文教学[D].苏州:苏州大学,2014.

[74] 刘霞.普通高中多样化发展的路径研究[D].南京:南京师范大学,2015.

[75] 成蓓蓓.上海市中小学校外实践育人模式研究[D].上海：上海师范大学,2017.

[76] 林月香.基于多元智能理论的高中中外合作办学之双语教学探究[D].福州：福建师范大学,2014.

[77] 朱国辉.高校来华留学生跨文化适应问题研究[D].上海：华东师范大学,2011.

（二）外文文献

[1] Yun Y, Park K. An Analysis of the Multilateral Cooperation and Competition between Russia and China in the Shanghai Cooperation Organization: Issues and Prospects [J]. Pacific Focus, 2012(1):62 - 85.

[2] Tan Z. Internationalization of Higher Education in China: Chinese-Foreign Cooperation in Running Schools and the Introduction of High-Quality Foreign Educational Resources [J]. International Education Studies, 2009(3):166 - 171.

[3] Marland M. From "Form Teacher" to "Tutor": The Development from the Fifties to the Seventies [J]. Pastoral Care in Education, 2002(4):3 - 11.

[4] Huang A M, CAO T. Acupuncture: A Developing Science: Chapter One of International Course of Acupuncturology [J]. World Journal of Acupuncture-Moxibustion, 2004(1):56 - 64.

[5] King K. China's Cooperation in Education and Training with Kenya: A Different Model? [J]. International Journal of Educational Development, 2010(5):488 - 496.

[6] Egekvist U E, Lyngdorf N E, Du X Y. Internationalization in Schools— Perspectives of School Leaders [J]. International Journal of Educational Research, 2017(83):20 - 31.

[7] Zhang S. Analysis on the Bilingual Teaching of Art Design in Sino-foreign Cooperative Education Take China-New Zealand Cooperative Training Project of Chengdu University as Example [C]. 2016 2nd international conference on arts, design and contemporary education, 2016.

[8] Wang J, Tian G. Comparative Analyses on the Modes of Sino-Foreign School-Running Cooperation [C]. The 15th International Conference on Industrial Engineering and Engineering Management, 2008.

[9] Jiao Feng. Promoting Education Quality Improvement for Sino-Foreign Cooperation School Running [C]. The Third International Conference on Computer Science & Education(ICCSE'2008), 2008.

[10] Ma Jiansuo. A Research and Analysis of China's Development of "Outstanding

Engineers" Based on Cooperative Education Models [C]. Proceedings of 1st International Conference on Education, Economics and Management Research (ICEEMR 2017). Singapore Management University, 2017.

[11] Bao Yafu. Foundation of Five-Layer Complementary English Teaching Model of Chinese-Foreign Cooperation in Running Programs in Vocational Schools [C]. Information Engineering Research Institute, USA. Proceedings of 2014 4th International Conference on Education and Education Management (EEM 2014 V64). Information Engineering Research Institute, 2014.

[12] Baker R W, Siryk B. SACQ: Student Adaptation to College Questionnaire Manual [R]. Los Angeles: Western Psychological Services, 1989.

索　引

致　　谢

我从未想过，我会出版一本书。

从 2011 年至今，我把几乎所有的时间、精力、心血都奉献在这一所学校，

上海第一所独立设置的中外合作高中，中国第一所独立设置的中美合作高中

——上海七宝德怀特高级中学。

从无到有，从诞生到蹒跚学步到走过十年的旅程中。

因为她，我的人生何其有幸，经历了如此多的丰富、多元、幸福、焦灼与感慨……

这段旅程，也让我拥有了更强大的内心，

人生就是在经历、拥抱和创造各种可能，以及如何让不可能变为可能。

在这段旅程中，特别感恩遇见七宝中学原校长仇忠海，

2011 年，仅仅在闵行区教育局一次市级课题会议上，我们有过一面之交，

他却敢于向我发出邀约，参与筹建这所中外合作高中，

这份信任，让我坚持下来，无论遇到什么困难，都想办法去克服，去履行这份信任。

特别感谢在筹建这所学校过程中，

给予无私支持的上海市教委、上海教育国际交流协会、闵行区和七宝镇

的各级各界领导和相关部门，还有教育部国际合作与交流司原副司长闫炳辰先生，

经历过中外合作办学的人，都很清晰一点，

天时地利人和，过程中任何一个微小的事情，没有达成共识，都有可能让合作办学夭折。

是你们对教育的理解、远见、责任与担当，

让七德得以诞生并走出了一条融合中西教育理念的实践之路。

还要特别感谢，在我的学术成长道路上，指点我前进方向给予我前进动力的恩师们，

叶澜老师、吴亚萍老师、杨小微老师、徐冬青老师、黄忠敬老师，

是你们的鼓励和支持，点燃我学术研究和教育实践研究的梦想，

将办学实践与理论反思，形成更好的有机勾联和双向建构。

是你们的不言放弃和伸出援助之手，

让我有勇气完成了教育学硕士、博士学位论文和出版这本书。

最后，我想把此书献给所有参与七德创建和发展的中外教老师们，

纽约德怀特学校的斯蒂芬·施潘（Stephen Spahn）和布莱克·施潘（Blake Spahn）校董、黛安娜·德鲁（Dianne Drew）校长，

七宝中学的朱越校长，文来初中的柏彬校长，

还有七宝中学原副校长现任南洋模范中学校长的李啸瑜女士，

是你们，给予了七宝中学和纽约德怀特学校走到一起合作的最大勇气和教育创想。

还有一起参与七德筹建的第一任美方校长 Brantley Turner（龙梅）女士，

我们携手相依，共同面对了从 2012 年到 2022 年七德的每一个重要节点、事件，

我们彼此知道，这十年合作走过的路，如此不易却又是我们人生旅程中的幸运。

书中的每一个案例，每一段文字，都源于七德老师、同学们的共同参与

和智慧创造，

　　我只是其中的一个参与者、见证者和记录者，

　　这本书属于所有的七德人！

　　此书的出版，也离不开上海金山复育教育研究院的小伙伴们，是你们让这本书的付梓成为可能，

　　你们的责任感、耐心和专注度，让我叹服和由衷感谢！

　　囿于个人能力有限，还存在很多不完善和尚未深入展开之处，

　　但我相信源自实践的探索是有其存在的意义和价值的，

　　也相信这块尚在雕琢中的璞玉终会绽放出其实践的光芒！

　　最后，再次感谢所有给予我支持帮助的老师、朋友、领导、同事、家人们，

　　所有的感谢与感恩将深藏在我心中，从未忘却，

　　我和我的团队，将继续上下而求索，永远在前进的道路上……